建築学テキスト

ARCHITECTURAL TEXT

Building Structural System

建築構法

建築物のしくみを学ぶ

武田雄二
Takeda Yuji

西脇 進
Nishiwaki Susumu

鷲見勇平
Sumi Yuhei

学芸出版社

シリーズ刊行の趣旨

　「建築学」は自然との共生を前提としたうえで，将来にわたって存続可能な建築物を設計するための指針を与えるものだと考える．また言うまでもなく，建築物は人間のためのものであり，人間は〈自然〉のなかで生きる動物であるとともに，自らが作りだす〈社会〉のなかで生きる動物でもある．このような観点から，現時点で「建築学」を〈自然〉・〈人間〉・〈社会〉の視点からとらえ直し，その構成を考えることは意義があると考える．

　以上のような考えに立って「建築学」の構成をとらえ直すにあたり，従来行なわれてきた〈計画系〉と〈構造系〉という枠組みで「建築学」をとらえることをやめる．そして，建築物を利用する主体である〈人間〉を中心に据え，建築物や人間がそのなかにある〈自然〉および人間が生きていくなかで必然として生みだし，否応なく建築物や人間に影響を及ぼす〈社会〉を考える．

　そこで，「建築学」を構成する科目を大きく〈人間系〉・〈自然系〉・〈社会系〉の枠組みでとらえるとともに，〈導入〉や〈総合〉を目的とした科目を設定する．さらに，「建築学」はよりよい建築物の設計法を学ぶことを目的とするとの考えから，これまで「建築計画学」における「各論」でまとめて扱われることが多かった各種建築物の設計法を，建築物の種別ごとに独立させることによってその内容を充実させた．

　なお，初学者が設計法を身につける際には，その理解のための「叩き台」となるものを示すことが有効であると考えた．そこで，各種建築物の設計法に関するテキストには実在する建築物の企画段階から完成に至るまでの設計過程を示すことにした．さらに，学習の便を図るとともに，正しい知識を身につけるための関連事項や実例を充実させることにも留意した．

〈建築学テキスト〉編集委員会

まえがき

〈建築構法〉の学習は，建築物のしくみを知り，部位の名称を知ることが大きな目的となる．このような目的は，とくに建築学の初学者にとって重要なものである．そのため，建築学の学習においては「一般構造」と呼ばれ，カリキュラムの最初に位置づけられることが多い．

また，先人の工夫のかたまりのような建築物は，それが建つ場所の性格とは無縁でいられない．大量の人工材料の入手や多くのエネルギー消費が困難な時代にあっては，身近で手に入る材料を用いて建築物を造り，日照や風向などの土地が持つ特性を熟知することが必要であった．

しかし，現代の先進国では人工的な建築材料を大量に手に入れることができ，エネルギーの消費も楽に行えるようになった．それだけでなく，技術の進歩もさまざまな〈建築構法〉を産み出している．このような状況にあって現代に生きる我々は，もう一度〈建築構法〉を見直さなければならないと思う．

そこで，本書では初めに「構法を産み出すもの」として，各種の建築構法が誕生した背景について考えた．さらに，まとめとして「構法が産み出すもの」として，〈建築構法〉の違いが自然や社会に与える影響についても考えた．これらの考察は「環境にやさしい建築」や「サステイナブルな建築」が求められている現在において，読者の皆様の参考になると信じている．

現代において主となる〈建築構法〉については，「躯体の構法」と「仕上げの構法」に分けて捉えた．また，木質構造・鋼構造・鉄筋コンクリート造といった，構造別にそれらを捉えて読者の理解を容易にした．

ただ，現代はさまざまな構造があり，〈建築構法〉についても，本書で取り上げていないものが多数ある．しかし，これらの工夫も人が考え出したものであり，本書に触れた方々にも，適切な〈建築構法〉を選ぶだけでなく，新しい〈建築構法〉を考え出していただきたい．そのために本書が少しでも役立つことが，筆者の喜びである．

本書を執筆するにあたり，さまざまな書籍を参考にさせていただいた．書籍を通じてご教示いただいた筆者には，ここであらためて御礼を申し上げたい．それらの書籍は参考文献として章末に示した．学習を深めたい読者は，ぜひそれらの書籍にも目を通していただきたい．

また，本書は株式会社学芸出版社の吉田隆氏，村田譲氏，中木保代氏のご助力の下に完成したことを，ここに記して感謝の意を表したい．

執筆者を代表して　　武田　雄二

目次

第1章 構法を産み出すもの　5
1. 建築構法とは　……………………6
2. 風土と構法　………………………8
3. 素材と構法　………………………10
4. 技術と構法　………………………12
5. 社会と構法　………………………14

第2章 躯体の構法　17
1. 木質構造　…………………………18
   1. 木質構造の分類　18
   2. 在来軸組構法　20
   3. 枠組壁構法　30
2. 鋼構造　……………………………38
   1. 鋼構造の分類　38
   2. ラーメン構法　40
   3. トラス構法　48
3. 鉄筋コンクリート構造　…………52
   1. 鉄筋コンクリート構造の分類　52
   2. ラーメン構法　54
   3. 壁式構法　62
4. その他の構法　……………………68
   1. 集成材構法　68
   2. 鉄骨鉄筋コンクリート構法　70
   3. 折板構法　72
   4. シェル構法　74
   5. プレストレストコンクリート構法　76
   6. プレキャストコンクリート構法　78
   7. 型枠コンクリートブロック構法　80

第3章 仕上げの構法　83
1. 床の仕上げ　………………………84
   1. 木構造建築物　84
   2. 鋼構造建築物　86
   3. RC造建築物　88
2. 内壁の仕上げ　……………………90
   1. 木構造建築物　90
   2. 鋼構造建築物　92
   3. RC造建築物　94
3. 天井の仕上げ　……………………96
   1. 木構造建築物　96
   2. 鋼構造建築物　98
   3. RC造建築物　100
4. 外壁の仕上げ　……………………102
   1. 木構造建築物　102
   2. 鋼構造建築物　104
   3. RC造建築物　106
5. 開口部の下地　……………………108
   1. 木構造建築物　108
   2. 鋼構造建築物　110
   3. RC造建築物　112
6. 屋根の仕上げ　……………………114
   1. 木構造建築物　114
   2. 鋼構造建築物　116
   3. RC造建築物　118

第4章 構法が産み出すもの　121
1. 構法と居住性　……………………122
2. 構法と意匠　………………………124
3. 構法と街並み　……………………126
4. 構法とエネルギー消費　…………128
5. 構法と建設廃棄物　………………130

索引　133

第1章
構法を産み出すもの

　構法は「建築物のしくみ」としてとらえられる．この構法は，建築物が存在する地域の地勢や気候などの影響を受ける．また，構法は建築物を用いる人間の活動や生活のスタイルからも影響を受ける．
　本章では，本書における構法のとらえ方を述べ，〈構法を産み出すもの〉と構法の関わりについて考える．

1　建築構法とは

建築物は自然の中に存在し，人間を包み込むとともに，休息や活動の場を提供する．さらに，建築物が構築されることにより，その外部の環境も変化する．それゆえ，建築物にはさまざまな特性が求められる．

まず，建築物はそれを利用する人間に，自然の中で安定した場を提供することが重要になる．そのため，建築物は図 1・1 に示したような風雨や地震といった自然現象に抵抗できるものでなければならない．

また，建築物はあくまでも人間が使うものであり，それが作り出す環境は，人間の生理や心理の限界を超えるものであってはならない．さらに，それは人間にとって，できるだけ快適であることが望まれる．人間の生理や心理に影響を及ぼす要因を挙げたものが図 1・2 である．

なお，人間は社会を形成する生物であり，建築物もこの社会の在りようから無縁ではいられない．すなわち，図 1・3 に例を挙げたように，建築物は社会の風習や文化の影響を受け，それらに適合することが求められる．

以上のように，建築物は大きく分けて，

(i)　自然の中で存在する物として求められる特性
(ii)　人間に場を提供する物として求められる特性
(iii)　社会の要求に応えられる物としての特性

の三つの特性を備えた物でなければならない．

ただ，これらは主に建築物単体やその内部に求められる特性と考えられる．しかし，建築物はその外部の環境にも影響を及ぼす．このことに対する考慮は重要であり，その考慮の不足が都市環境の悪化の大きな原因になると思われる．本書では，建築物が外部環境に及ぼす影響について，「構法が産み出すもの」として最終章である第 4 章で考察する．

いずれにしても，建築物は要求される特性を満たすために形を与えられた物とみることができる．このようにして出来上がった建築物のしくみを〈建築構法〉と呼び，その作り方を〈建築工法〉と呼ぶのが一般的である．

本書においても，「建築物のしくみ」を〈建築構法〉としてとらえる．ただ，〈構法〉と〈工法〉を切り離して，とらえることが難しい場合もあり，〈構工法〉という用語が用いられることもある．

現実には，〈構法〉と〈工法〉を峻別できない場合もあると思われるが，求められる特性を満たす「建築物のしくみ」である〈構法〉を作るものとして，〈工法〉および〈構工法〉をとらえていこうと思う．

なお，本書では〈構法〉・〈工法〉の用語は当然のこととして，〈建築構法〉・〈建築工法〉を指すものとする．

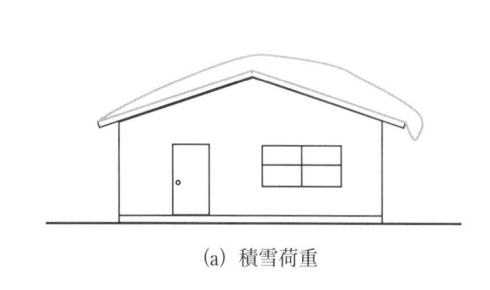

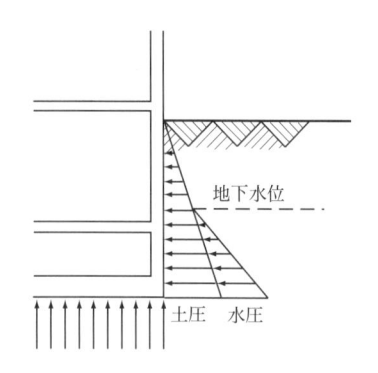

(a) 積雪荷重

(b) 風荷重

(c) 土圧と水圧

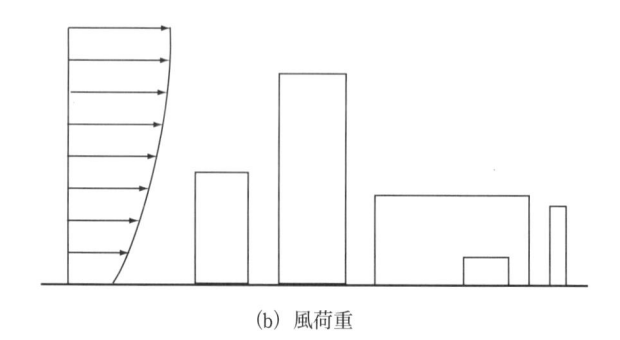

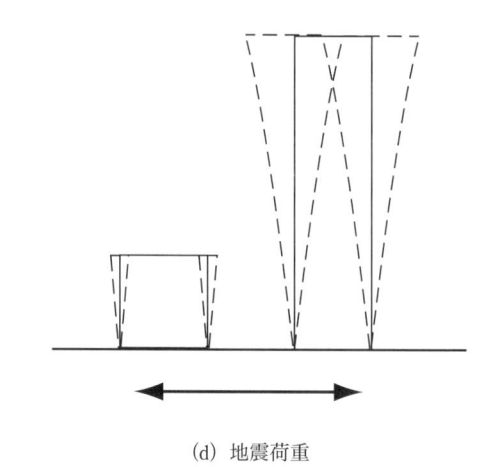

(d) 地震荷重

図 1・1　建築物に作用する自然の力

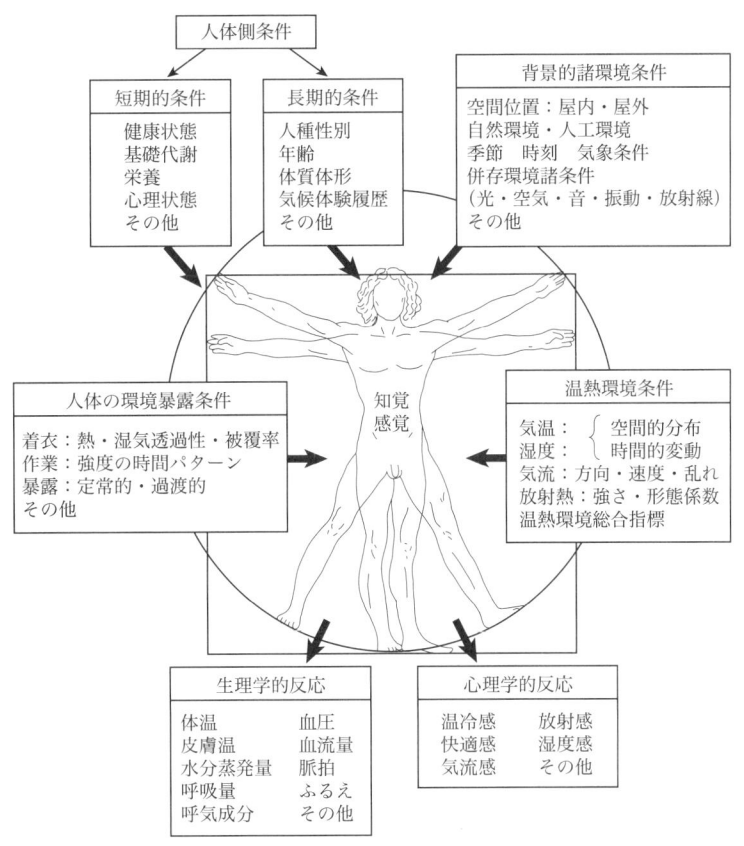

図1・2　人間と建築物（出典：大野秀夫他『快適環境の科学』）

(a) フィレンツェの住宅

(b) 金沢の東廓

(c) 伊根の舟屋

(d) 現代日本の住宅

図1・3　社会が産み出す建築物

2　風土と構法

〈風土〉という言葉のとらえ方は，さまざまである．ここでは「気候や地勢，さらに文化が影響して形成された，その土地のもつ個性」としてとらえる．

この中で，気候・地勢・文化はお互いに影響を与え合っており，それらを独立して採り上げることは困難である．ただ，各土地や地域には〈風土〉と呼ばれるものが存在することは明らかである．

この〈風土〉が生み出す建築物があり，その〈構法〉も特徴をもつ．これら〈風土〉が生み出した自然発生的な建築物をバナキュラー（vernacular）な建築物と呼ぶ．また，それを設計した個人が明確でないことから，アノニマス（anonymous）な建築物とされる．

世界の各地には，〈風土〉によって生み出されたと考えられ，大きく異なった特徴をもつ建築物がある．

図1・4は気候が〈構法〉に大きく影響することを示している．図1・5は地勢が〈構法〉に影響を及ぼしている例を示している．また，図1・6は〈文化〉を形成する大きな要素である〈宗教〉が産み出した建築物の例を示している．

No.	構法概要	材料 土,石灰,しっくい	材料 石,レンガブロック,氷	材料 木材	材料 小枝,皮せんい,わら	構法 一体	構法 組積	構法 軸組	構法 編成	構法 皮膜	形態 開放	形態 閉鎖	形態 一体	形態 部位分離
1	組積ドーム式		○				○					○	○	
2	組積屋根式		○				○					○		○
3	組積屋根式神殿		○				○	○			○	○		○
4	組積楣式神殿		○				○	○				○		○
5	組積ボールト式		○				○					○		○
6	組積ドーム式		○				○					○		○
7	組積一体式	○		○		○	○					○	○	
8	組積木造屋根		○	○	○		○					○		○
9	一体式ドーム	○				○						○	○	
10	一体式キューブ	○				○						○	○	
11	一体式草木屋根	○		○	○	○		○	○			○		○
12	屋根型開放式			○	○			○			○			○
13	屋根型閉鎖式			○	○		○	○	○			○		○
14	木造組積式			○			○					○		○
15	木造軸組開放式			○	○			○			○			○
16	木造軸組閉鎖式			○	○			○				○		○
17	木造瓦屋根式		○	○				○			○			○
18	木骨一体式	○		○		○		○				○		○
19	編成式				○				○			○	○	
20	テント開放式				○					○	○		○	
21	テント閉鎖式				○				○	○		○	○	

凡例：
- □ 1. 石・レンガ組積式
- ⌂ 2. 屋根付組積式
- △ 3. 木材組積式
- ○ 4. 一体式
- ⌒ 5. 屋根付一体式
- △ 6. 屋根型閉鎖式
- ⌂ 7. 木骨一体式
- △ 8. 屋根型開放式
- ⊕ 9. 木造軸組式
- △ 10. 編成式
- △ 11. 皮膜開放式
- △ 12. 皮膜閉鎖式

A 熱帯多雨気候・最寒月の平均気温は18℃以上
　Af, Am 熱帯雨林気候
B 乾燥気候
　BS 草原または半乾燥気候
　BW 砂漠または乾燥気候
C 温帯多雨気候
　最寒月の平均気温は0℃以上，18℃以下
　最暖月の平均気温は10℃以上
　Cs 地中海気候または亜熱帯性冬雨気候
　Ca 亜熱帯多雨気候
　Cb, Cc 西岸海洋気候
D 冷帯気候
　最寒月の平均気温は0℃以下
　最暖月の平均気温は10℃以上
　Da 湿潤大陸性暖夏気候
　Db 湿潤大陸性涼夏気候
　Dc, Dd 亜極地気候
E 寒帯気候・最暖月の平均気温は10℃以下
　ET ツンドラ気候・最暖月の平均気温は10℃以下
　EF 氷雪気候・全年月平均気温は0℃以下
H 高地気候
　a 最暖月の平均気温は22℃以上
　b 最暖月の平均気温は22℃以下
　c 月平均気温10℃以上の月が4ヶ月未満
　d cと同条件だが，最寒月の平均気温は−38℃以下
　f 年間を通じて降雨，乾季はない
　h 高温乾燥，全年月平均気温は0℃以上
　k 寒冷乾燥，月平均気温0℃以下が少なくとも1ヶ月
　m モンスーン雨，短い乾季，全降水量は雨林の保持に充分
　n しばしば霧
　n' 霧はまれだが，湿度高く，雨は少ない
　s 夏に乾季
　w 冬に乾季

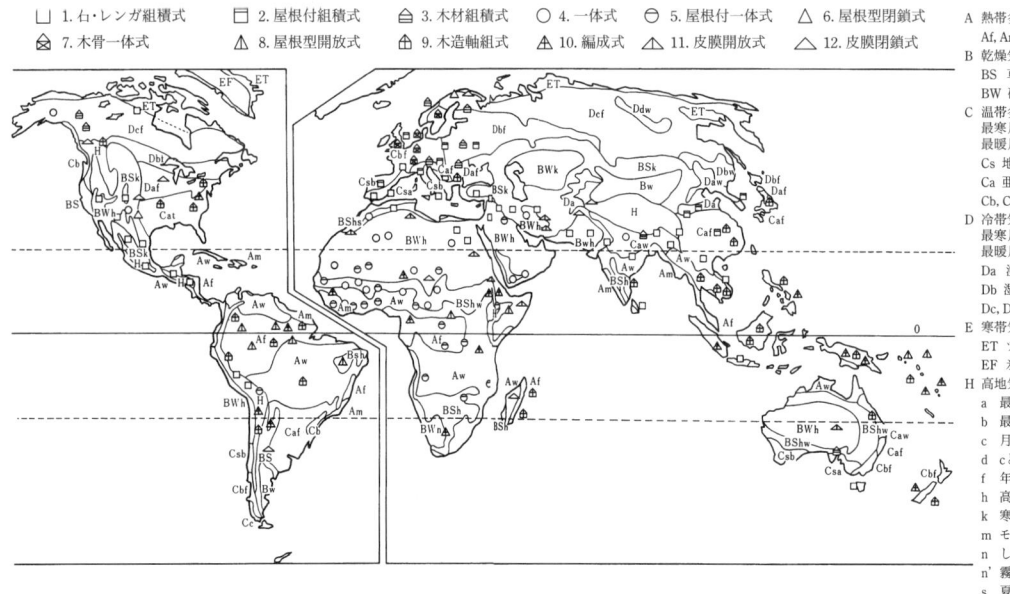

図1・4　気候と構法（出典：若山滋『風土に生きる建築』）

(a) カッパドキア 　　　　　　　　　　　　(b) サンフランチェスコ修道院

図1・5　地勢が産み出す建築物

(a) ギリシャ神殿 　　　　　　　　　　　　(b) キリスト教教会

(c) 神道神社 　　　　　　　　　　　　　　(d) 仏教寺院

図1・6　宗教が産み出す建築物

第1章　構法を産み出すもの　09

3 素材と構法

建築物を作り上げるための素材は，力を伝えたり，風雨や熱に耐えたり，人間を包み込んだりと，それぞれの役割を担っている．

また，これらの素材は大量に安定して得られることが必要である．なお，それらは運搬手段が未発達であったり，他の地方から得ることが難しい場合は，その土地において得られるものでなくてはならない．

このような事情のもと，初期においては建築物の構築には，その土地で手に入れられる〈天然素材〉が用いられた．ただ，この時期でも勢力や権力の証として，他の土地で産出された素材が建築物の構築に用いられたと思われる．

その後，さまざまな産業や工業が発達するとともに，運搬手段も発達した．その結果，大量に安定して製造される〈工業材料〉が建築物の素材として，使われるようになった．

その他にも，〈天然素材〉を用いながらも，それらを加工して製造されたものがある．たとえば，木材を薄く剥いで貼り合わせた〈合板〉や，〈ラミナ〉と呼ばれる木片にして欠陥部分を取り除いたうえで接着し，自由な断面形状とした〈集成材〉がある．

これ以外にも，天然の木材を模したコンクリート製の擬木などは，公園の散策路の手摺などに利用されている．その他にも，天然の石材を模した擬石がある．それらはガラス質の組成をもったり，コンクリートや合成樹脂でできたものが多い．また，石片をモルタルで固めて磨いた〈テラゾーブロック〉などは，現場での工期を短くすることに役立っている．これらは，木質系材料や石質系材料など○○系材料と呼ばれ，近代の建築物の構造材料や仕上げ材料として，多く使われている．

さらに〈エコ材料〉と呼ばれ，ホルムアルデヒドの吸着効果をもち，悪化する室内の空気環境を改善するための素材が室内の仕上げ材料として用いられている．また，解体された建築物から排出されるコンクリートなど，廃棄された材料を再生し，リサイクルした素材などが建築材料として，用いられるようになった．このような建築材料の変遷を示したものが図1・7である．

これら使用される素材の違いは，当然のこととして建築物の〈構法〉にも大きく影響し，建築材料の特徴を活かした新たな〈構法〉による建築物が続々と構築されている．図1・8は，使用される建築材料とそれによって造られる建築物の変遷を示したものである．

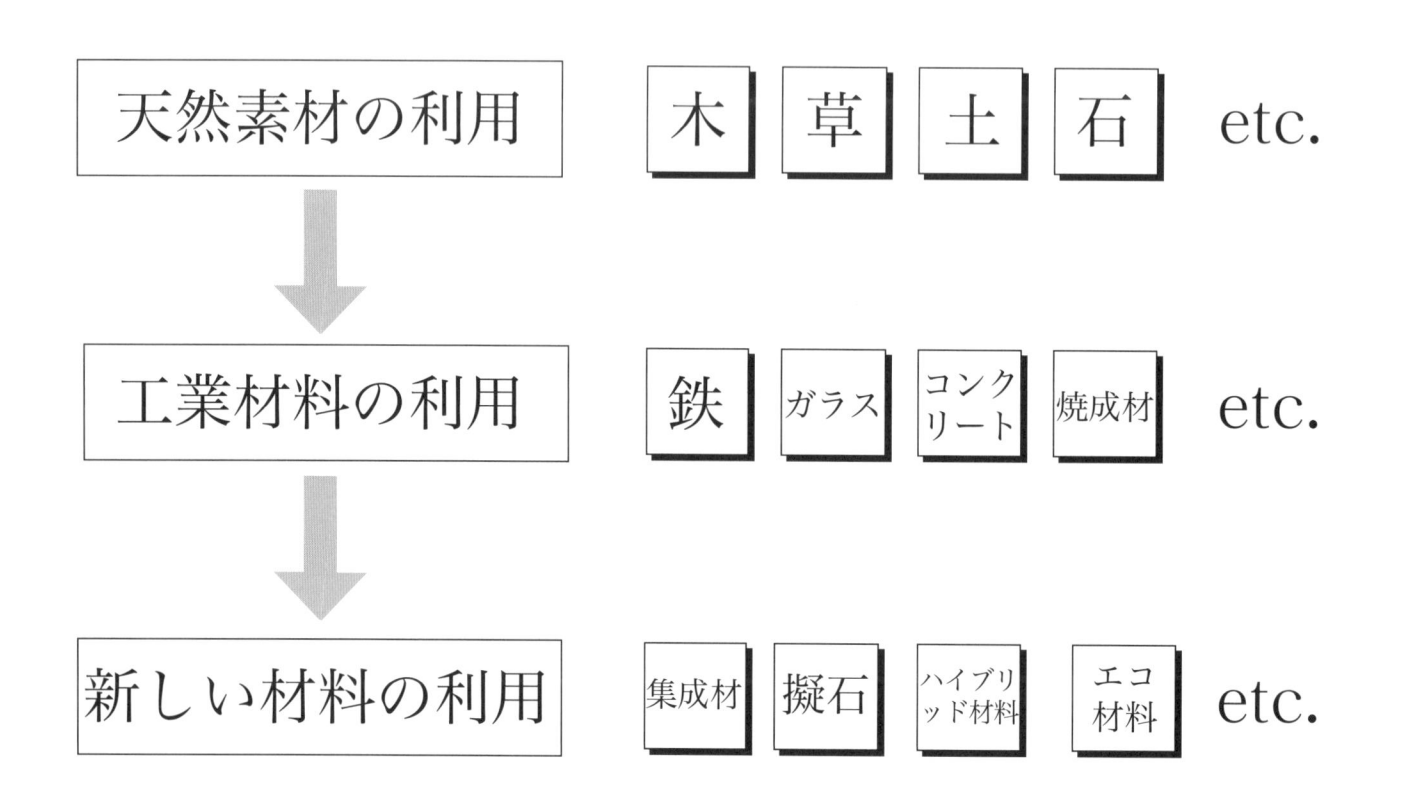

図1・7　建築材料の変遷

(i) 木による建築物 　　　　　　　　　　　(ii) 草による建築物

(iii) 土による建築物 　　　　　　　　　　(iv) 石による建築物

(a) 天然素材による建築物

(i) 鉄とガラスによる建築物 　　　　　　　(ii) コンクリートによる建築物 (提供：森國洋行氏)

(b) 工業材料による建築物

(i) 集成材による建築物 (提供：セブン工業㈱) 　　(ii) 擬石による建築物

(c) 新しい材料による建築物

図 1・8　材料が産み出す建築物

4 技術と構法

〈工業材料〉の〈建築材料〉としての使用は，統一された規格をもつ大量の〈建築材料〉の製造を可能にした．

また一方で，コンピュータ技術の発達は，〈建築材料〉の加工を容易にした．すなわち，コンピュータを利用した数値制御技術である，〈NC (Numerical Control) 技術〉の発達は，熟練を要する部材の加工をも自動化している．

この〈NC 技術〉は建築のさまざまな分野で利用されている．たとえば，鉄筋の切断や鋼材の切削・孔あけなどの加工を自動で正確に行うことができる．

また，鋼材を 3 次元形状に加工することも容易にしている．さらに，3 次元形状の溶接を自動化することも可能にした．このような技術は立体トラスの構築などに活かされている．

近年は熟練した技術を要する，木材の継手や仕口の加工にも〈NC 技術〉を応用した〈プレカット〉が行われている．

これらの〈構法〉に影響を与えた技術の例を図 1・9 に示す．

さらに，図 1・10 に示したように，これらの技術を駆使し，より大きな単位で建築部材を工場で製作し，それを現場で組み立てる工業化建築物も多く見られる．

なお，図 1・11 に示すように，部材の加工にとどまらず，建築物の〈施工〉にもさまざまな技術が応用されている．

たとえば，従来の人力による〈道具〉だけではなく，機械の力によって人間の作業を助ける〈マニピュレーター〉の利用が行われている．

さらに，〈施工ロボット〉の利用は，熟練技術者の不要や工期の短縮をもたらしている．

また，クレーンなどの重機の使用を当然とした〈施工〉が行われている．このような流れの中で，〈自動化施工〉も一部の建築物の施工において実現している．

これら施工法の変化は，当然のこととして〈構法〉に影響を及ぼす．その状況は，先にも述べたように〈構工法〉という用語を必要とさせるほどになっている．

(a) 鉄骨の加工（開先の加工）

(b) 部材の加工（鋼材の切断）

(c) 自動溶接

(d) プレカット（出典：プレカットフォーラム 21「PF Wood」）

図 1・9　建築技術の変遷

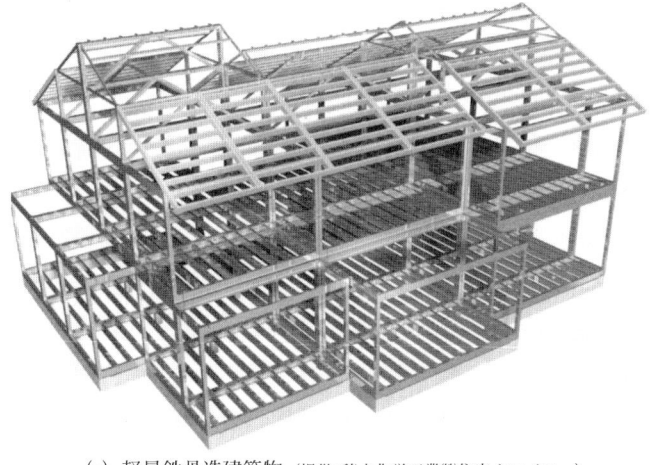

(a) 軽量鉄骨造建築物 (提供:積水化学工業㈱住宅カンパニー)

(b) 鉄筋コンクリート造建築物

図1・10 工業化建築物

(a) 道具

(b) マニピュレーター
(出典:㈱竹中工務店「ロボットー施工の自動化技術」)

(c) 施工ロボット (出典:同左)

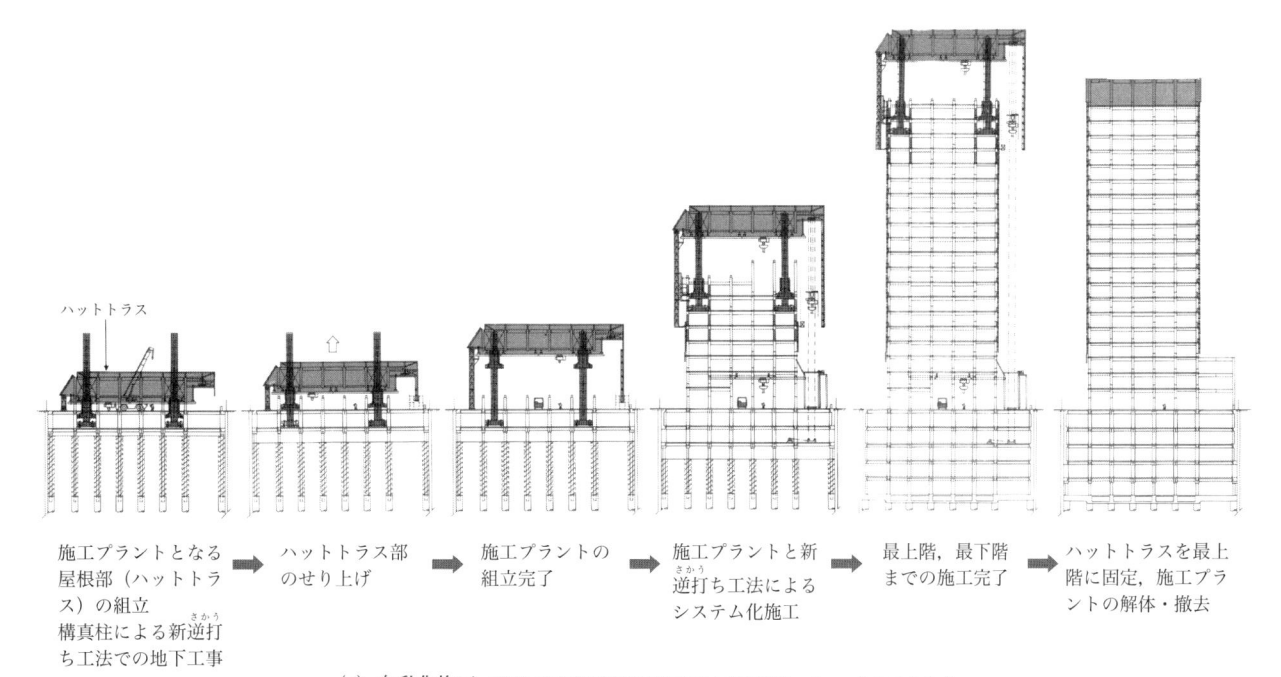

施工プラントとなる屋根部（ハットトラス）の組立
構真柱による新逆打ち工法での地下工事
→ ハットトラス部のせり上げ
→ 施工プラントの組立完了
→ 施工プラントと新逆打ち工法によるシステム化施工
→ 最上階，最下階までの施工完了
→ ハットトラスを最上階に固定，施工プラントの解体・撤去

(d) 自動化施工 (出典:清水建設㈱「全天候型ビル自動施工ースマートシステム」)

図1・11 施工法の変遷

5 社会と構法

人間が作る社会の在りようも〈構法〉に大きな影響を及ぼす．たとえば，〈家族〉は人間にとって最も身近な社会の一つであり，その在りようは住宅のあり方を規定する．図1・12(a)に示した住宅のあり方は，いくつもの世代が集い，その〈家族〉のもつ文化を，知らず知らずのうちに次の世代に伝えることができる．

それに対し，核家族化が進み，〈家族〉の中でもプライバシーを重んじる考え方は，〈家族〉の構成員それぞれに個室を必要とする．このような考え方は，図1・12(b)に示したように，いきおい細かく壁で仕切られた住宅のあり方を要求する．それには，2×4（ツーバイフォー）構法と呼ばれる〈枠組壁構法〉や，軸組構法であっても壁を多く設けた住宅が適合する．

また，敵の襲撃などのおそれがなく，自身の安全性を確認できる社会においては，図1・13(a)(i)に示したような開放的な建築物のあり方を可能にする．一方，その安全性が確認できない社会においては，図1・13(a)(ii)に示したような敵の襲撃に備えた建築物のあり方を要求する．

なお，図1・13(b)に示したように，社会の集合のスタイルによっても，建築物のあり方は影響を受け，それに適した〈構法〉が要求される．

さらに，図1・13(c)に示したように，社会における人間の階級の上下が，それに応じた建築物を要求し，〈構法〉にも影響を及ぼす．

(i) 囲炉裏端の例

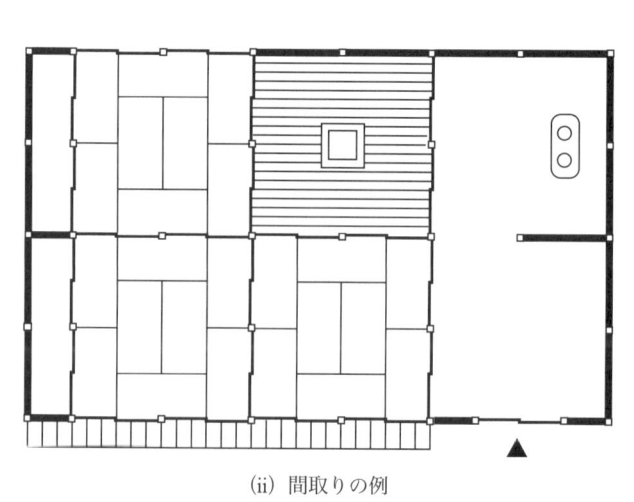

(ii) 間取りの例

(a) 伝統的な民家の例

(i) 居間の例

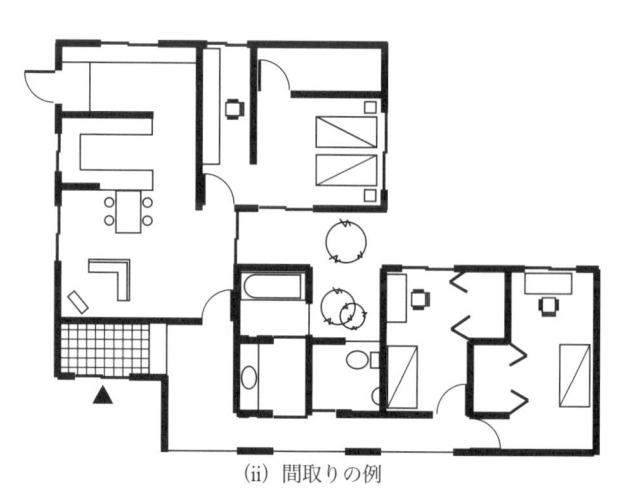

(ii) 間取りの例

(b) 現代的な住宅の例

図1・12　住宅の変化

(i) 開放的な建築物 　　　　　　　　　　(ii) 閉鎖的な建築物
(a) 安心感の違いが産み出す建築物

(b) 集合の形式が産み出す建築物　(提供：本多友常氏)

(i) 日本の例 　　　　　　　　　　　　(ii) 西洋の例
(c) 階級が産み出す建築物

図 1・13　社会と構法

【参考文献】

1) 日本建築学会:『構造用教材』，丸善，1996.2
2) 大野秀夫他:『快適環境の科学』，朝倉書店，1993.6
3) 須藤功編:『すまう』，弘文堂，1994.2
4) 若山滋:『風土に生きる建築』，鹿島出版会，1983.6
5) 小松義夫:『地球生活記―世界ぐるりと家めぐり』，福音館書店，1999.6
6) 木村健一編:『民家の自然エネルギー技術』，彰国社，1999.3
7) 竹内裕二:『イタリア中世の山岳都市』，彰国社，1991.9
8) 株式会社竹中工務店編集ワーキンググループ:『新建築』1997年12月臨時増刊『表現とディテール―竹中工務店』，新建築社，1997.12
9) 吉橋榮治・本吉康郎・境原達也・安藤隆夫:『和風からの発想―木造住宅の基本とプロセス』，エクスナレッジ，1995.7
10) 株式会社竹中工務店:パンフレット「ロボット―施工の自動化技術」
11) 山口昌伴:『日本人の住まい方を愛しなさい』，王国社，2002.9
12) 松本健一:『砂の文明・石の文明・泥の文明』，PHP研究所，2003.10
13) マテリアルワールド・プロジェクト，ピーター・メンツェル:『地球家族』，TOTO出版，1994.11
14) マテリアルワールド・プロジェクト，フェイス・ダルージオ，ピーター・メンツェル:『続 地球家族』，TOTO出版，1997.12
15) プレカットフォーラム21:パンフレット「PF WOOD」
16) 清水建設株式会社:パンフレット「全天候型ビル自動施工―スマートシステム」

第 2 章
躯体の構法

　本章では，建築物をその骨組みとなる躯体(くたい)を形作る構造材料の違いによって分類し，そのうちの主なものを取り上げる．そして，取り上げた建築物について，その躯体がどのようにできているのかという〈構法〉についてみる．また，その際それがどのように造られるのかという〈工法〉についても触れる．

1　木質構造

1. 木質構造の分類

躯体の主要部分を木材で構成した木質構造は図2・1に示すように，軸組式構法・壁式構法・組積式構法に大きく分けられる．本書では，このうち軸組式構法と壁式構法を主として取り上げる．

軸組式構法は，軸組材と呼ばれる細長い形状をした部材によって躯体を造り上げる．なお，わが国では軸組式構法は古い社寺や民家などに見られる伝統軸組構法と，それに由来する在来軸組構法に分けられる．本書においては，このうち現在多く採用されている在来軸組構法について述べる．

在来軸組構法は，図2・2に示すように基礎部分・軸組部分・小屋組部分に分けてとらえられる．壁式構法は，壁によって力を伝え，箱のような形状の躯体を造り上げる．わが国では，ツーバイフォー構法と呼ばれる枠組壁構法[注1] が一般的であり，プラットフォーム構法[注2]と呼ばれる形式をとる．プラットフォーム構法は，図2・3に示すようにプラットフォームと呼ばれる版状の床版や天井版を壁で挟み込むような構造となる．

また，在来軸組構法の工事の流れを図2・4に，枠組壁構法の工事の流れを図2・5に示した．

注1)　日本での正式名称は「枠組壁工法」であり，工法として扱われている．構法を扱う本書ではこれを「枠組壁構法」としてとらえる．
注2)　この他に，建築物の外周部分を上階まで続く枠材で覆うバルーン構法がある．

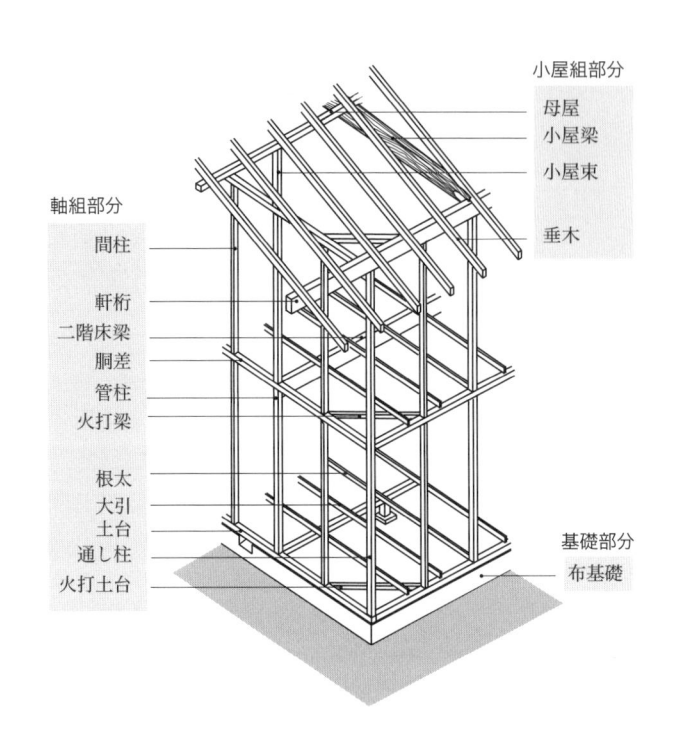

図2・2　在来軸組構法の構成

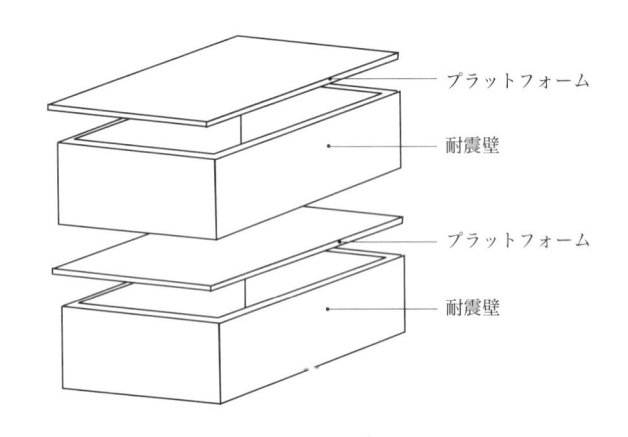

図2・3　枠組壁構法の構成

(a) 軸組式構法　　(b) 壁式構法　　(c) 組積式構法

図2・1　木質構造の分類

図2・4　在来軸組構法の工事の流れ

① 基礎の完成
② 土台の据付
③ 建方と建入れ直し
④ 小屋梁の設置
⑤ 小屋組
⑥ 躯体の完成

図2・5　枠組壁構法の工事の流れ　(提供：池田邦吉氏)

① 基礎の完成
② 1階床の完成
③ 1階壁の建起し
④ 1階壁の頭つなぎ
⑤ 小屋組
⑥ 躯体の完成

2. 在来軸組構法

a）基礎部分

在来軸組構法において，基礎部分は建築物の自重や積載荷重を地盤に伝える物であり，建築物が偏って沈む不同沈下を起こさないことや軸組部分の最下部になる土台をしっかりと固定する役割を果たす．

基礎部分の概要を図2・6に示したが，これらは一般にコンクリートで造られる．とくに地盤が堅固な場合や平屋建ての場合を除いて，鉄筋で補強した鉄筋コンクリート構造とされる．また，地盤に荷重を集中させることなく分散して伝えるために，フーチングと呼ばれる基礎底部の拡がりをもたせる．

また，コンクリートを打設しただけでは基礎の上面は凹凸が多く，図2・7に示すようにモルタルを金ごてで押さえて平滑にし，土台のなじみをよくするための天端均しが施される．さらに，地盤からの湿気を防ぐために，床下になる部分に盛土をしたり，合成樹脂製の防湿フィルムを敷いてその上にコンクリートを打設する構法がとられる．

なお，基礎部分はコンクリートでできた基礎によって区切られるため，床下部分の空気が滞留しやすい．そこで，基礎の内側では，基礎が連続することを避ける．また，基礎の外周部では図2・8に示すように外からのねずみなどの侵入を防ぎながら，外気を取り入れることができる床下換気口を設ける．布基礎およびべた基礎の詳細を図2・9に示した．

図2・7 天端均し

図2・8 床下換気口

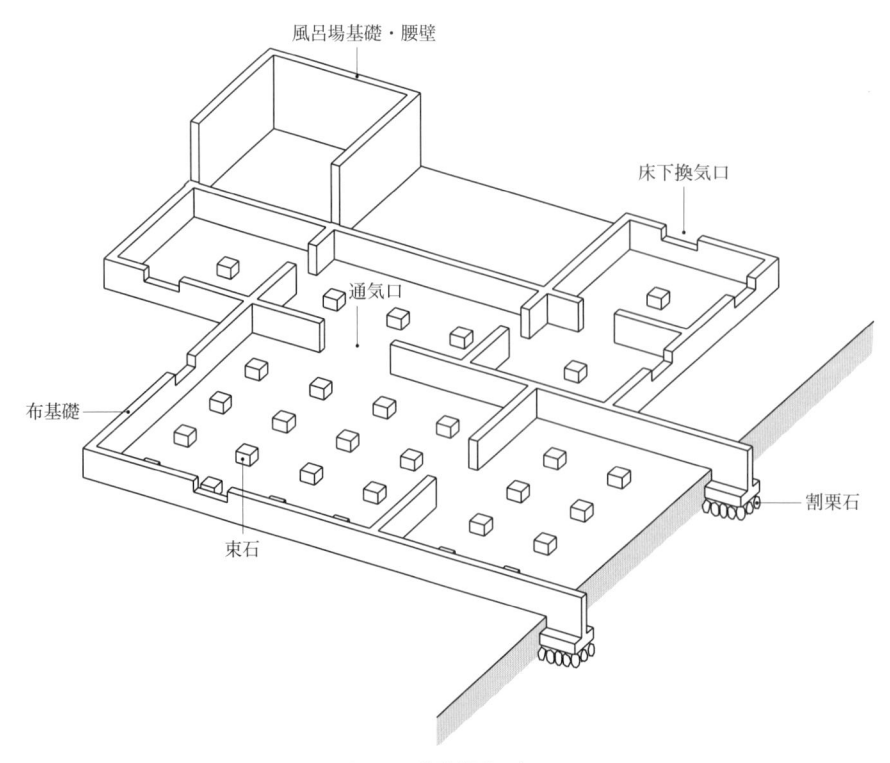

図2・6 基礎部分の概要

(i) 布基礎の概要

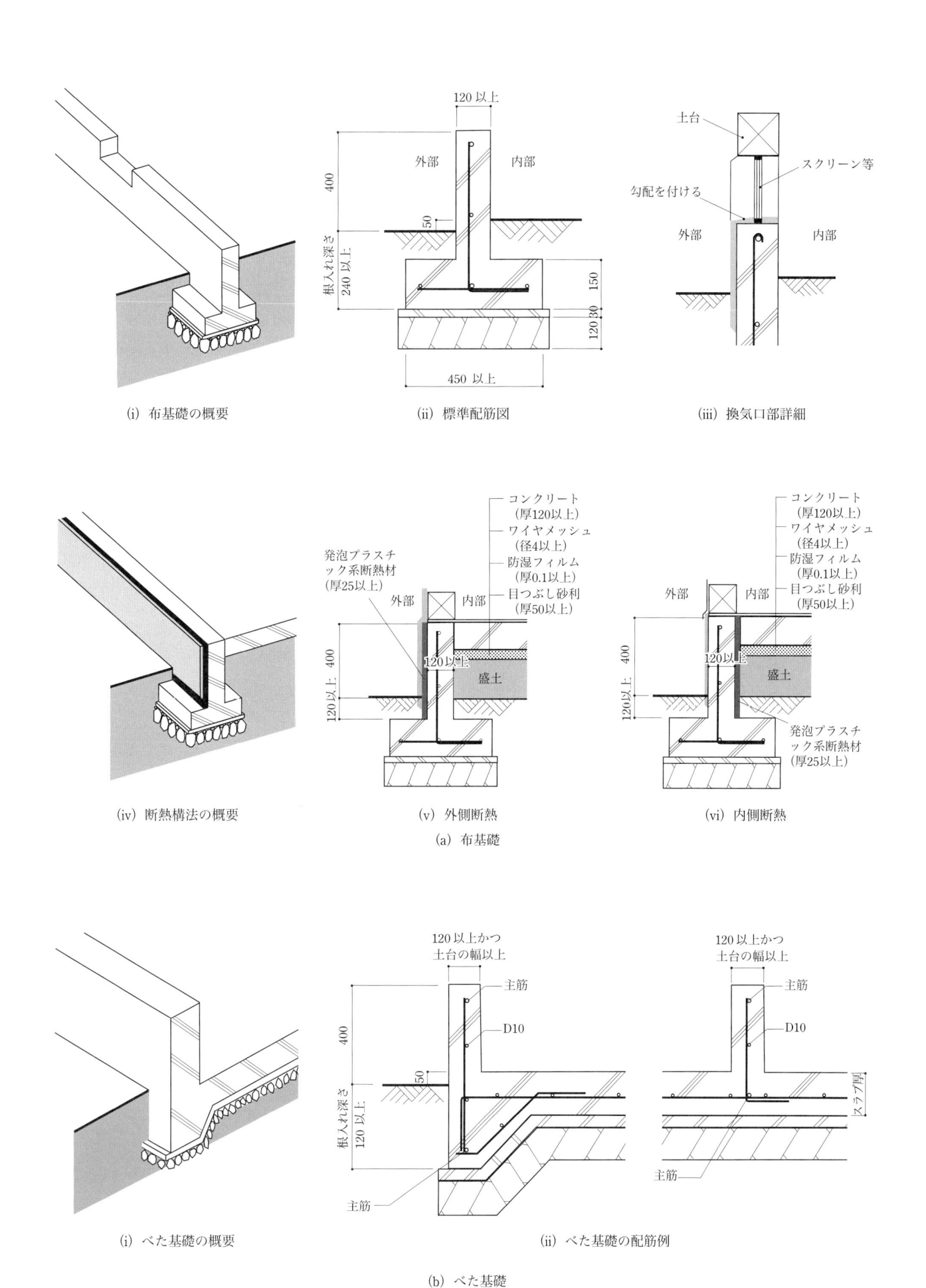

(ii) 標準配筋図

(iii) 換気口部詳細

(iv) 断熱構法の概要

(v) 外側断熱

(vi) 内側断熱

(a) 布基礎

(i) べた基礎の概要

(ii) べた基礎の配筋例

(b) べた基礎

図 2·9 基礎部分の詳細

b) 軸組部分

在来軸組構法では，基礎の上に載せられる土台を最下部として，その上に構築される建築物の骨組みとなる部分を軸組部分と呼ぶ．この軸組部分の概要を図2・10に示す．また，その工事の流れを図2・11に示す．

軸組部材は適切な断面をもった部材を選ぶとともに，それがどの部位に使われるかによって，表2・1に示すように適切な樹種がある．また，これらの部材の接合が重要となる．部材を同一方向に延長する際にできる接合部を継手（つぎて）と呼び，部材と部材が角度をもって接合される際の接合部を仕口（しぐち）と呼ぶ．図2・12には，これら継手と仕口の名称の基本となるものを，図2・13にはその代表的なものを示す．

また，図2・14に示したように，風や地震など建築物に対して水平に作用する，水平力に対する躯体の抵抗性を確保するために筋違（すじかい）が設けられる．なお，筋違には水平力と筋違の向きによって，圧縮力が働く場合と引張力が働く場合がある．

筋違はそのバランスのよい配置とともに，図2・15に示したように接合部の適切な加工や接合金物の使用が重要となる．

また近年は，図2・16に示すような伝統的日本建築で用いられてきた，柱を水平に貫通する貫（ぬき）や，小舞（こまい）（木舞とも表す）が下地となり造られる土壁が発揮する，水平力に対する柔軟な抵抗性も見直されている．

なお，部材の接合にあたって，接合金物が併用されることが多く，その適切な使用が躯体の構造的な安全性を左右する．その使用例を図2・17に，種類と用途を表2・2に示す．

(a) 土台の据付け

(b) 柱・梁の吊込み

(c) 仮筋違による軸組部分の固定

図2・11 軸組部分の工事の流れ

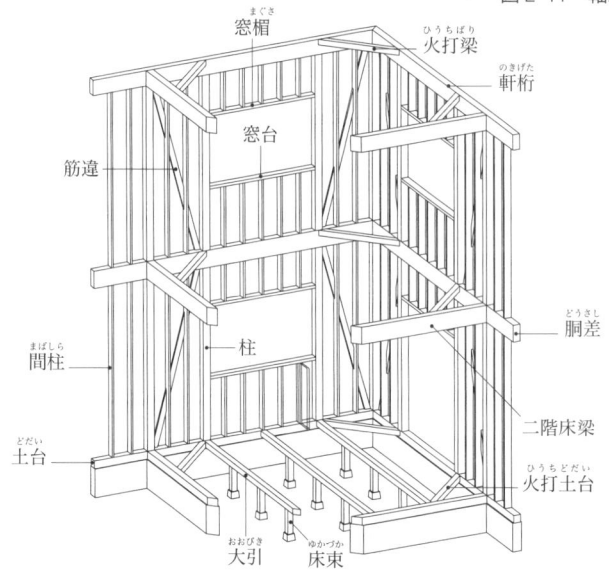

図2・10 軸組部分の概要

表 2・1 部位別適合樹種

	部材名称	樹種
軸組	土台（火打土台を含む）	ひのき・すぎ・ひば・からまつ・えぞまつ・とどまつ・べいつが・アピトン・べいひ・べいすぎ・加圧処理土台
	柱類（通し柱）	ひのき・すぎ・ひば・べいひ・べいすぎ・べいつが・べいまつ・えぞまつ・とどまつ・スプルース・化粧梁構造用集成材
	桁類（敷桁・軒桁・間仕切桁等）	べいまつ・すぎ・あかまつ・くろまつ・ひのき・えぞまつ・とどまつ・べいつが・べいすぎ
	胴差・胴つなぎ	べいまつ・すぎ・あかまつ・くろまつ・ひのき・えぞまつ・とどまつ
	筋違・貫	べいまつ・すぎ・べいつが・ひのき・えぞまつ・とどまつ
	間柱・窓楣・窓台・その他	すぎ・べいつが・べいまつ・えぞまつ・とどまつ
小屋組 和式	小屋梁類（丸太）	あかまつ・くろまつ・べいまつ
	小屋梁類（ひき角）	あかまつ・くろまつ・べいまつ・べいつが
	小屋束・火打梁	すぎ・べいまつ・べいつが・ひのき・えぞまつ・とどまつ
小屋組 洋式	筋違類・振止め・真束小屋組材・寄棟小屋組材	すぎ・べいまつ・べいつが・ひのき・えぞまつ・とどまつ・あかまつ・くろまつ・からまつ・べいまつ
	振止め・火打梁	すぎ・べいつが・えぞまつ・とどまつ
	筋違類・その他	すぎ・べいつが・えぞまつ・とどまつ

	部材名称	樹種
小屋組	棟木・母屋・隅木・谷木	べいつが・べいまつ・すぎ・えぞまつ・とどまつ
	垂木・垂木掛け	べいつが・べいまつ・すぎ・ひのき・えぞまつ・とどまつ
床組	床梁類（大梁・小梁）	べいまつ・あかまつ・くろまつ・すぎ・えぞまつ・とどまつ
	火打梁・床束・大引（転ばし大引）	べいまつ・あかまつ・くろまつ・すぎ・ひのき・えぞまつ・とどまつ・ひば・べいひ・べいひば・べいつが
	大引受け・根太掛け・根太	べいまつ・あかまつ・くろまつ・すぎ・ひのき・えぞまつ・とどまつ
	軽量鉄骨梁用 根太受け・振止め・かい木（開き止め）	すぎ・べいつが・べいまつ・えぞまつ・とどまつ
構造材の継手添え板		ひのき・あかまつ・くろまつ・べいまつ・べいひ
栓・くさび・だぼ・どっこ		かし・けやき・なら

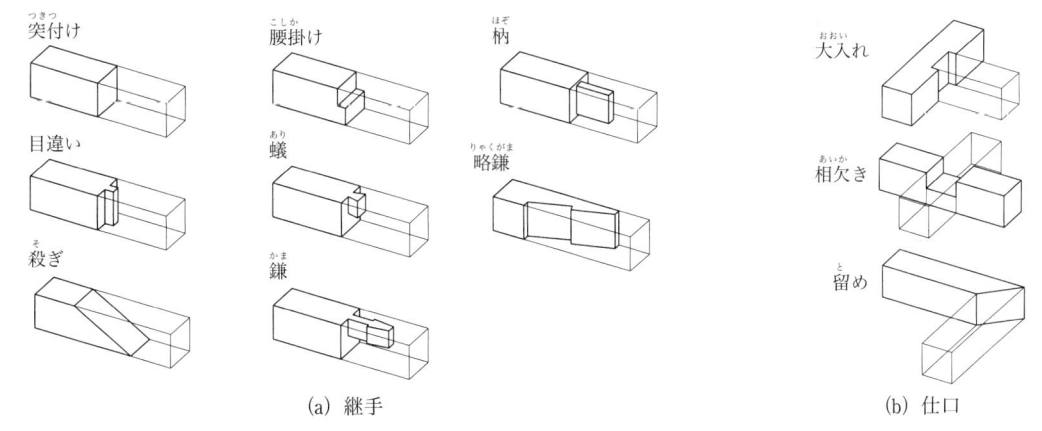

図 2・12　継手・仕口の基本

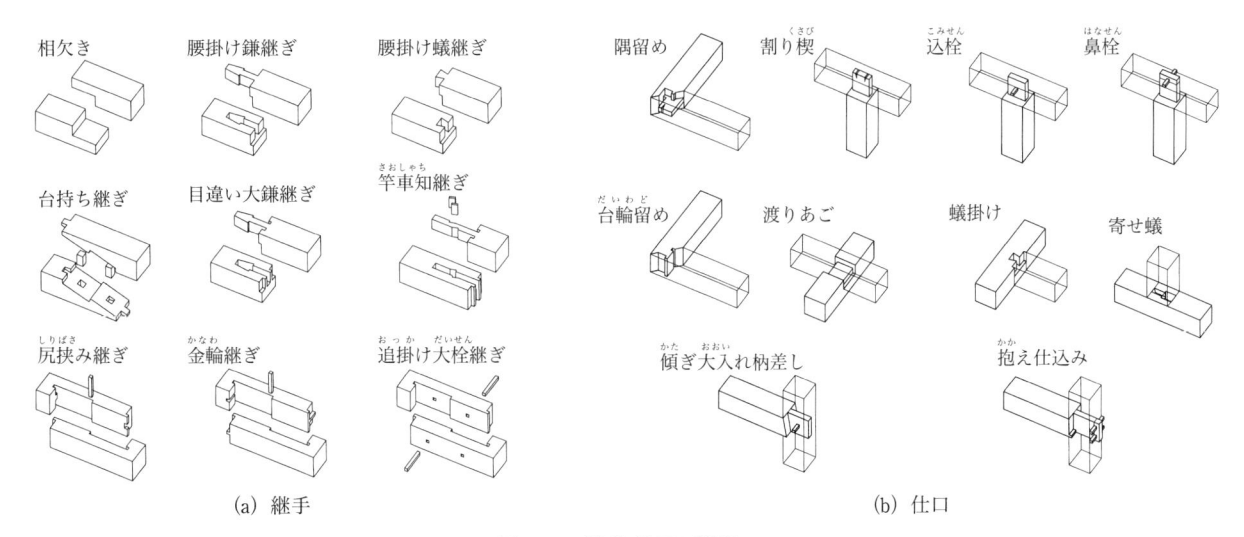

(a) 継手: 突付け、腰掛け、柄、目違い、蟻、略鎌、殺ぎ、鎌

(b) 仕口: 大入れ、相欠き、留め

図 2・13　継手・仕口の種類

(a) 継手: 相欠き、腰掛け鎌継ぎ、腰掛け蟻継ぎ、台持ち継ぎ、目違い大鎌継ぎ、竿車知継ぎ、尻挟み継ぎ、金輪継ぎ、追掛け大栓継ぎ

(b) 仕口: 隅留め、割り楔、込栓、鼻栓、台輪留め、渡りあご、蟻掛け、寄せ蟻、傾ぎ大入れ柄差し、抱え仕込み

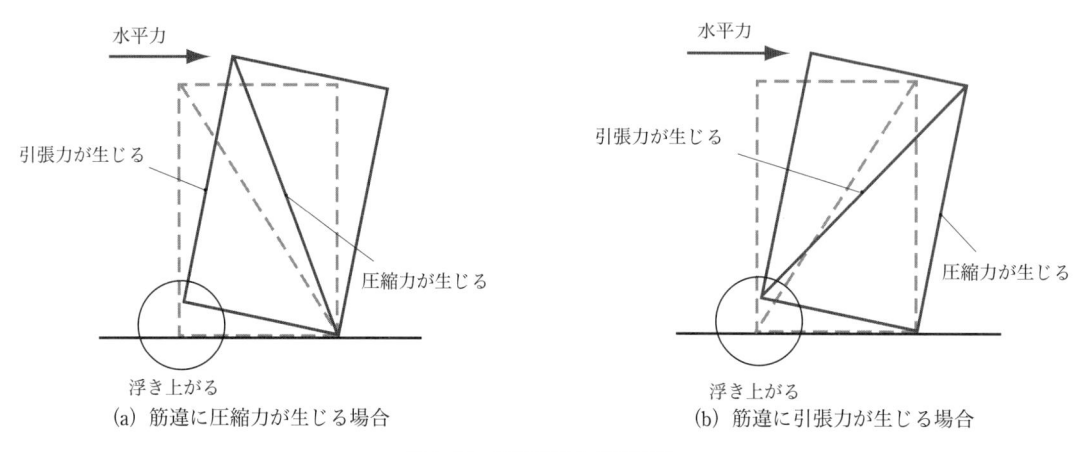

(a) 筋違に圧縮力が生じる場合　　(b) 筋違に引張力が生じる場合

図2・14　圧縮筋違と引張筋違

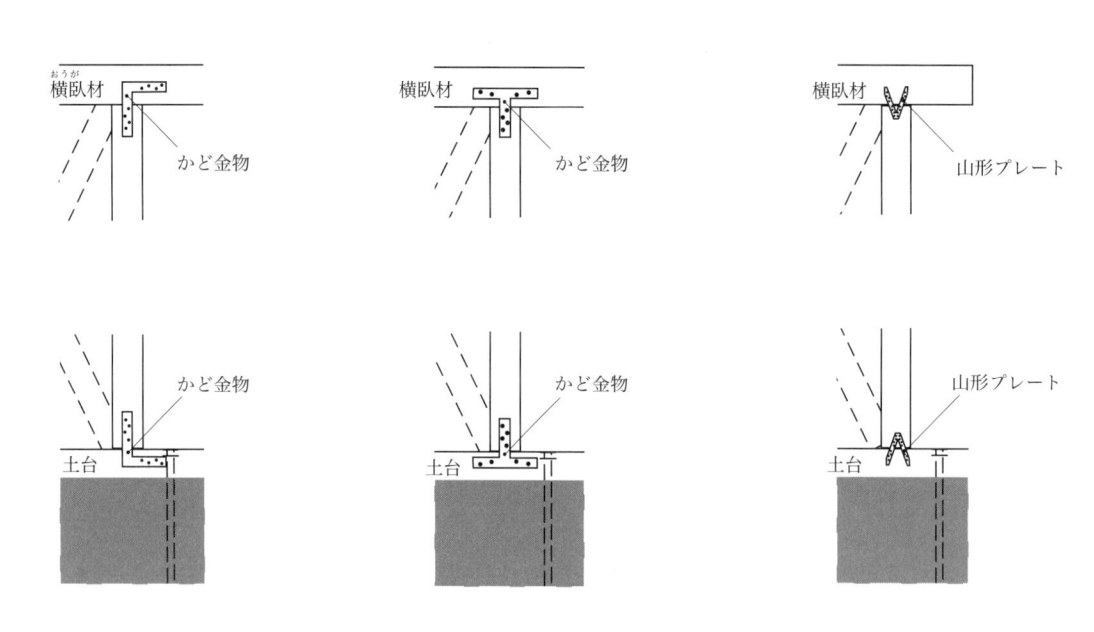

図2・15　筋違の固定法

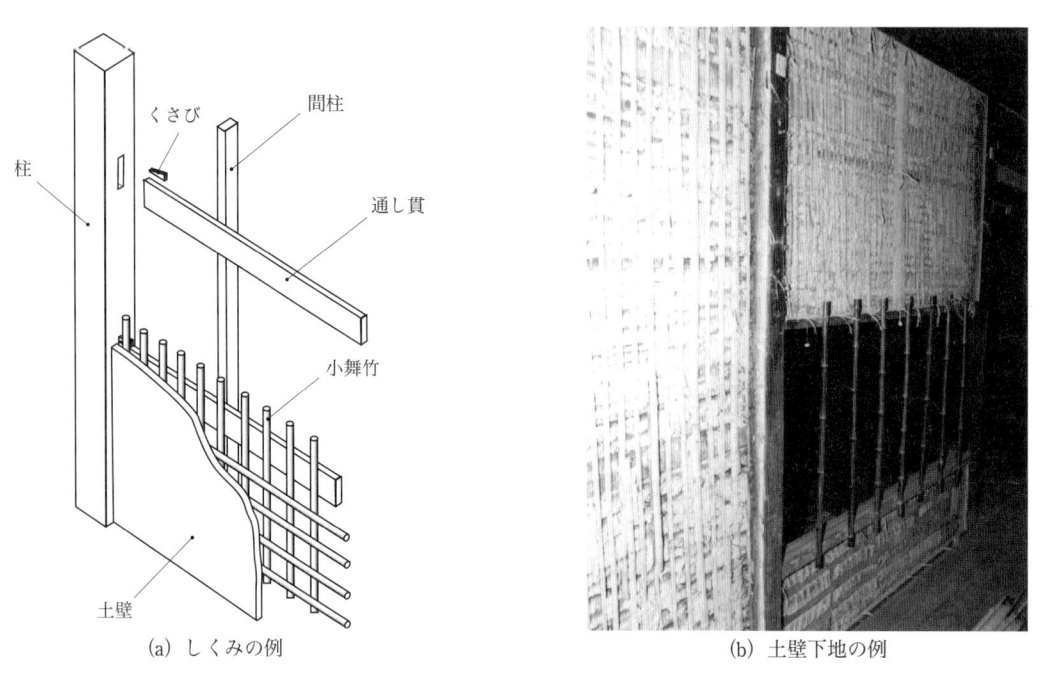

(a) しくみの例　　(b) 土壁下地の例

図2・16　貫と小舞

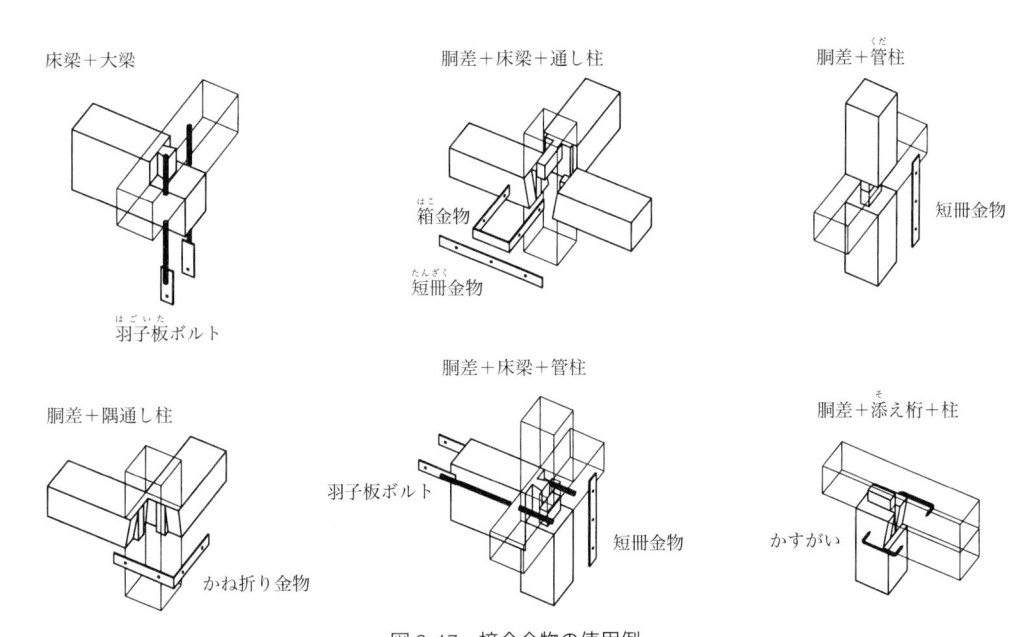

図2·17 接合金物の使用例

表2·2 接合金物の種類と用途

名称	形状例	記号	接合具 種類	接合具 記号	用途
柱脚金物		PB-33	六角ボルト	1-M12×110	玄関の独立柱等の柱脚支持
			六角ナット	1-M12	
		PB-42	金ねじボルト	2-M12×115	
			六角袋ナット	2-M12	
短冊金物		S	六角ボルト	2-M12	1,2階管柱の連結,胴差相互の連結等
			六角ナット		
			角座金	1-W4.5×40	
			スクリュー釘	3-ZS50	
ひら金物		SM-12	太め釘	4-ZN65	かすがいと同様の用途
		SM-40	太め釘	12-ZN65	管柱の連結等
かね折り金物		SA	六角ボルト	2-M12	通し柱と胴差の取合い
			六角ナット		
			角座金	W4.5×40	
			スクリュー釘	2-ZS50	
ひねり金物		ST-9	太め釘	4-ZN40	垂木と敷桁,母屋との接合
		ST-12			
		ST-15	太め釘	6-ZN40	
折曲げ金物		SF	太め釘	6-ZN40	ひねり金物と同様の用途
くら金物		SS	太め釘	6-ZN40	ひねり金物と同様の用途
かど金物		CP-L	太め釘	10-ZN65	引張を受ける柱と土台・横架材の接合
		CP-T			
山形プレート		VP	太め釘	10-ZN90	かど金物と同様の用途
羽子板ボルト		SB-F	六角ボルト	1-M12	小屋梁と軒桁・梁・柱,軒桁と通し柱の連結
			六角ナット		
			角座金	W4.5×40	
			スクリュー釘	ZS50	
		SB-E	六角ボルト	2-M12	
			六角ナット		
			角座金	W4.5×40	
			スクリュー釘	2-ZS50	
火打金物		HB	六角ボルト	1-M12	床組および小屋組の隅角部の補強
			六角ナット		
			角座金	W4.5×40	
			小型角座金	W2.3×30	
			平釘	3-ZF55	
筋違プレート		BP	角根平頭ボルト	1M-12	筋違と柱と横架材を同等に接合
			六角ナット		
			角座金	W2.3×30	
			スクリュー釘	10-ZS65	
		BP-2	角根平頭ボルト	1M-12	
			六角ナット		
			角座金	W2.3×30	
			スクリュー釘	22-ZS50	
ホールダウン金物		HD-B10	六角ボルトまたはラグスクリュー	2-M12 または2-LS12	柱と基礎(土台)または管柱相互の緊結
		HD-B15	六角ボルトまたはラグスクリュー	3-M12 または3-LS12	
		HD-B20	六角ボルトまたはラグスクリュー	4-M12 または4-LS12	
		HD-B25	六角ボルトまたはラグスクリュー	5-M12 または5-LS12	
		HD-N5	太め釘	5ZN-90	
		HD-N10	太め釘	10ZN-90	
		HD-N15	太め釘	15ZN-90	
		HD-N20	太め釘	20ZN-90	
		HD-N25	太め釘	25ZN-90	
		S-HD10	六角ボルトまたはラグスクリュー	2-M12 または2-LS12	
		S-HD15	六角ボルトまたはラグスクリュー	3-M12 または3-LS12	
		S-HD20	六角ボルトまたはラグスクリュー	4-M12 または4-LS12	
		S-HD25	六角ボルトまたはラグスクリュー	5-M12 または5-LS12	

c) 床組部分

床を支える躯体の部分を床組部分と呼ぶ．このうち，図2・18(a)に示した1階の床組部分は束石の上に立てた床束の上に大引を載せて，かすがいなどの接合金物を用いて固定する．さらに，大引に直交するように根太を並べて固定する．なお，根太の間隔は床に載せられる荷重などを考慮して決められるが，一般に和室では@450，洋室では@300程度とする．

図2・18(b)に示した2階の床組部分は，床梁の上に根太を並べて固定する．根太の間隔は1階の床組部分と同様に決められる．

これら床組部分の部材の固定にあたっても，接合金物の適切な使用が重要になる．また，床板の位置によって根太の床梁，胴差などへの取り付け位置も変化する．

これら床組部分の工事例を図2・19に，詳細を図2・20に示す．なお，床組部分の平面の剛性を増すために，四隅に火打材を接合する．1階の床組部分にあっては，これらの火打材は火打土台と呼ばれ，2階の床組部分では火打梁と呼ばれる．

(a) 1階床組部分（床束と大引）

(b) 2階床組部分（床梁と根太）

図2・19 床組部分の工事例

(a) 1階床組部分

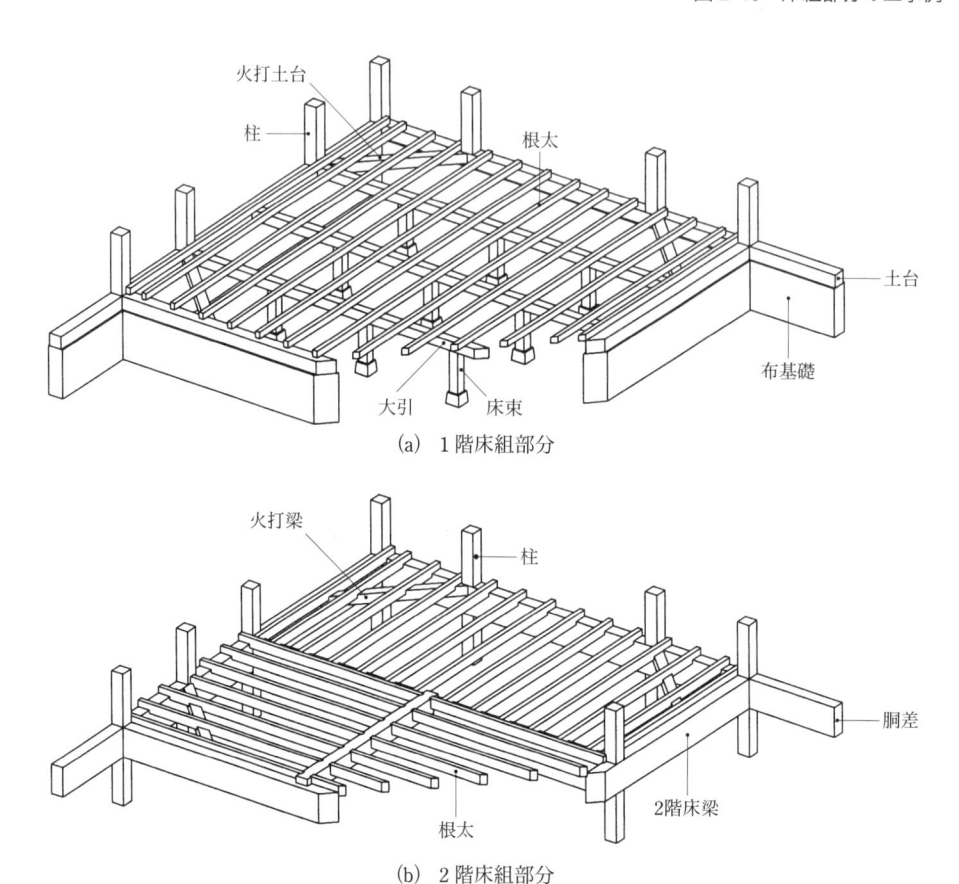

(b) 2階床組部分

図2・18 床組部分の概要

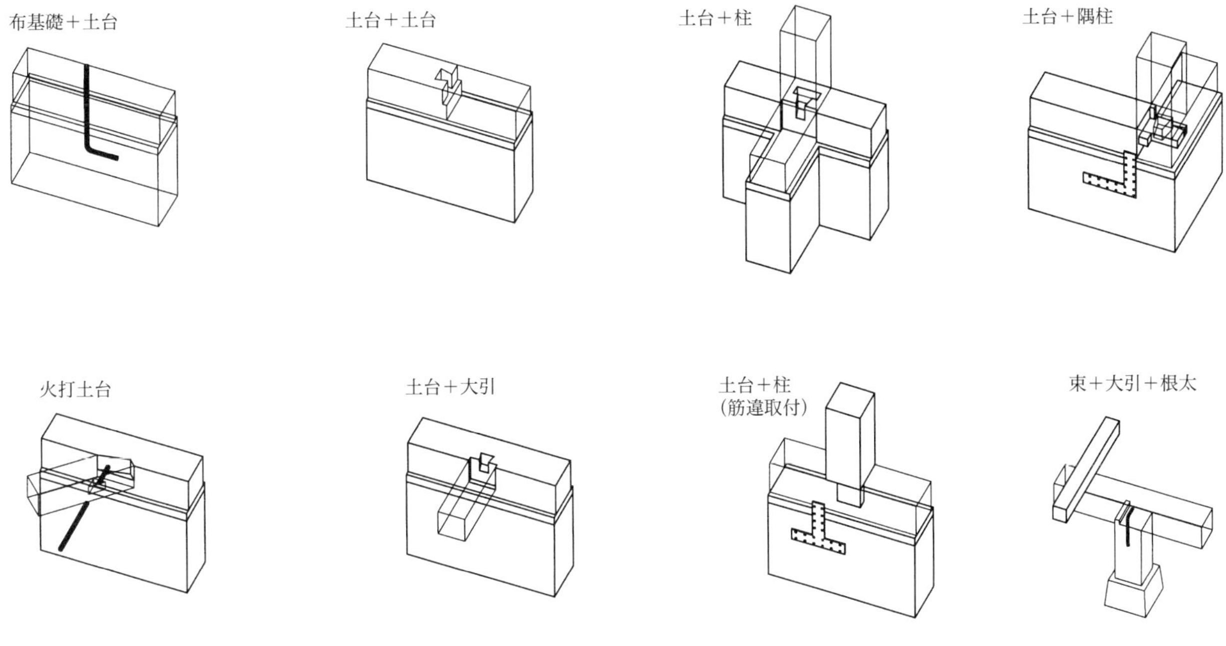

布基礎＋土台　　土台＋土台　　土台＋柱　　土台＋隅柱

火打土台　　土台＋大引　　土台＋柱（筋違取付）　　束＋大引＋根太

(a) 1階床組部分

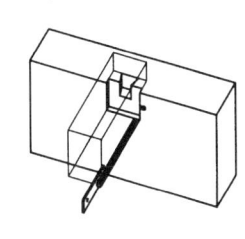

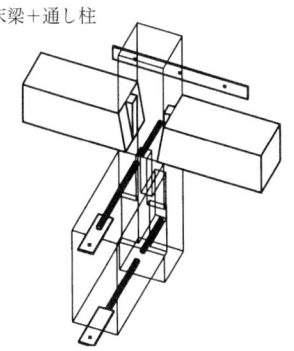

床梁＋大引　　床梁＋根太　　胴差＋床梁＋通し柱

(b) 2階床組部分

図2・20　床組部分の詳細

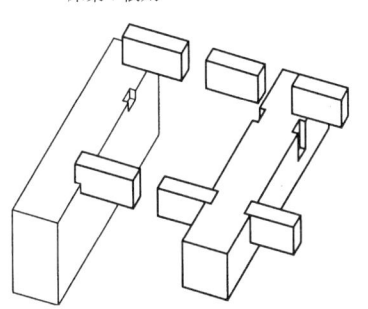

第2章　躯体の構法

d) 小屋組部分

屋根の骨組みとなる躯体の部分を小屋組部分と呼ぶ．一般に雨仕舞を考慮して，上面に勾配をつける．なお，小屋組部分は図2・21(a)に示す和小屋組と図2・21(b)に示す洋小屋組がある．

このうち和小屋組は小屋梁の上に小屋束を立てて母屋を支え，母屋の上に垂木を載せる．また，その上に野地板を置き屋根葺き材の下地とする．このような構造では，図2・23(a)に示すように，2点で支持された小屋梁には小屋束から上部の荷重が集中力として作用する．その結果，小屋梁には曲げモーメントが生じ，それに耐えられる断面の大きさが要求される．

これに対し，洋小屋組では各部材によってトラスが形作られ，各部材には軸方向力である引張力あるいは圧縮力のみが作用し，曲げモーメントは生じない．その結果，各部材は軸方向力に耐えればよく，大きな断面を要しない．また，和小屋組の小屋梁にあたる陸梁にも引張力のみが作用し，曲げモーメントが生じる小屋梁に比べて，大きな断面を必要としない．

図2・24に小屋組部分の詳細を和小屋組と洋小屋組について示す．なお，図2・25に示すように，わが国の軸組式構法においては，桁の上に梁が載る形の京呂組と，小屋梁の上に桁が載る形の折置組がある．折置組では梁の位置が必ず柱の上にこなくてはならないなどの制約が生じ，現在は京呂組が一般的に行われるが，伝統的な民家などでは折置組も見られる．

(a) 小屋梁の設置

(b) 小屋束・母屋・隅木の設置

(c) 垂木・野地板の設置

図2・22 小屋組部分（和小屋）の工事の流れ

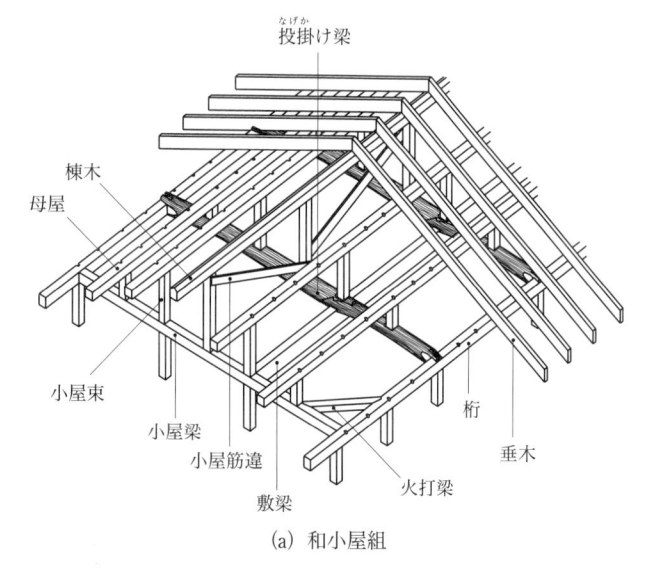

(a) 和小屋組

(b) 洋小屋組

図2・21 小屋組部分の概要

(a) 和小屋組 (b) 洋小屋組

図 2·23 小屋組部分の種類

京呂組 桁＋垂木　　折置組 桁＋垂木　　母屋＋垂木　　棟木＋垂木　　束＋小屋梁

　　　　　　　　　　　　　　　　　　母屋＋母屋＋束　　　　　　　　棟木＋棟木＋束

京呂組 桁＋梁　　折置組 桁＋梁

　　　　　　　　　　　　　　　　　　母屋＋母屋＋束

　　　　　　　　　　　　　　　　　陸梁＋合掌　　合掌＋母屋　　陸梁＋束＋方杖

(a) 和小屋組　　　　　　　　　　　　　　　　　　(b) 洋小屋組

図 2·24 小屋組部分の詳細

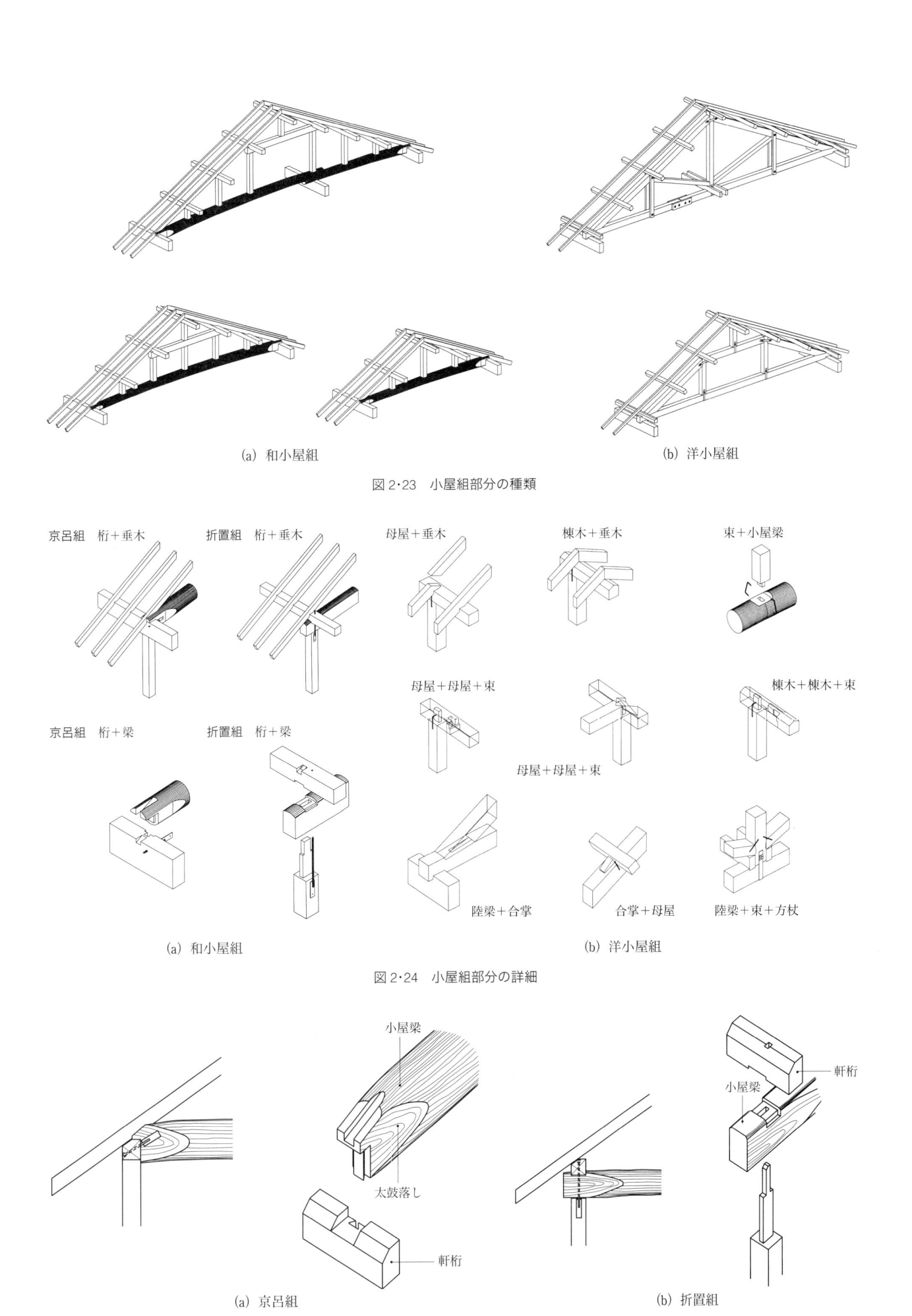

小屋梁

太鼓落し

軒桁

軒桁

小屋梁

(a) 京呂組　　　　　　　　　　　　　　　　　　(b) 折置組

図 2·25 京呂組と折置組

第 2 章　躯体の構法

3. 枠組壁構法

a) 基礎部分

図2・26に示すように，枠組壁構法の基礎部分は在来軸組構法と同様の構造をもつ．ただ，土台には404材と呼ばれる正方形断面の規格材だけでなく，204材・206材・208材と呼ばれる扁平な規格材が用いられることがあり，コンクリート製の基礎との間に，防湿紙や防湿フィルムを挟むことが多い．

なお，図2・27に枠組壁構法の基礎の実例を，図2・28にアンカーボルトの位置を示す．

土台の固定のためのアンカーボルトは㈶日本住宅・木材技術センターの規格によるCマーク表示品あるいはそれと同等以上の物を用いる．Cマーク表示品以外の物を用いるときは，その長さが350mm以上，径が12mm以上の物を用いる．

基礎の形式としては，布基礎としたりべた基礎とする場合がある．このうち，べた基礎の構造例を図2・29に示した．

また，基礎の配筋例を図2・30に示した．

図2・27 基礎の実例 (提供：池田邦吉氏)

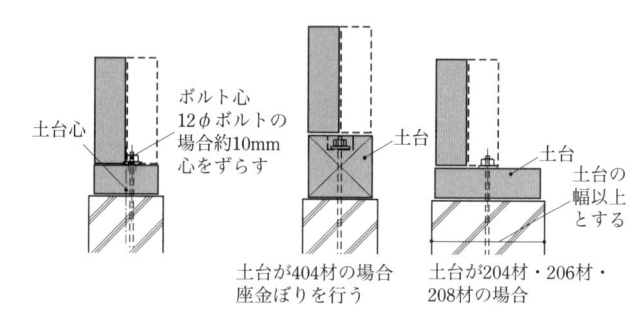

図2・28 アンカーボルトの位置

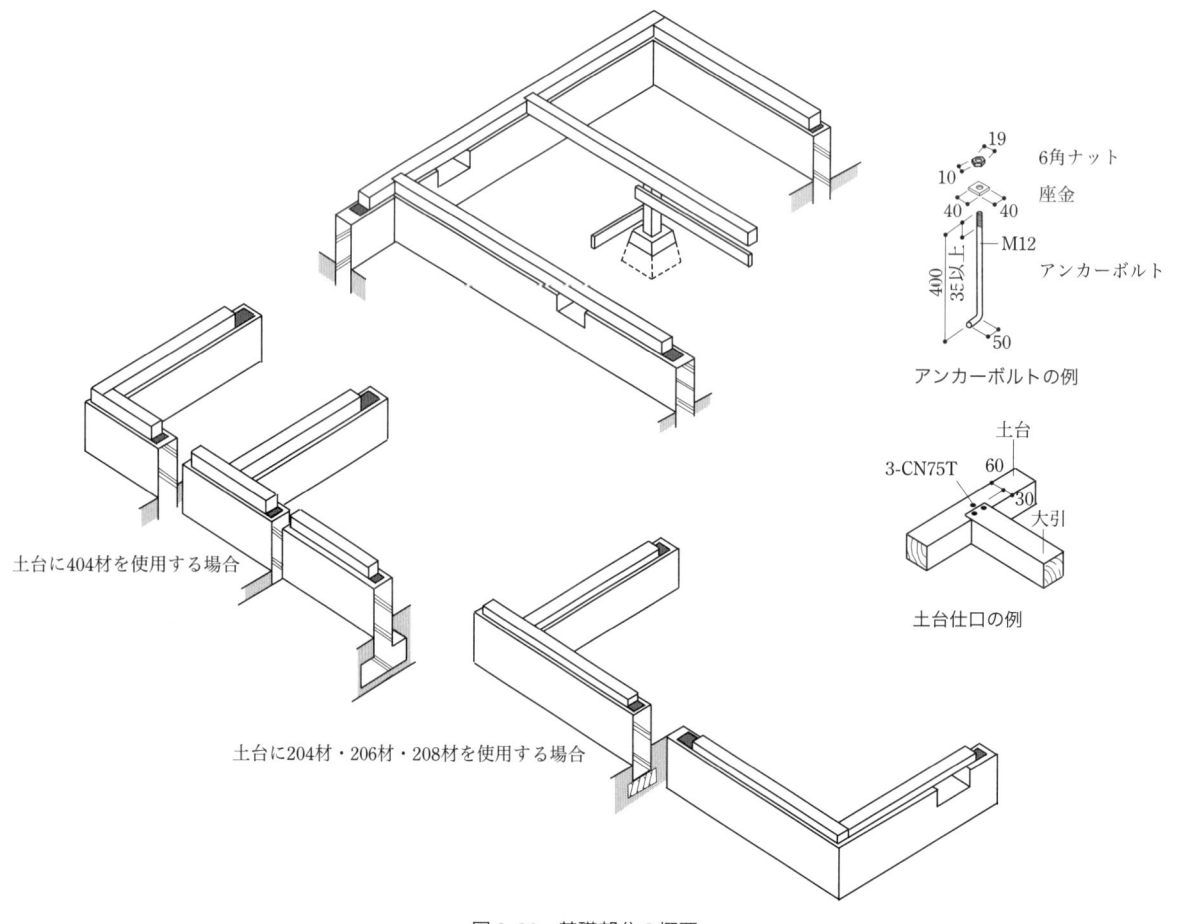

図2・26 基礎部分の概要

(a) 実例1

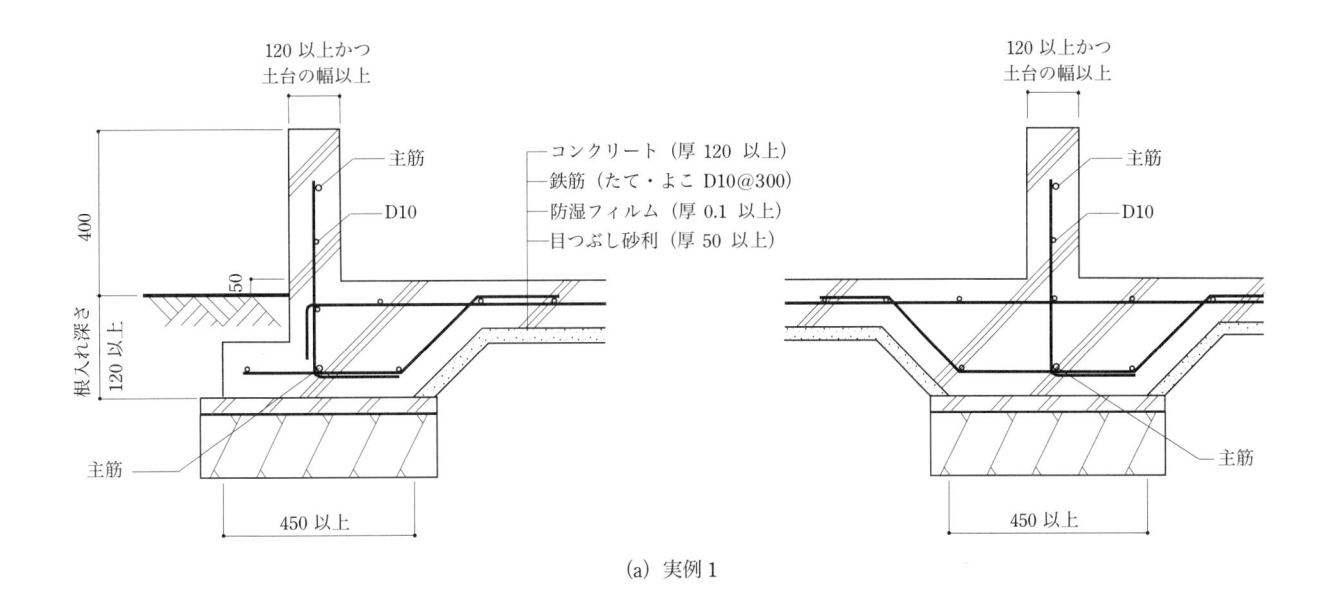

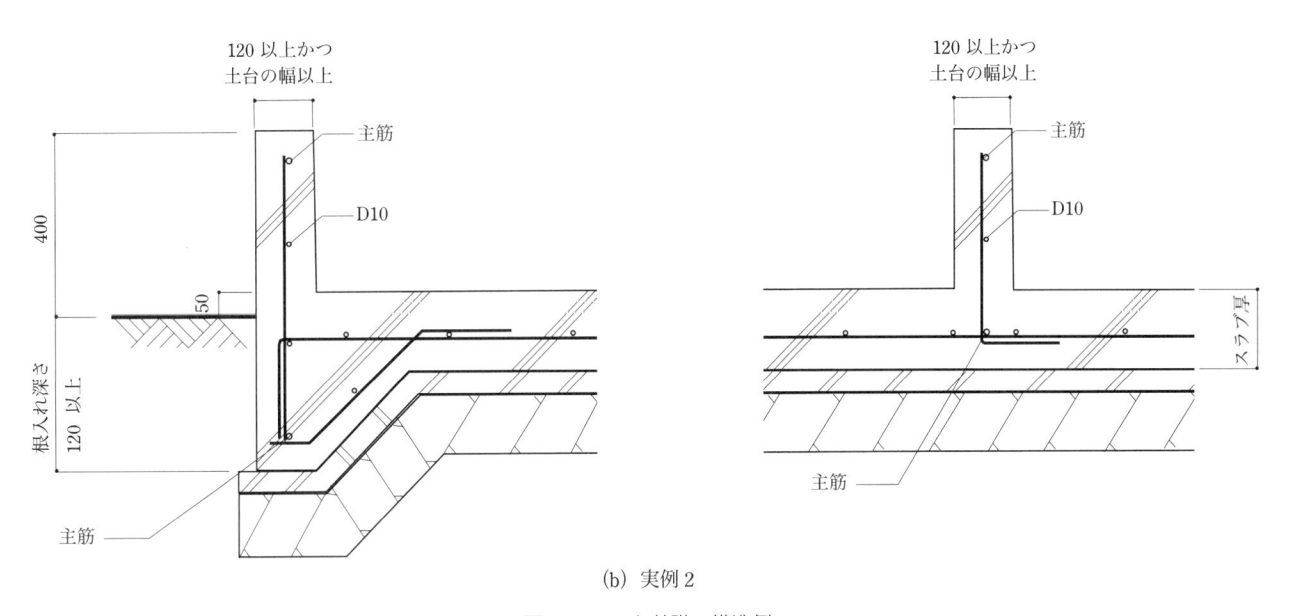

(b) 実例2

図 2・29 べた基礎の構造例

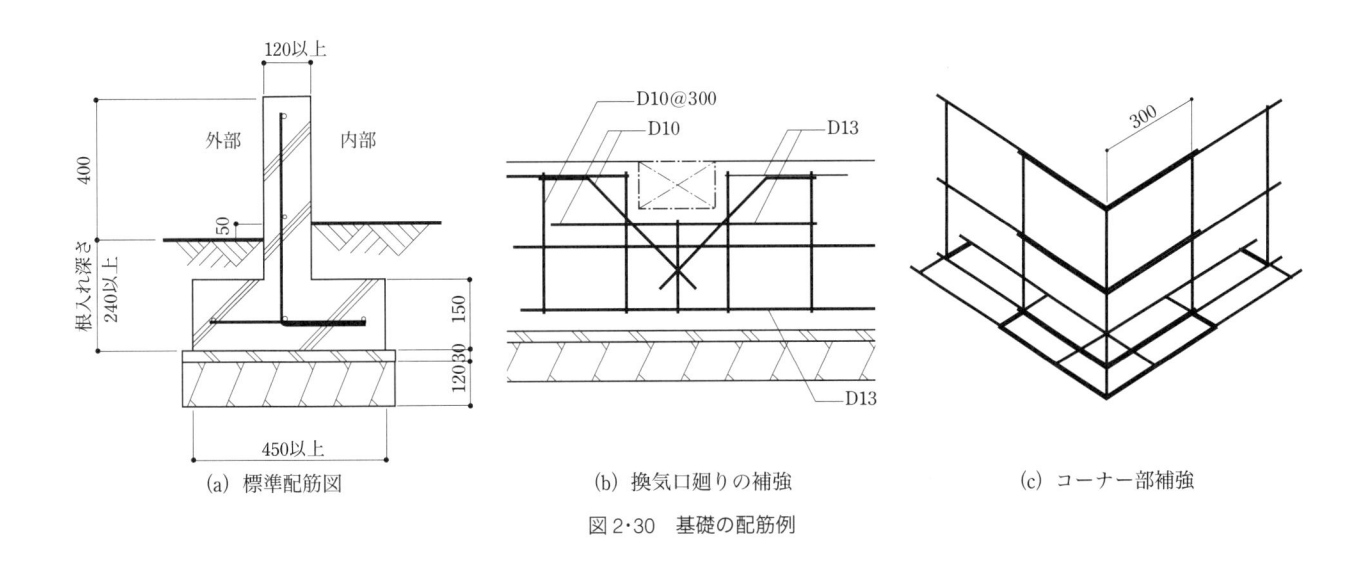

(a) 標準配筋図　　(b) 換気口廻りの補強　　(c) コーナー部補強

図 2・30 基礎の配筋例

b) 壁部分

図2・31に枠組壁構法の壁部分の概要を示す．この構法では，図2・32に断面を，表2・3に寸法を示した，ディメンションランバーと呼ばれる規格材が用いられる．

枠組壁構法では，枠組材と呼ばれる規格材で枠を作り，その両面に構造用合板を釘で打ち付けてパネルとする．このパネルを壁として建築物を造り上げる．このとき枠組材として204材（ツーバイフォー材）が多用されることから，構法の名前としてツーバイフォーが用いられることになった．

なお，枠組壁構法の1階の壁部分の工事の例を図2・33に示した．ここでは，床パネルの上で建起こした壁パネルの上部に頭つなぎと呼ばれる部材を打ち付けることによって，壁パネルどおしを固定している．図2・34には構造用合板の外観および合板を作る際の単板の繊維方向の組合せを示した．

先に述べたように，枠組材と構造用合板の接合には釘が用いられ，品質ならびに本数について，接合部分ごとに規定が設けられている．その一部を図2・35・図2・36に示した．

パネルどおしの接合には，接合金物が用いられ，適切な箇所に適切な固定を行うことが重要になる．

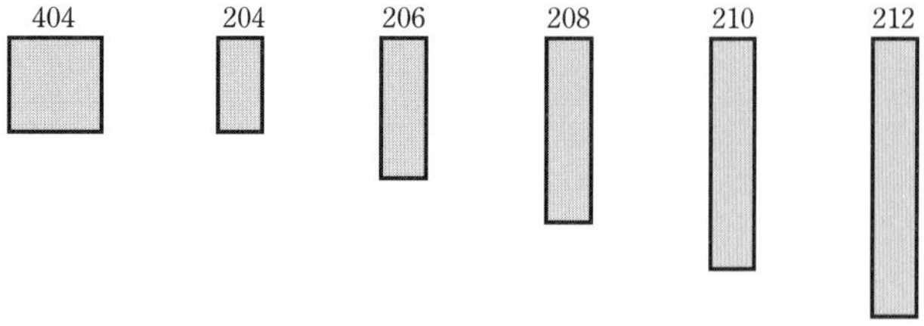

図2・32 ディメンションランバーの断面

表2・3 ディメンションランバーの寸法

寸法形式	未乾燥材［G］含水率19%を超えるもの 厚さ(mm)×幅(mm)	乾燥材［D］含水率19%以下 厚さ(mm)×幅(mm)
104	—	18 × 89
106	—	18 × 140
203	40 × 65	38 × 64
204	40 × 90	38 × 89
206	40 × 148	38 × 140
208	40 × 190	38 × 184
210	40 × 241	38 × 235
212	40 × 292	38 × 286
404	90 × 90	89 × 89

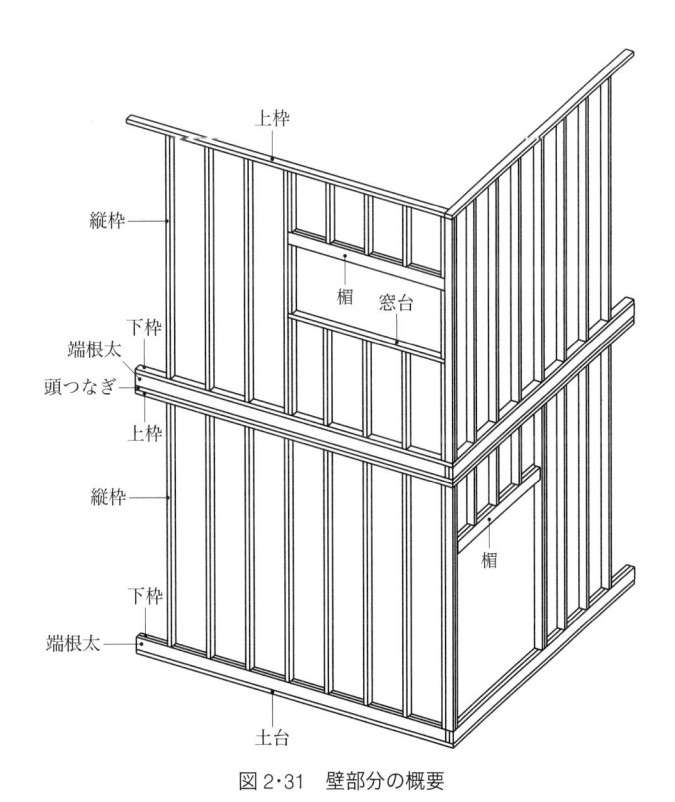

(a) 壁パネルの建起こし

(b) 壁パネルの頭つなぎ

図2・33 壁部分の工事例 （提供：池田邦吉氏）

図2・31 壁部分の概要

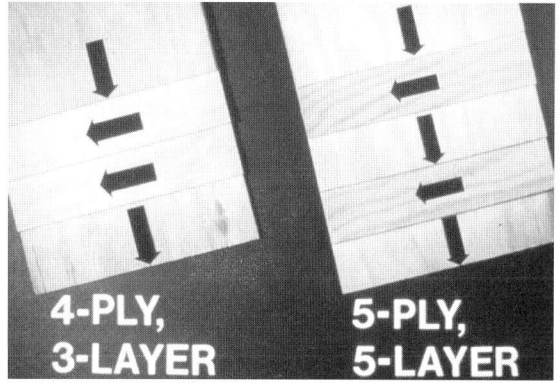

(a) 外観 (b) 繊維方向の組合せ

図2・34 構造用合板の例 (提供:APAエンジニアード・ウッド協会)

図2・35 枠組材の接合例

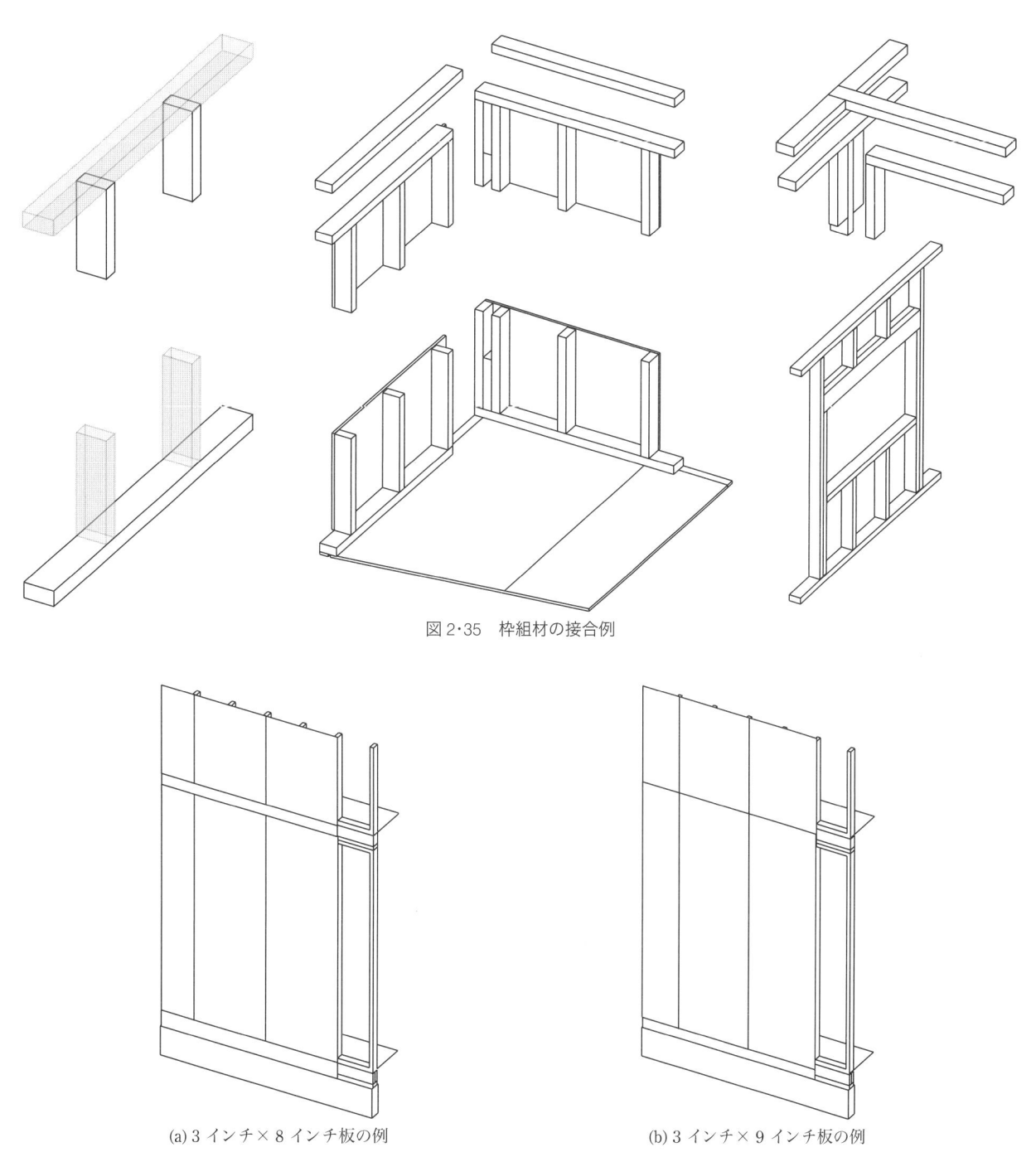

(a) 3インチ×8インチ板の例 (b) 3インチ×9インチ板の例

図2・36 構造用合板の張り方例

第2章 躯体の構法 33

c）床部分

枠組壁構法の床部分の概要を図 2・37 に示す．また，1階床部分の工事の例を図 2・38 に示す．

1 階の床部分については，図 2・39 に示すように 204 材よりもせいの高い 210 材などを，根太として用いることによって枠組を作り，その上面に構造用合板を張り付ける．その際，枠組材の間隔は @ 500 以下とし，転び止などを用いて荷重による枠組材の転倒を防ぐ．

土台には表 2・4 に示すディメンションランバーが用いられ，防水紙などを用いて，コンクリート製となる基礎上面からの湿気による腐食を防ぐ工夫が施される．

2 階の床部分については，1 階の壁パネルどおしを固定する頭つなぎと呼ばれる部材の上に端根太を留め付け，根太を組み立てる．その際，1 階の床部分と同様に転び止を用いて，根太の転倒を防ぐ．

図 2・40 に 1 階床部分の枠組材の接合の例を示す．また，図 2・41 に 2 階部分の枠組材の接合の例を示す．

表 2・4　土台に用いる規格材

204 材	
206 材	甲種枠組材の
208 材	特級・1 級・2 級
404 材	

※土台には防腐・防蟻の措置を講じる

(a) 枠組材の組立て

(b) 構造用合板の張付け

図 2・38　1 階床部分の工事例（提供：池田邦吉氏）

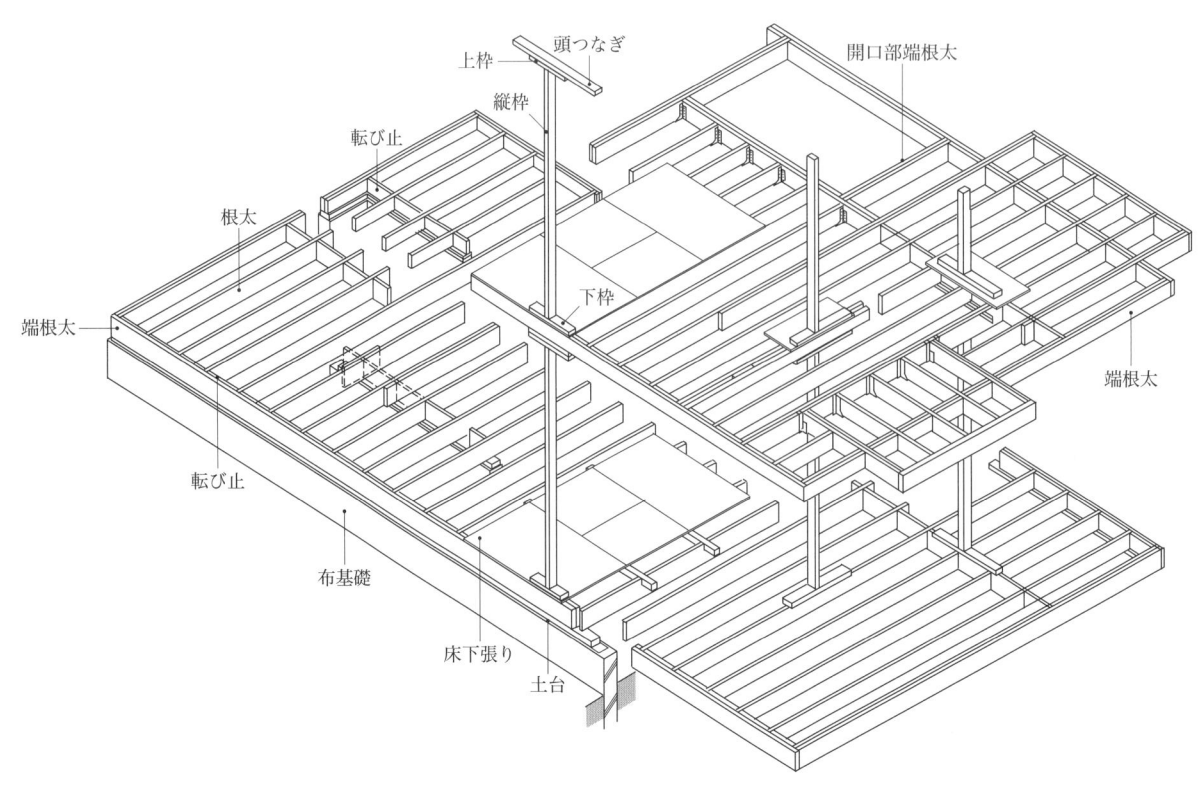

図 2・37　床部分の概要

(a) 1階床部分   (b) 2階床部分

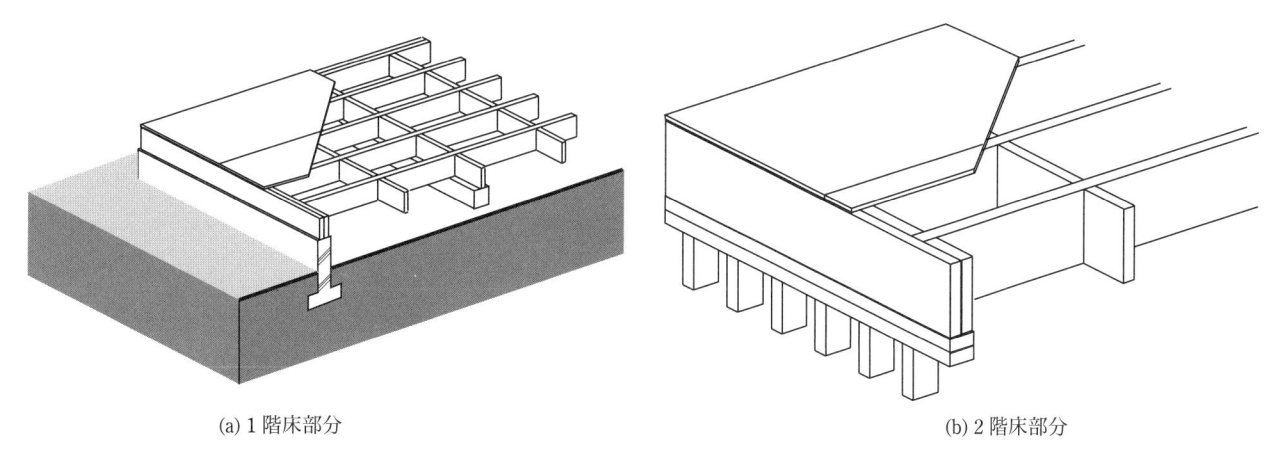

図2・39　床部分の構造例

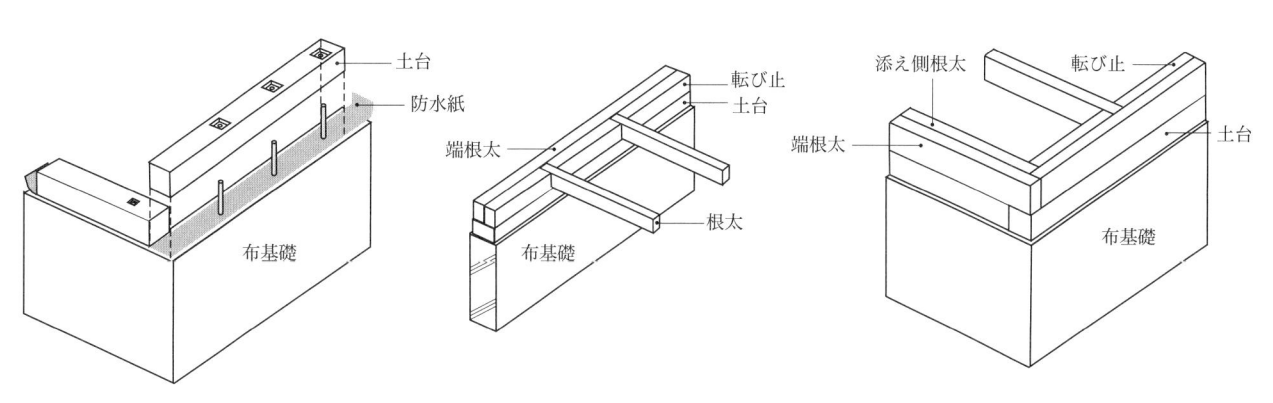

図2・40　1階床部分の接合例

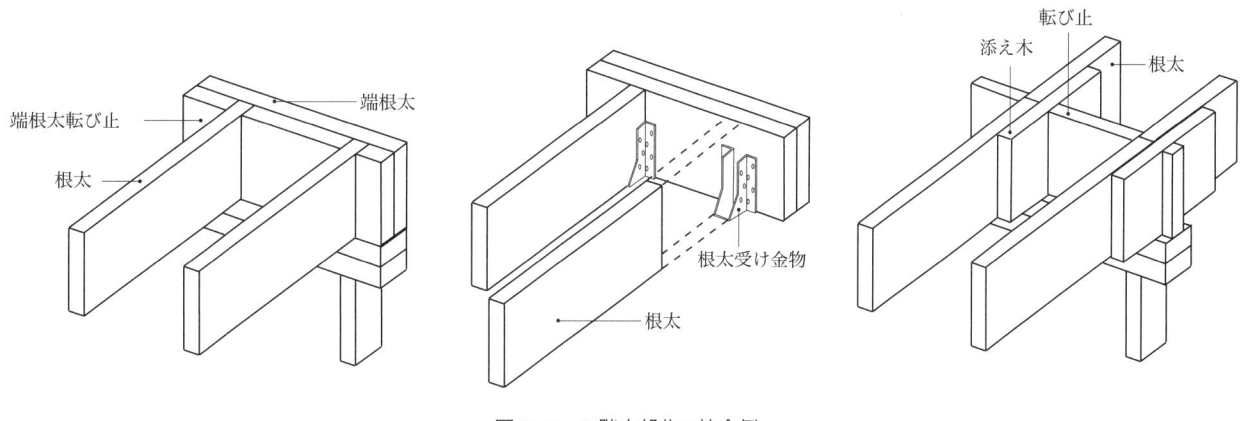

図2・41　2階床部分の接合例

第2章　躯体の構法　35

d） 小屋組部分

枠組壁構法の概要を図2・42に示す．また，その工事例を図2・43に示す．

枠組壁構法においては，小屋組を図2・44に示すような方式で構築する．図2・45には大屋根に小屋根が取り付いた場合の構造とドーマ窓が取り付いた場合の構造について示した．

また，小屋組部分の各部材の接合例を図2・46に示した．

(a) 小屋骨組の組立て

(b) 野地板の張付け

図2・43 小屋組部分の工事例 （提供：池田邦吉氏）

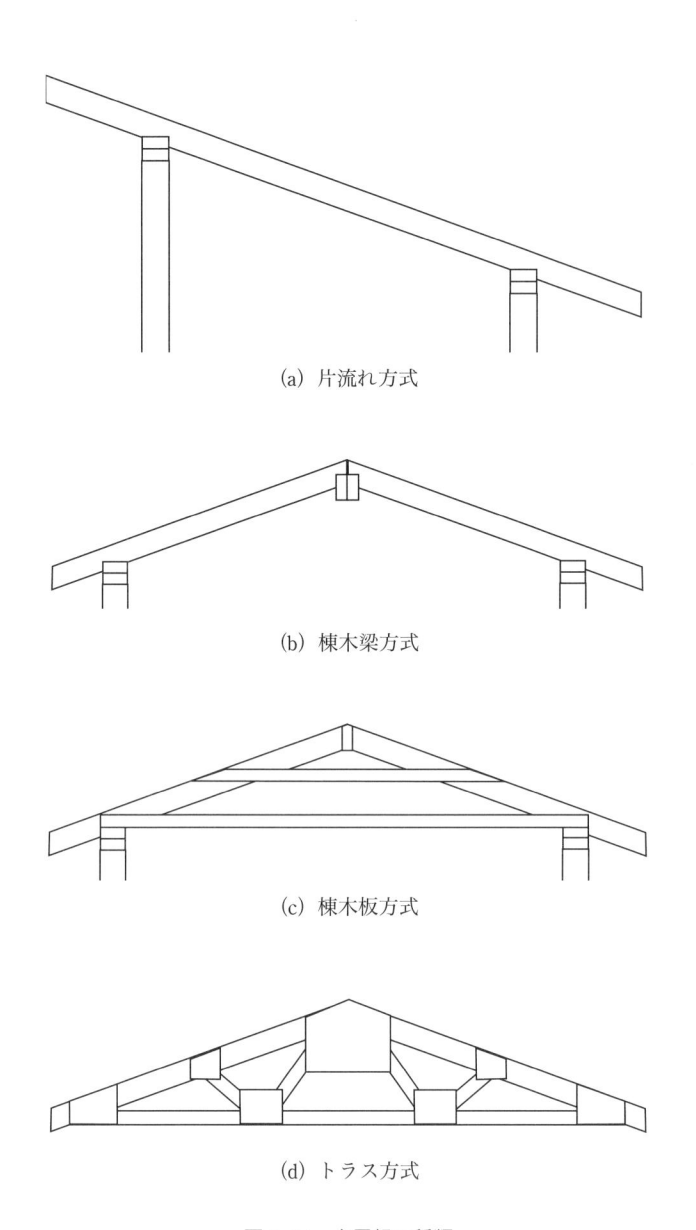

(a) 片流れ方式

(b) 棟木梁方式

(c) 棟木板方式

(d) トラス方式

図2・44 小屋組の種類

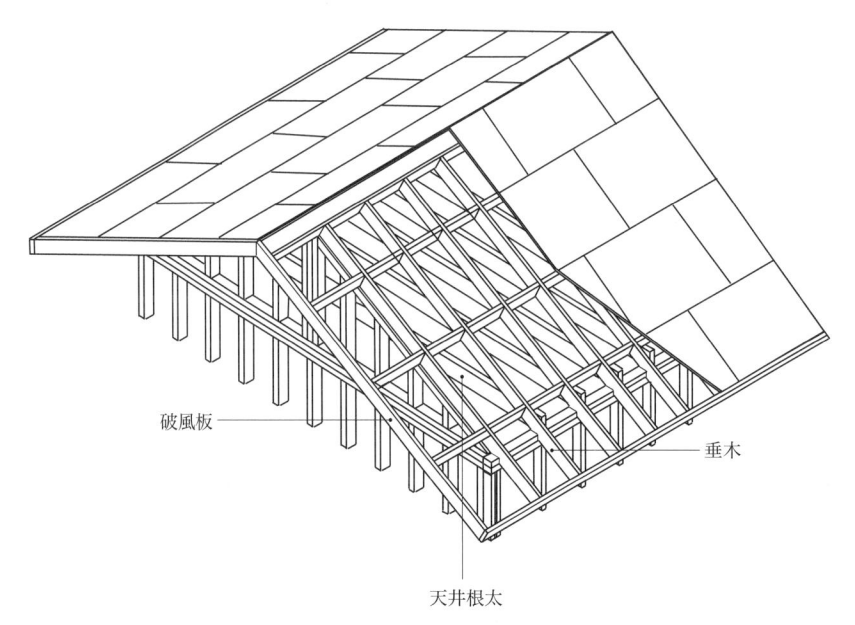

破風板 ── 垂木 ── 天井根太

図2・42 小屋組部分の概要

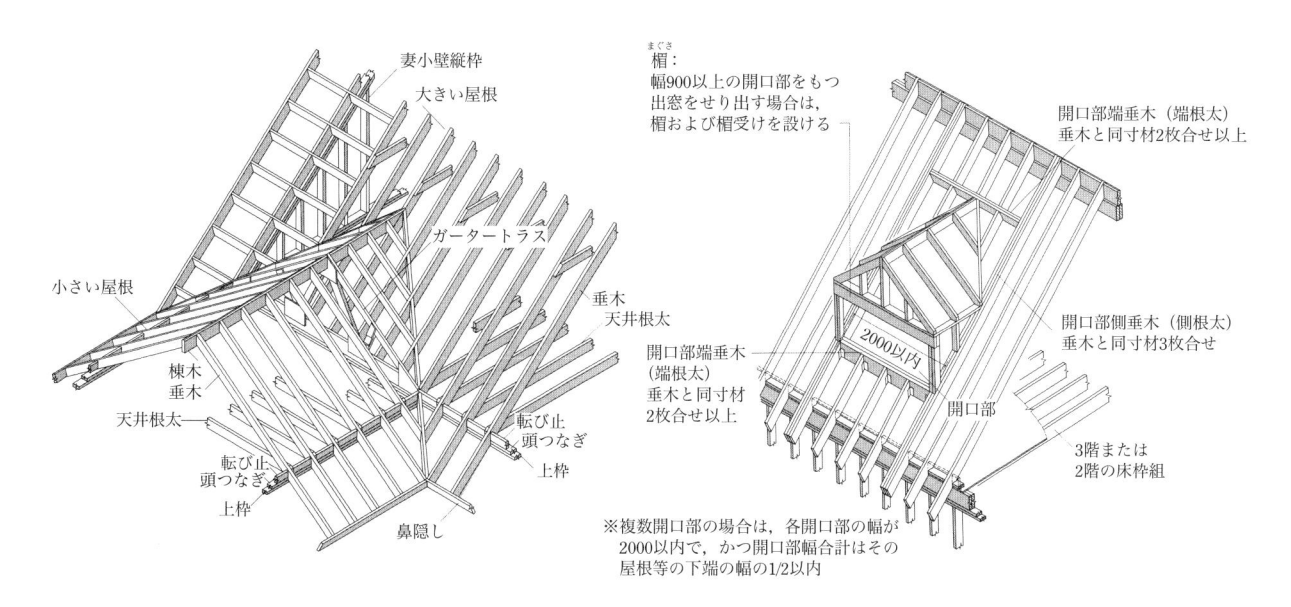

図 2・45　小屋組部分の構造例（出典：日本ツーバイフォー研究会『図解ツーバイフォーの詳細　四訂版』）

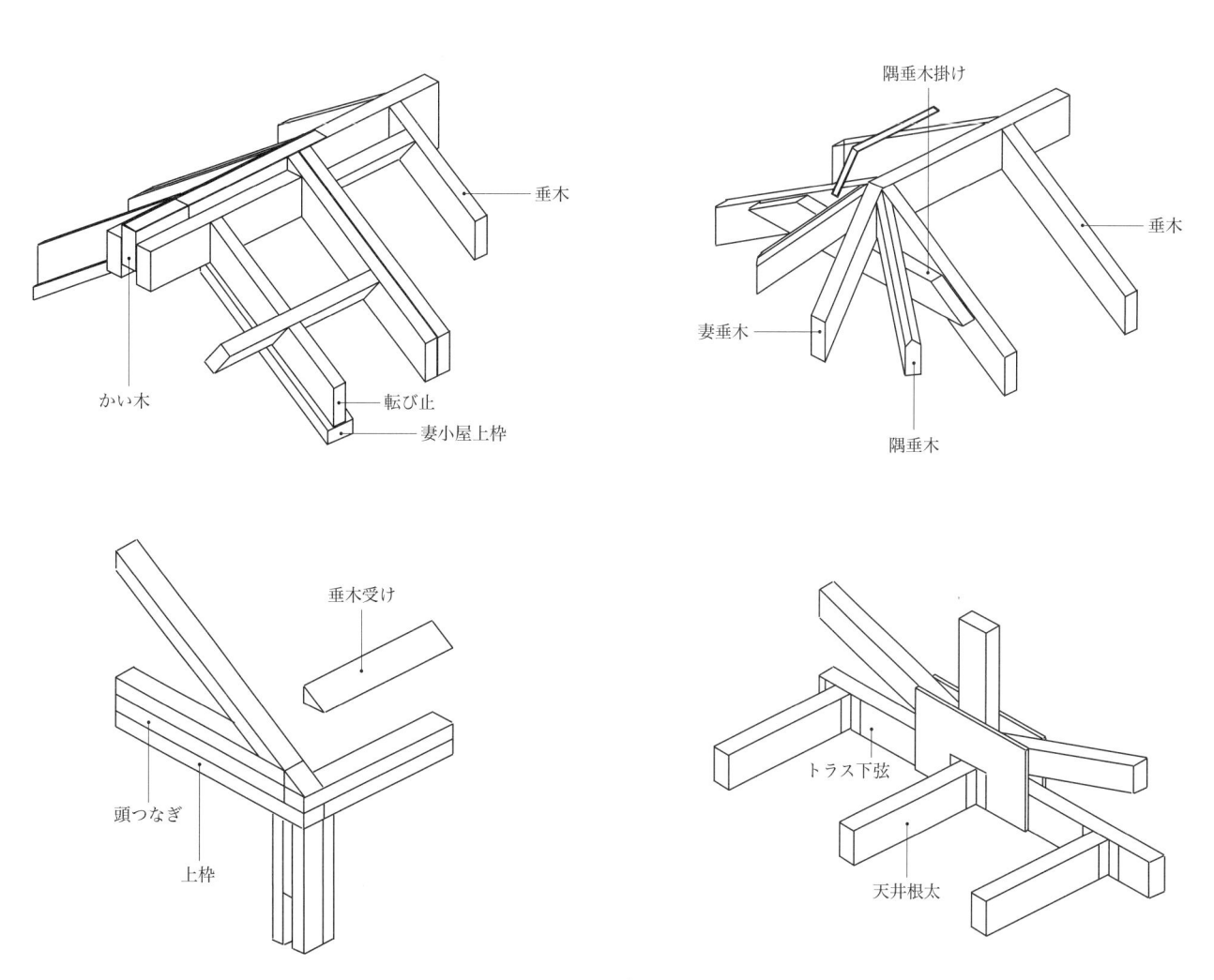

図 2・46　小屋組部分の接合例

第 2 章　躯体の構法　37

2 鋼構造

1. 鋼構造の分類

鋼構造は鉄骨造と呼ばれることが多いが，その躯体を形作る部材は鉄（iron）ではなく，鉄に炭素を混入して製錬した鋼（steel）でできていることから，鋼構造と呼ぶ方が正確である．ただ，現在のわが国では鉄骨造の呼び方が定着していることも否めない．このような状況にあるが，本書では正確を期して鋼構造の名称を用いる．

一般に鋼構造は，図2・47に示すように現場で基礎を構築し，運び込まれる部材を建て込む建方と呼ばれる現場作業と鋼材を加工する製作工場作業からなり，これらの連携が重要となる．

その際，現場工事と工場における部材製作での寸法の基礎となる定規の統一や現場での工程を考慮した部材の製作・搬入が大事である．そのために，現場で使用される巻尺と工場で使用される巻尺の寸法の一致を確認するテープ合せが行われる．工程については，現場と製作工場との工程に関する綿密な打合せが必要となる．

また，鋼構造は図2・48に示すようなラーメン構法・トラス構法・立体トラス構法などに分類される．このうち，ラーメン構法は鋼管と呼ばれる中空の鋼材を柱に用い，断面がH形をしたH形鋼を梁として用いる構造であり，適切なスパンであれば，筋違の働きをするブレースを設けなくてもよい．そのため，平面の計画に対する自由度が高く，近年は住宅や事務所ビルなどに多く採用される構法である．

トラス構法は，薄く軽量の部材をトラス状に組み立てることによって，剛性を高めている．柱をトラスとすることもあるが，曲げモーメントが生じ，曲げに対する抵抗性を要する梁をトラスとすることで重量を軽減し，長大スパンを得ることができる．

ただ，トラス状とした柱やH形鋼を柱として用いた場合，柱の剛性に方向性が生じ，剛性が低い方向にブレースによる補強が必要となる．このような制限から，長方形平面で長辺方向に壁を設けることができる工場や格納庫などに採用される．

立体トラスは，線材を四角錐状に組み立て，三角面だけで立体を構成する構法である．このようにして組み立てられた構造体は軽量で剛性も高く，柱があっては困る場所の大屋根などに採用される．

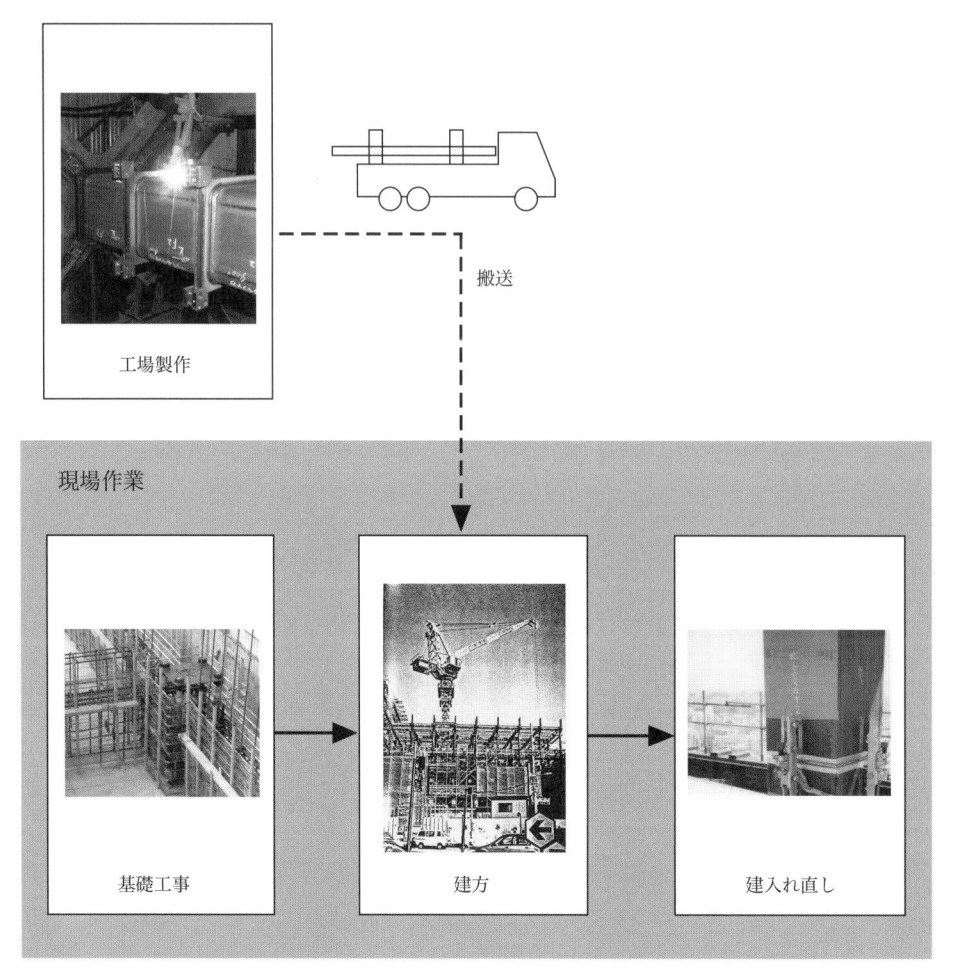

図2・47 鋼構造の工事の流れ（「建入れ直し」写真提供：テクノス㈱）

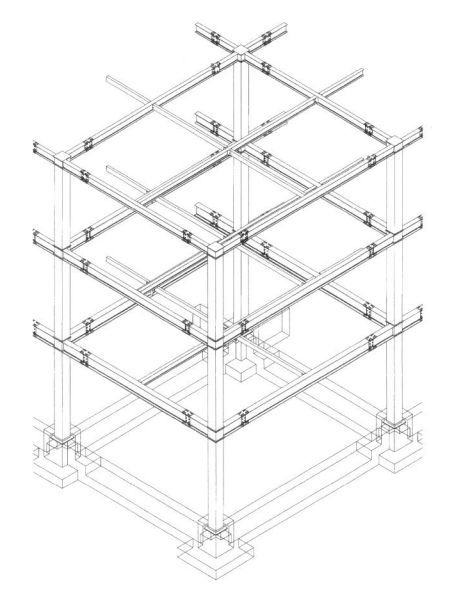

(a) ラーメン構法

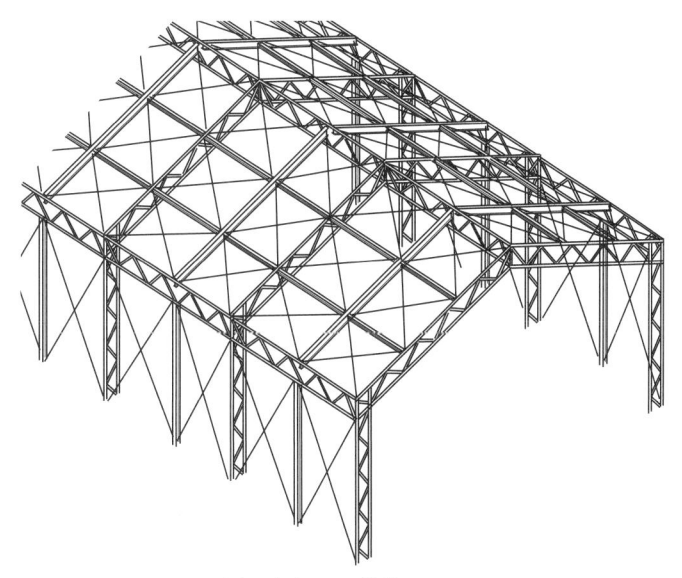

(b) 平面トラス構法

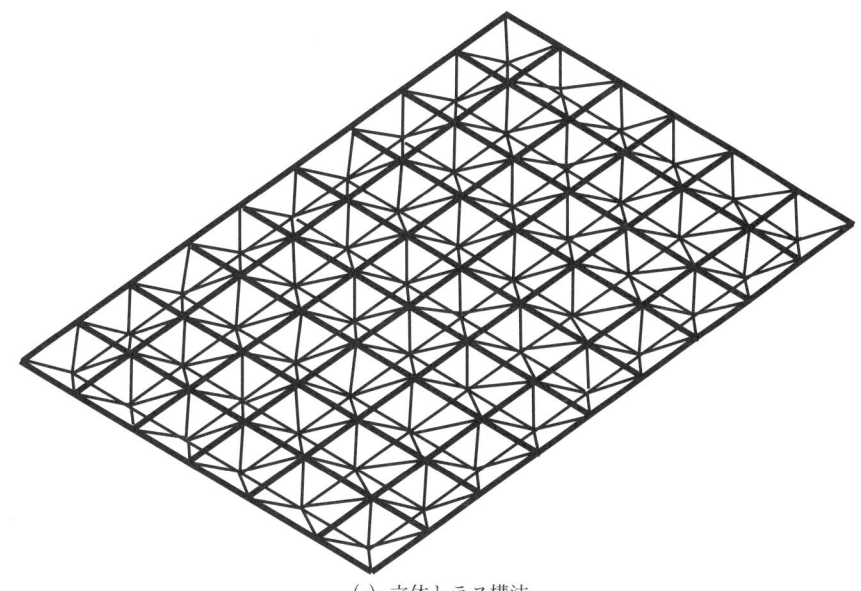

(c) 立体トラス構法

図 2・48　鋼構造の分類

2. ラーメン構法

a) 基礎部分

鋼構造のラーメン構法の基礎部分の工事例を図2·49に示す．この構法の柱脚(ちゅうきゃく)部分は，図2·50に示したように，ベースプレートと呼ばれる鋼板に柱の最下部を溶接し，基礎に埋め込んでおいたアンカーボルトで固定する．

このとき，柱を鉛直方向に建てるため，基礎の上部に図2·51に示すような工夫をし，柱の鉛直を確かめた後に基礎の上面とベースプレート底面の間に無収縮(むしゅうしゅく)モルタルを注入して柱脚を固定する．

なお，アンカーボルトの埋め込み位置が正確でないと，ベースプレートのアンカーボルト用の穴を不必要に大きくしたり，アンカーボルトを曲げてしまうといった，不正な工事が行われやすい．

そこで，アンカーボルトの位置を正確に設定するために，コンクリートの打設に伴うアンカーボルトの移動を防ぐ工夫がなされる．なお，アンカーボルトの設置例を図2·52に示す．

柱脚の固定方式には図2·53に示すようなものがあり，構造計算上で固定端とするためには十分な根巻(ねま)きをとらなければならない．

なお，鋼構造のラーメン構法の基礎伏図の例を図2·54に示す．

図2·50 柱脚部分の例

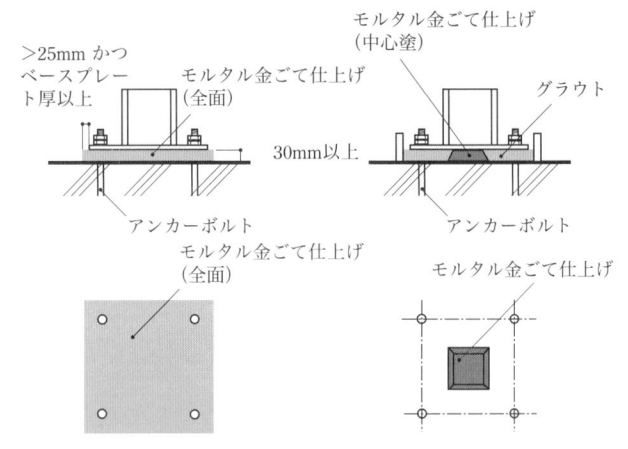

図2·51 柱底塗りの種類

図2·49 基礎部分の工事例

(a) 大型柱のアンカーボルト

(b) 小型柱のアンカーボルト

図 2・52　アンカーボルトの設置例

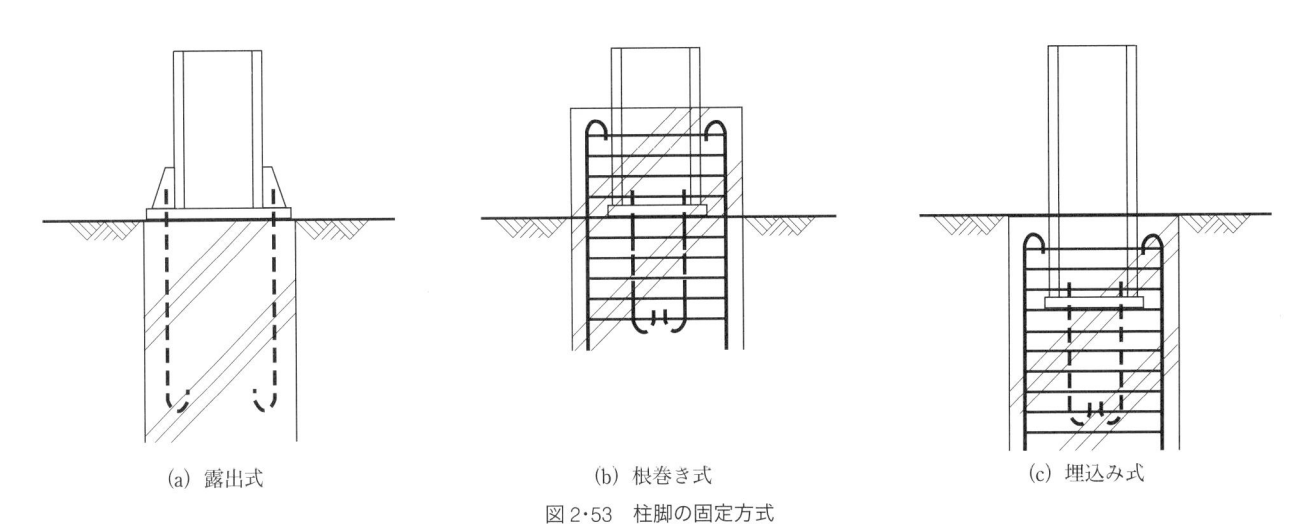

(a) 露出式　　(b) 根巻き式　　(c) 埋込み式

図 2・53　柱脚の固定方式

図 2・54　基礎伏図の例（出典：『新版・新しい建築製図』）

b) 軸組部分

鋼構造における軸組部分の工事例を図2・55に示す．また，鋼構造の軸組部分をはじめとする部材として用いられる形鋼の例を図2・56に示す．なお，梁材などに多用されるH形鋼の部分を指す名称である，フランジ（flange）とウエブ（web）について図2・57に示す．このうち，フランジは帽子のつばなど，突出した縁を意味し，円管の周囲に付けられた突出した部分なども指す．

軸組部分は主に柱と梁で構成され，木造の在来軸組構法と同様に，接合部分として継手および仕口が生じる．鋼構造における継手と仕口の例を図2・58および図2・59に示した．

また，部材の主な接合法には図2・60に示す溶接接合と図2・61に示す高張力ボルト（high-tension bolt）接合がある．なお，高張力ボルトは高力ボルトあるいはハイテンボルトなどと簡略化して呼ばれることが多い．

このうち，溶接接合ではアーク溶接と呼ばれる，電極を近付けた際に生じるアーク（火花）の熱を利用して，心材や母材を溶かして一体として接合する方法が一般的に用いられる．ただ，空気に触れることにより，溶接部の品質が低くなるとともに溶接が困難となるため，二酸化炭素ガスや熱せられると二酸化炭素を放出するフラックスなどで溶接部が空気に触れないように工夫をしている．

なお，柱脚部の剛性を高めるため，柱材の下部には図2・62に示したようにリブ材を取り付けて，ベースプレート部に接合するなどの工夫がされる．

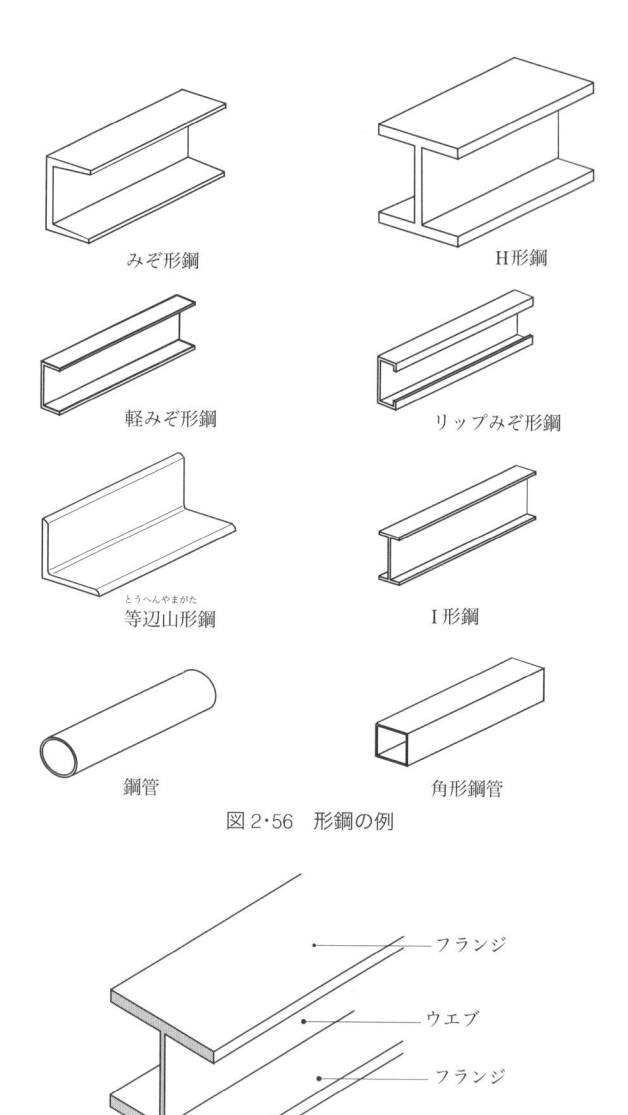

図2・56 形鋼の例

図2・57 フランジとウエブ

図2・55 軸組部分の工事例

(a) 梁　　　　　　　　　　　　　　　　　(b) 柱

図2・58　継手の例

外ダイアフラム　　内ダイアフラム　　通しダイアフラム
(a) 柱と梁　　　　　　　　　　　　　　(b) 大梁と小梁

図2・59　仕口の例

(a) アーク溶接　　(b) ガスシールド溶接

(c) サブマージ溶接

図2・60　溶接接合の例

(a) 摩擦接合　　(b) 引張接合

図2・61　高張力ボルト接合の例

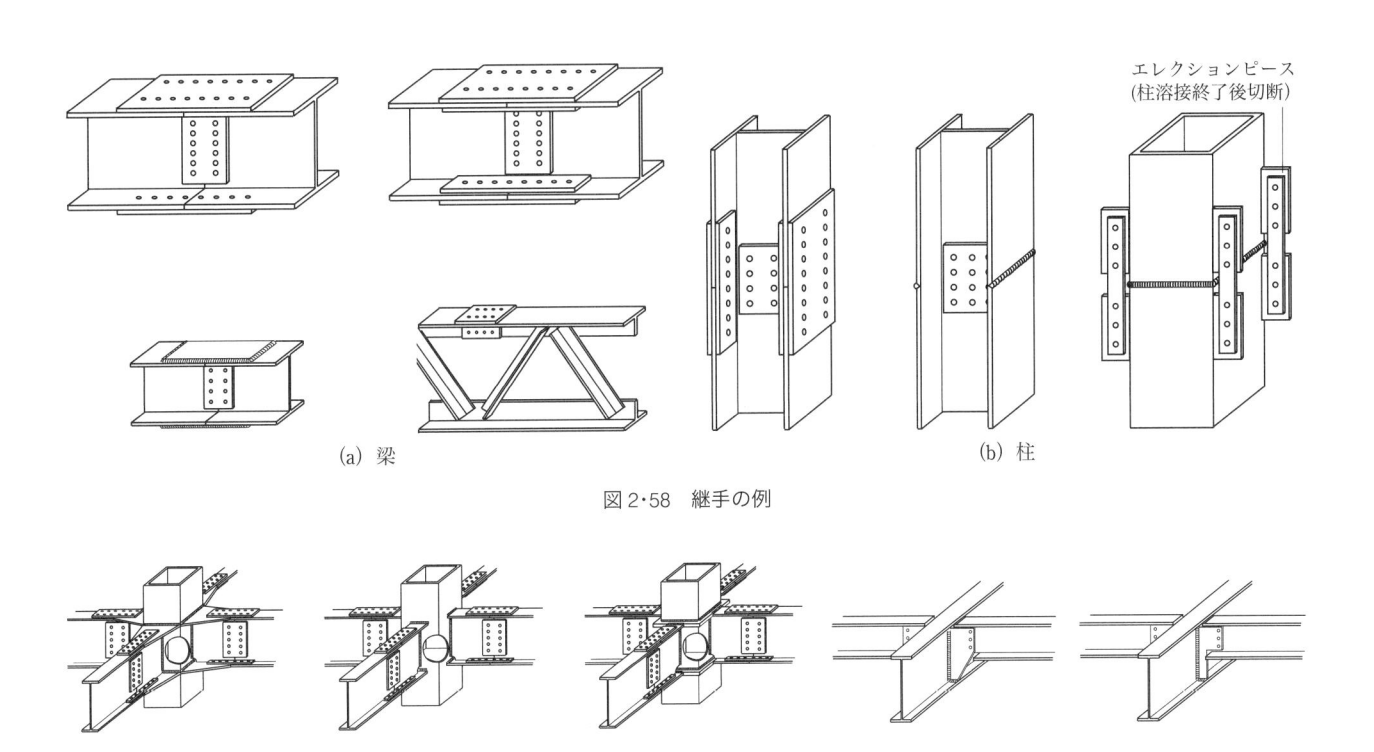

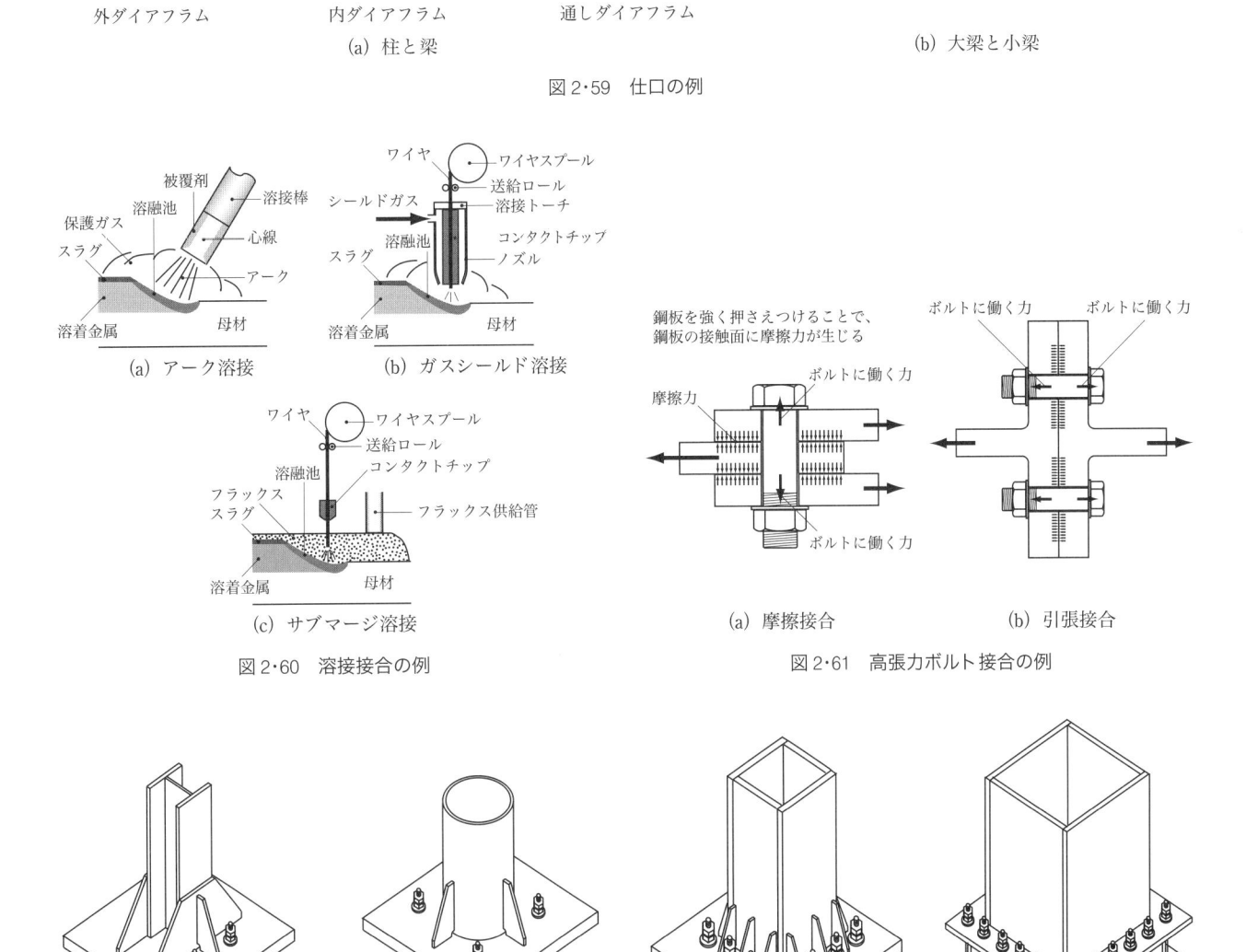

図2・62　柱脚の例

第2章　躯体の構法　43

c）床スラブ部分

鋼構造においては，一般にデッキプレートと呼ばれる鋼板を梁に固定し，その上に鉄筋を配し，コンクリートを打設することにより，剛性を持った床スラブ[注]を構築する．その概要を図2・63に示す．

梁と床スラブの間に働くせん断力の伝達を可能にし，梁と一体化させるためにスタッドコネクタが梁に溶接される．スタッドコネクタとして，図2・64に示す頭付きスタッドと呼ばれるボルト状の部材が用いられることが多い．頭付きスタッドの溶接作業を図2・65に示す．なお，デッキプレートの例を図2・66に，床スラブの工事例を図2・67に示す．

デッキプレートの取り付けにあたっては，図2・68に示すように躯体である梁に十分な寸法を掛けることに気を付ける．また，図2・69に示したように上部に打設するコンクリートのデッキプレート小口からの漏れを防ぐことも重要である．

近年，事務所ビルなどにおいてOA化が進み，床面で多数の配線が必要になっている．このような状況に対処するため，図2・70に示すようにデッキプレート下面の凹部を利用して配線を行い，下部をふさいで床の上面から引き出せるようにしたセルラダクトと呼ばれる方法が用いられる．

また，図2・71に示すようにコンクリート内にフロアダクトと呼ばれる配線用のダクトを埋め込むフロアダクト方式も用いられる．

なお，図2・72にデッキプレートの割付け例を示した．

注）平らな板のような形状をした部位をスラブと呼ぶ．建築物においては，床スラブや屋根スラブなどが代表的なものとしてある．床版や屋根版などと表現されることもある．

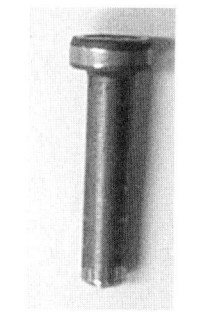

図2・64　頭付きスタッドの例 　　図2・65　頭付きスタッドの溶接
（提供：岡部株式会社ホームページ）

図2・66　デッキプレートの例

図2・67　床スラブの工事例

図2・63　床スラブ部分の概要

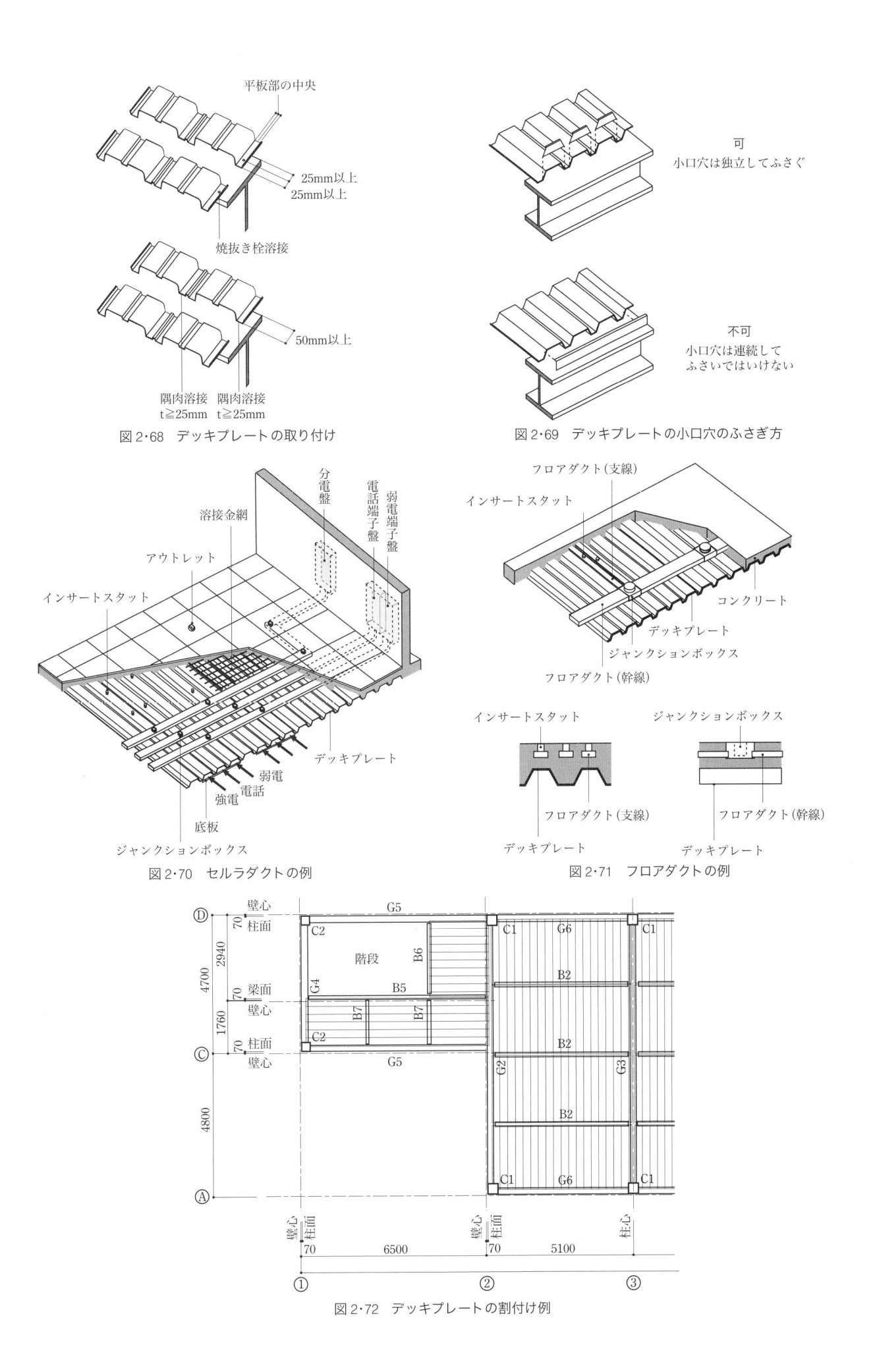

図2・68　デッキプレートの取り付け

図2・69　デッキプレートの小口穴のふさぎ方

図2・70　セルラダクトの例

図2・71　フロアダクトの例

図2・72　デッキプレートの割付け例

第2章　躯体の構法

d) 屋根部分

鋼構造の屋根部分の概要を図2・73に示す．また，図2・74に工事例を示す．

鋼構造の屋根においては，屋根面の剛性を増すために，図2・75に示すように屋根筋違を設ける．勾配屋根においては，屋根スレート材や折板などで仕上げ，雨樋に雨水を導く．

陸屋根においては，図2・76に示すようにデッキプレートの上に鉄筋コンクリートのスラブを構築したり，ALC板[注]で下地を作り，その上にシート防水などを施して，防水層を形成する．図2・77にシート防水の例を示す．

注）ALCはAutoclaved Light-weight Concreteの略である．ALC板は，オートクレーブと呼ばれる蒸気釜で熱を加え，硬化を促進させた軽量コンクリート板．一般に発泡剤を混練したコンクリートを用いるため，内部に多数の空隙を持つ．

(a) 下地の工事

(b) 屋根葺材の取り付け

図2・74 屋根工事の例

(a) 陸屋根の例

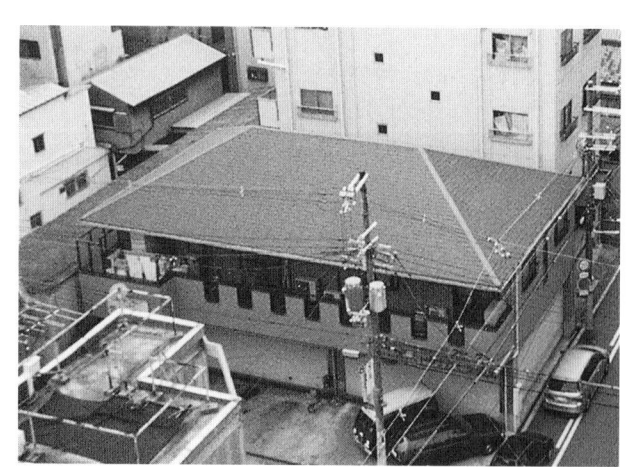

(b) 勾配屋根の例

図2・73 屋根部分の概要

(a) 陸屋根の例

(b) 勾配屋根の例

図2・75　屋根の構造

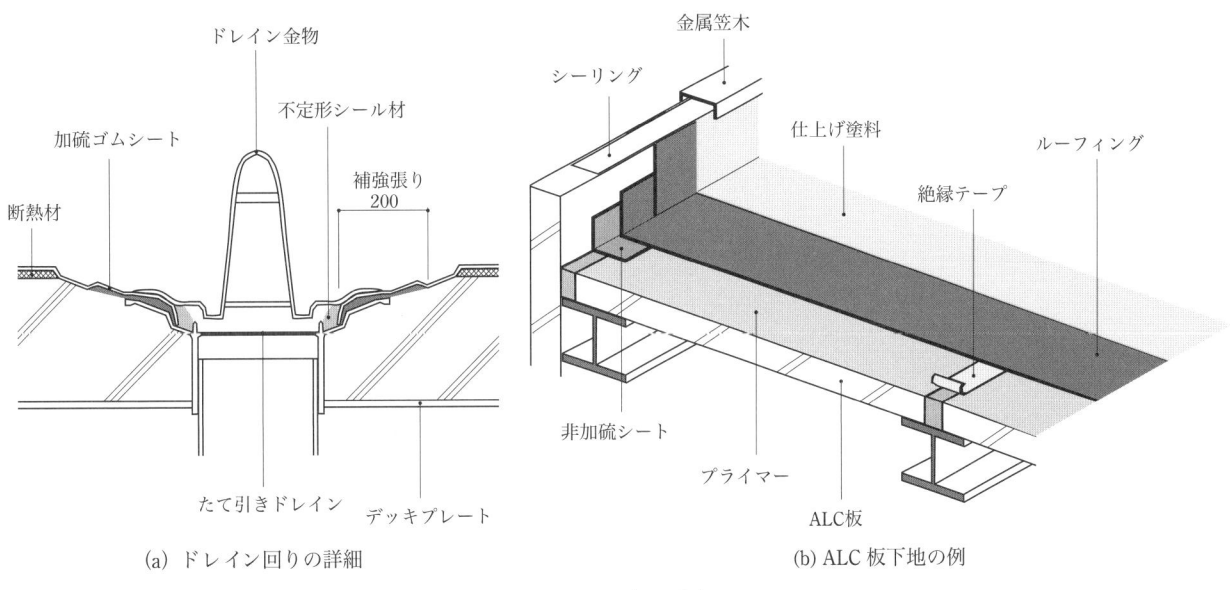

(a) ドレイン回りの詳細

(b) ALC板下地の例

図2・76　屋根の防水

(a) 全景

(b) 排水ドレイン部分

図2・77　シート防水の例

第2章　躯体の構法　47

3. トラス構法
a) 平面トラス構法

図2・78に示すように，その形状によってさまざまなトラスの名称がある．いずれも軽量な部材をトラス状に組み立てることにより，軽量で剛性を高めることができる．

鋼構造のトラス構法のうち，平面トラス構法は山形鋼などを用いて三角形を作り，梁や柱などをトラス構造とするものである．その際，ガセットプレートと呼ばれる鋼板を接点部分に設けて挟み込んだり，それに部材を溶接することが多い．なお，図2・79に示すように，大型のトラスでは丸型の鋼管や角型の鋼管を用いる場合もある．

軽量で高い剛性をもつ特徴を活かして，長大スパンとなる構造物の梁などに用いられる．また，図2・80に示すように，工場や車庫・倉庫などの躯体として用いられることも多い．なお，その際の接合部の例を図2・81に示した．

図2・79 平面トラスの実例

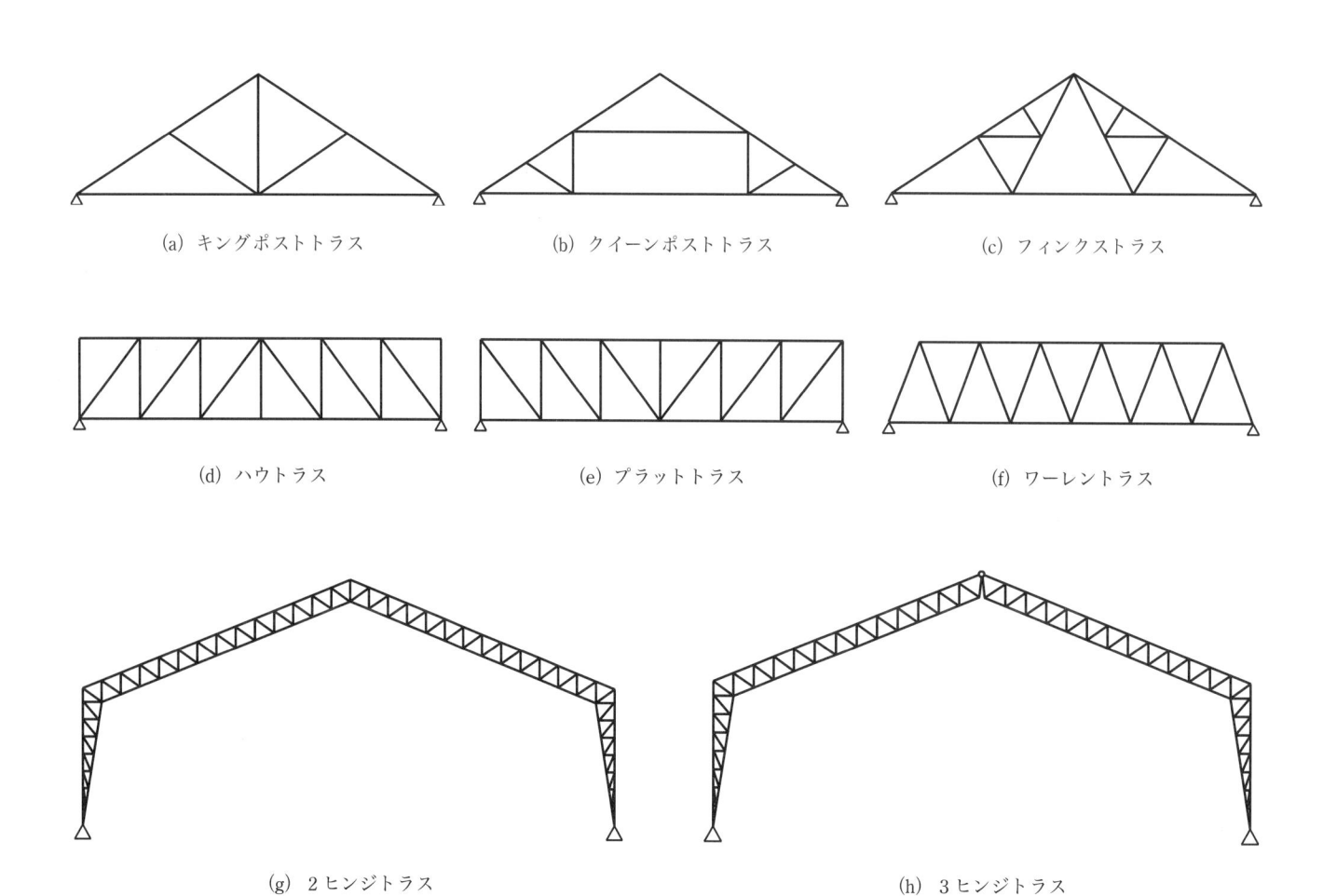

(a) キングポストトラス　(b) クイーンポストトラス　(c) フィンクストラス

(d) ハウトラス　(e) プラットトラス　(f) ワーレントラス

(g) 2ヒンジトラス　(h) 3ヒンジトラス

図2・78 平面トラスの分類

(a) 車庫の例

(b) 倉庫の例

図2·80 平面トラスの利用

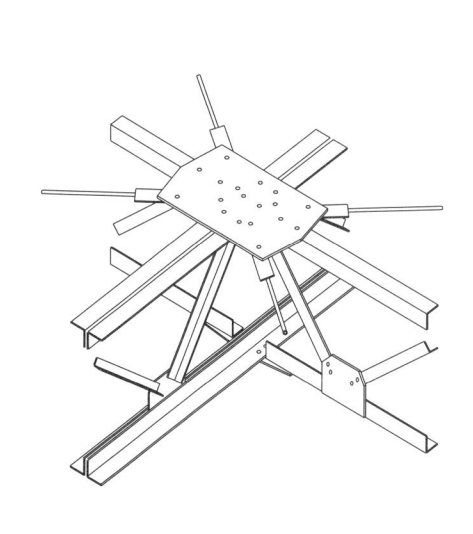

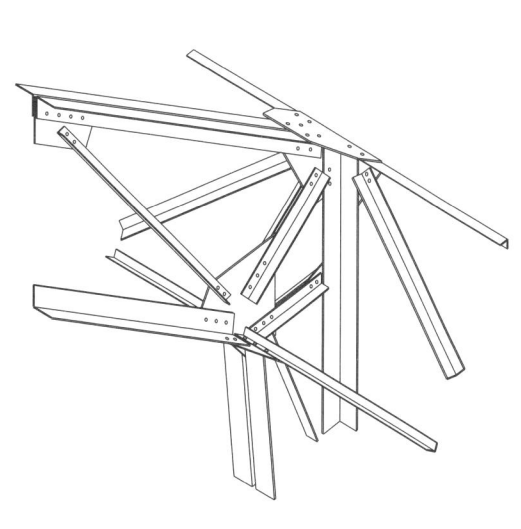

(a) 大梁·小梁の場合　　(b) 柱·大梁·桁の場合　　(c) 弦材·ラチス材の場合

図2·81 平面トラスの接合部

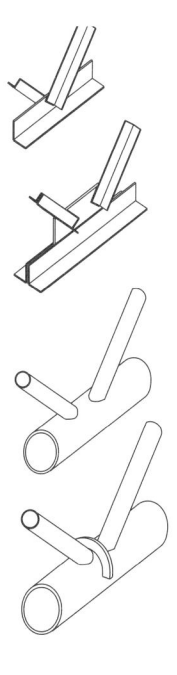

b) 立体トラス構法

鋼構造の立体トラス構法[注]は，一般に丸形鋼管を四角錐状に組み立てて連結することにより，せいの方向に三角面が形成されるようにした構造である．大きな屋根を少ない柱で支える場合などに用いられる．

部材として丸形鋼管以外にも木材が用いられることもある．また，屋根だけではなくガラススクリーンの支持に用いられたり，その用途は多い．図2・82には，このような各種の立体トラスの利用例を示す．また，その全体図の例を図2・83に示した．

立体トラス構法は軽量で剛性が高く，スポーツ施設や展示場などの無柱空間の大屋根などに採用されることが多い．また，駅のコンコースの屋根などにも構法として，採用される．

図2・84に立体トラスによって形作られる屋根形状の例を示した．また，図2・85に立体トラスの節点の例を示す．さらに，立体トラスの支持端（支承部）の例を図2・86に示した．

このような立体トラスを構築するためには，精密な加工技術や溶接技術が要求される．コンピュータを利用するNC技術は，その実現のために大きな役割を担っている．

注）立体トラスは，英語でspace trussと称される．わが国では，大阪万博（1970）のお祭り広場の大屋根として大規模な立体トラスが用いられ，話題となった．

(a) 全景

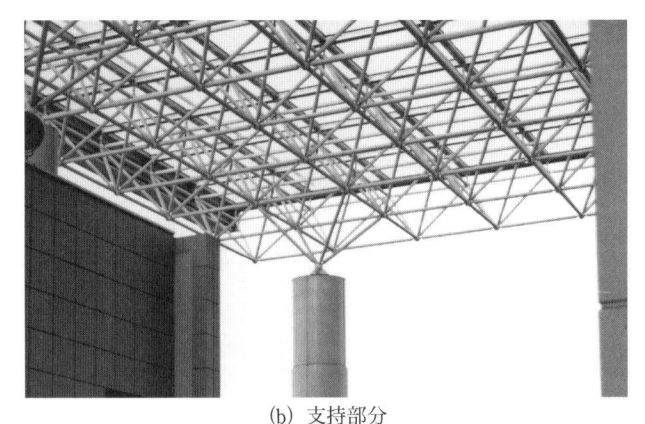

(b) 支持部分

図2・83　立体トラスの実例

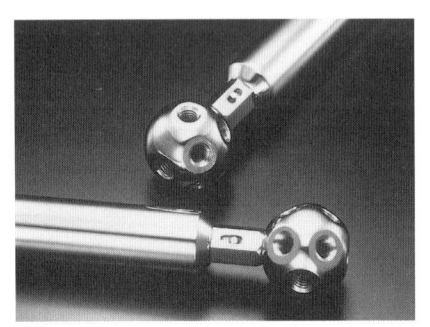

(a) 立体トラス部材

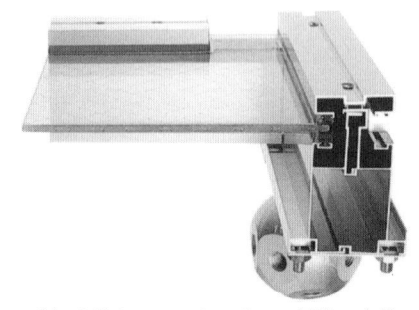

(b) 立体トラスによるガラス屋根の支持

(c) 木製部材による立体トラスの例

(d) 立体トラスによるガラススクリーンの支持

図2・82　立体トラスの部材と各種の立体トラスの例　(提供：太陽工業株式会社)

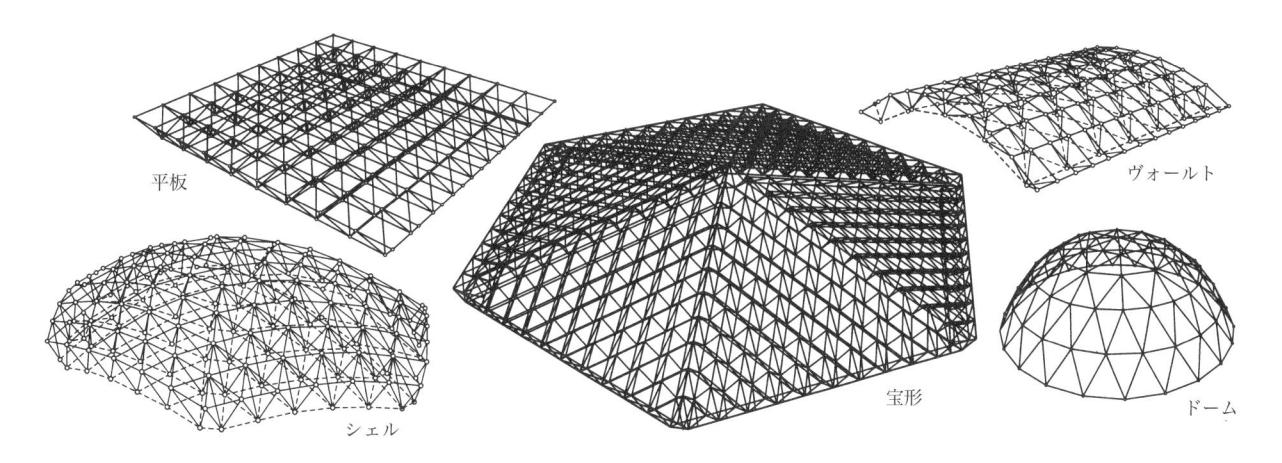

図2・84　立体トラスの利用形状の例（出典：『図解事典　建築のしくみ』）

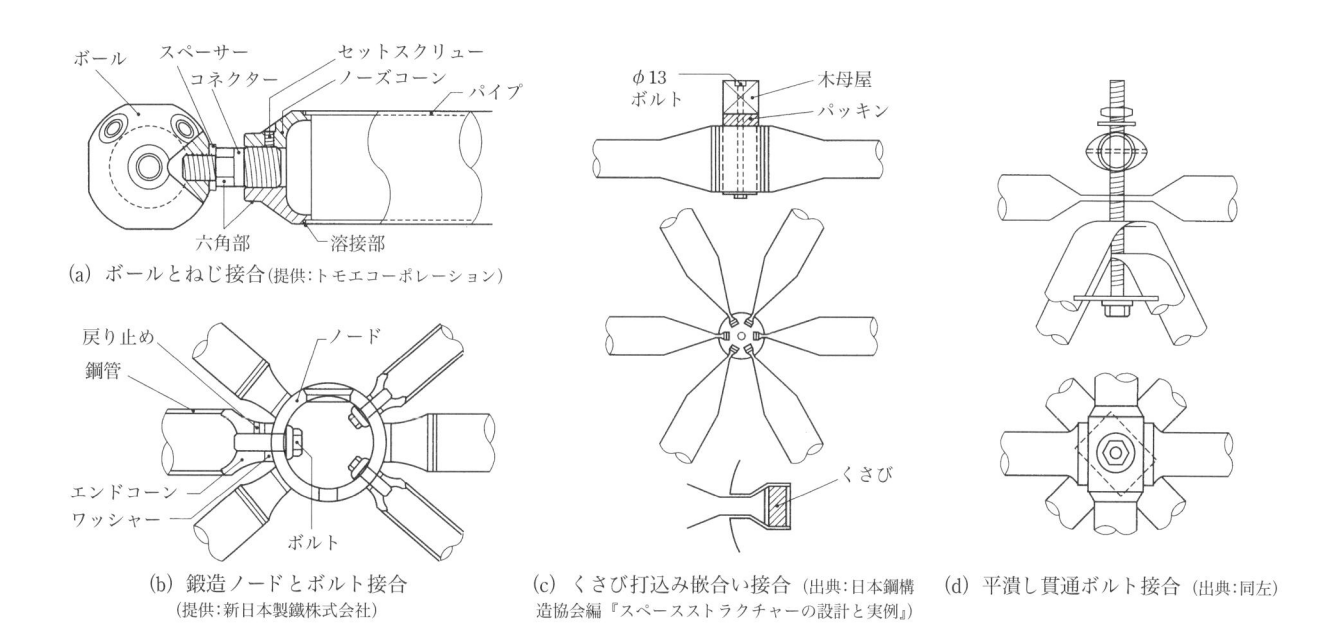

平板　シェル　宝形　ヴォールト　ドーム

(a) ボールとねじ接合（提供：トモエコーポレーション）
ボール／スペーサー／セットスクリュー／コネクター／ノーズコーン／パイプ／六角部／溶接部

(b) 鍛造ノードとボルト接合（提供：新日本製鐵株式会社）
戻り止め／ノード／鋼管／エンドコーン／ワッシャー／ボルト

(c) くさび打込み嵌合い接合（出典：日本鋼構造協会編『スペースストラクチャーの設計と実例』）
φ13ボルト／木母屋／パッキン／くさび

(d) 平潰し貫通ボルト接合（出典：同左）

図2・85　立体トラスの節点の例

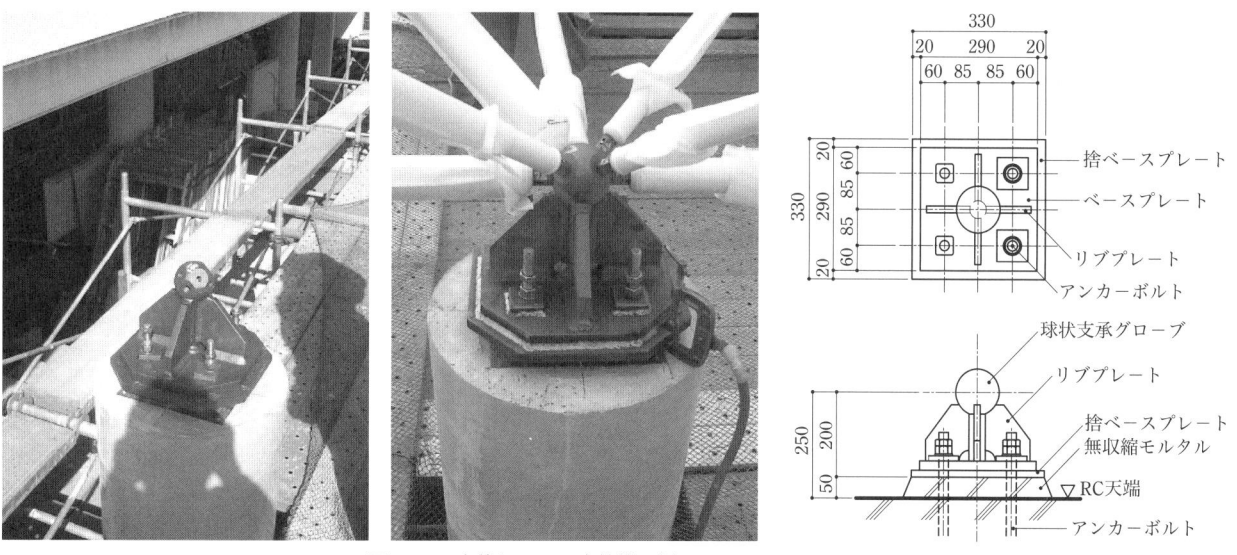

図2・86　立体トラスの支持端の例（提供：太陽工業株式会社）

捨ベースプレート／ベースプレート／リブプレート／アンカーボルト／球状支承グローブ／無収縮モルタル／RC天端

第2章　躯体の構法

3 鉄筋コンクリート構造

1. 鉄筋コンクリート構造の分類

鉄筋コンクリート構造の英名は Reinforced Concrete Structure であり，「補強されたコンクリート構造」の意味をもつ．そのため，一般にその頭文字をとって RC 造と呼ばれることが多い．

コンクリートは建築物に作用するような大きさの力によって断面に生じる圧縮力に対しては抵抗できるが，引張力にはほとんど抵抗できないという特徴がある．そこで，引張力に対する補強を鉄筋（steel bar）[注1] を用いて行う構造が鉄筋コンクリート構造である．

ただし，鉄筋コンクリート構造が成り立つためには，鉄筋とコンクリートの付着[注2]が良いことや，互いに腐食しないことが前提となる．また，太陽光や気温によって伸び縮みする建築物においては，鉄筋とコンクリートの熱による膨張率が等しいことも重要になる．

これらについては，コンクリートがアルカリ性であり，鋼とコンクリートの線膨張係数がほぼ等しいことが鉄筋コンクリート造を成立させている[注3]．

このほかに，コンクリートの引張力に対する補強をグラスファイバーで行った GRC（Glass Fiber Reinforced Concrete）やカーボンファイバーで行った CFRC（Carbon Fiber Reinforced Concrete）がある．

なお，鉄筋コンクリート構造の躯体を構築する工事は図 2・87 に示すように，型枠工事・鉄筋工事・コンクリート工事からなり，コンクリートはその特性を指定したフレッシュコンクリート[注4]を工場で製造し，アジテータトラックで現場に運び込まれるのが一般的である．

また，鉄筋コンクリート構造は図 2・88 に示すように，柱・梁を骨組みとして荷重を受け持つラーメン構法と，壁で荷重を受け持つ壁式構法に大きく分けられる．

注1）鉄筋と呼ばれるが，その素材は鋼（steel）である．
注2）コンクリートが鉄筋の表面に糊のように付くことを付着と言い，これをよくするために，鉄筋の表面に凹凸を付けた異形鉄筋が用いられる．また，鉄筋がその位置を保つために，鉄筋の端部を他の部位に埋め込み，錨（いかり）のような働きをさせることを定着と言う．
注3）鋼とコンクリートの線膨張係数はそれぞれ 11.8×10^{-5} および $7 \sim 14 \times 10^{-5}$ である．
注4）生コン（生コンクリートの略）あるいはレミコン（レディーミクストコンクリートの略）と呼ばれることが多い．

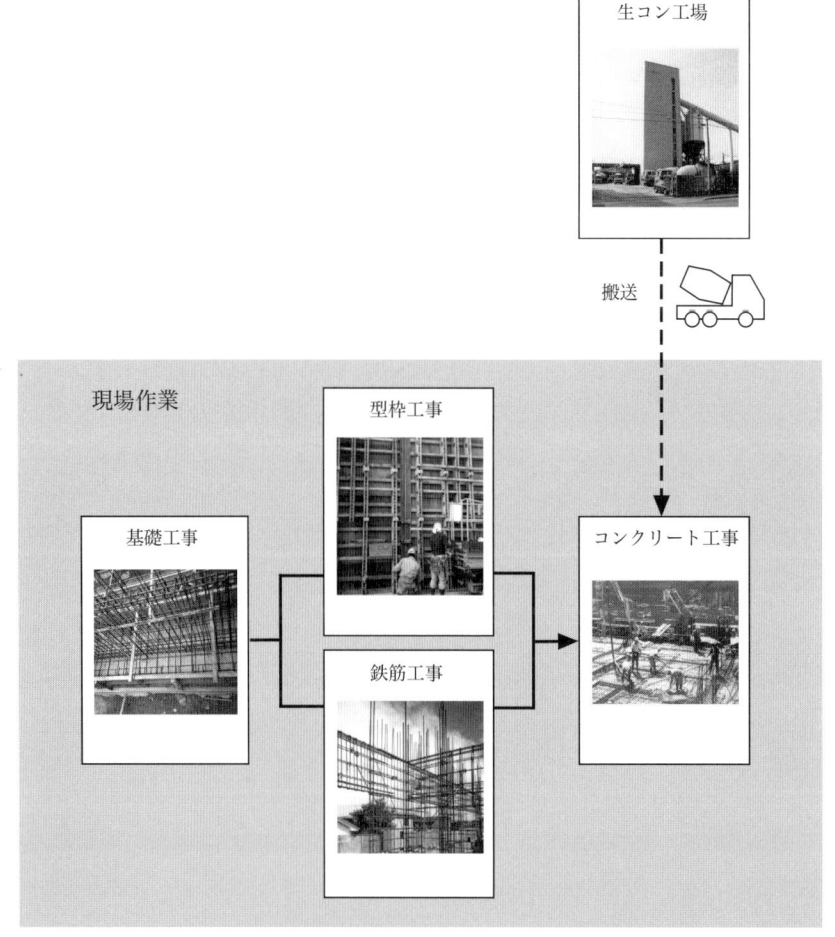

図 2・87　鉄筋コンクリート工事の流れ

(a) ラーメン構法

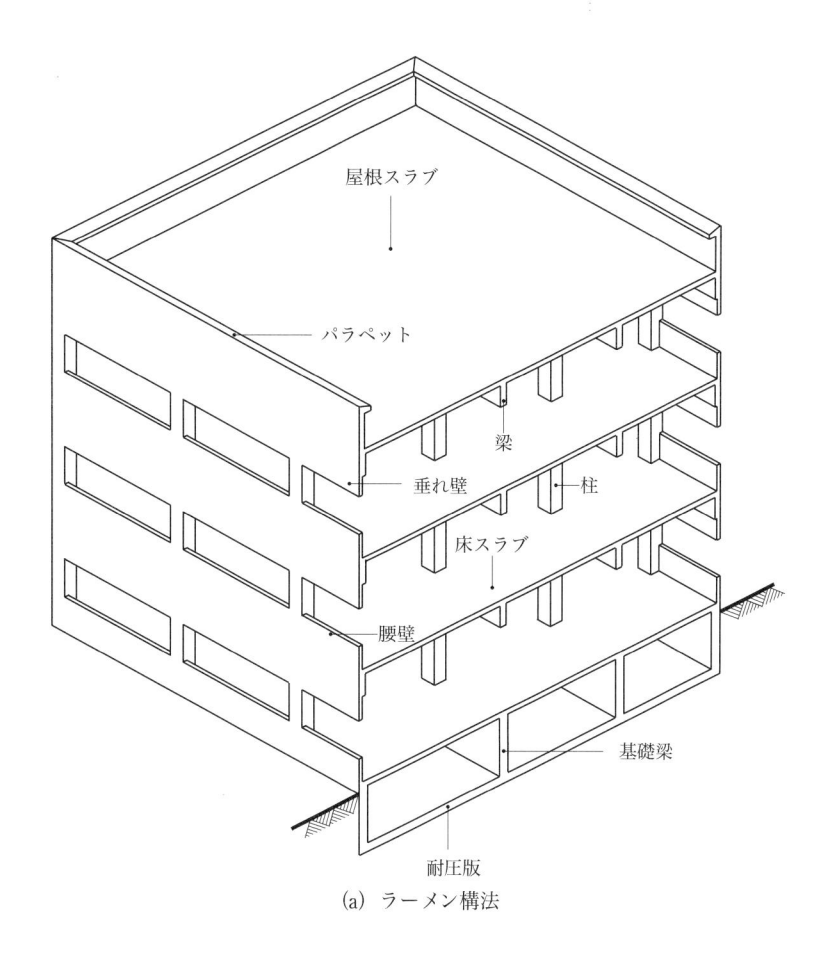

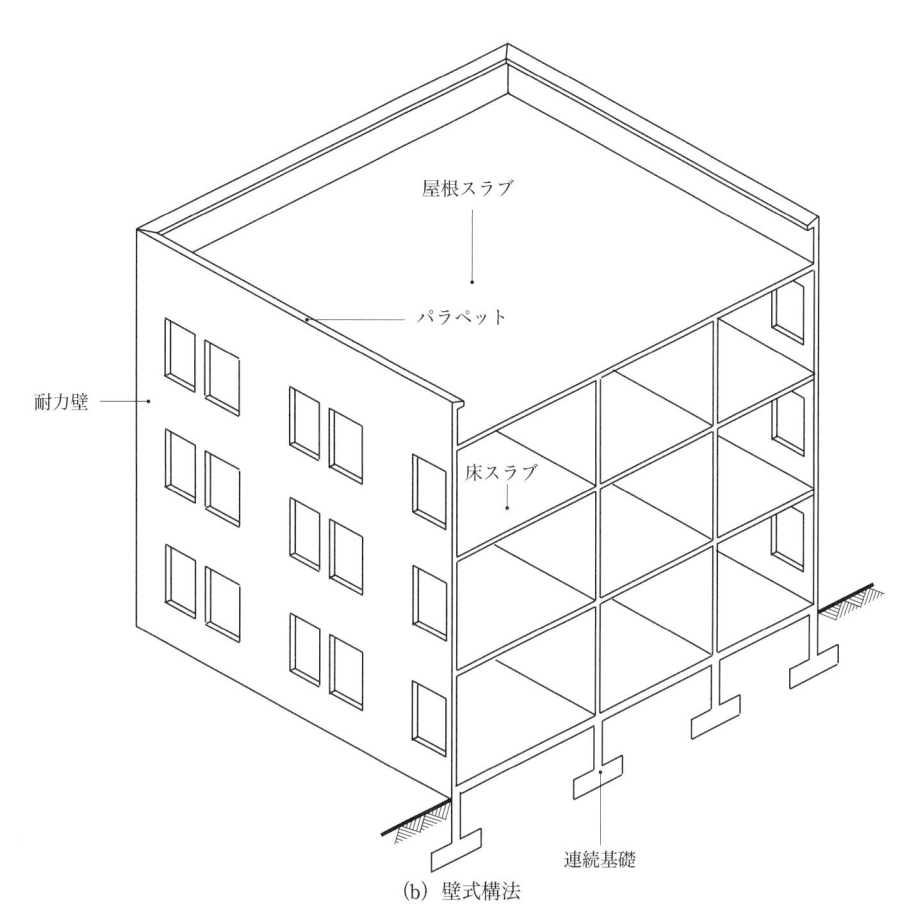

(b) 壁式構法

図 2・88 鉄筋コンクリート構法の分類

2. ラーメン構法

a) 基礎部分

鉄筋コンクリート構造のラーメン構法の基礎部分の工事の様子を図2・89に示す。基礎部分の構築にあたっては，上部の建築物の重量と地盤の地耐力を勘案し，適切な地業工事[注]を行う．また，地業工事が終わると，図2・89(a)に示したように，厚さ50mm程度で捨てコンクリートを打設し，木ごてなどで表面を平らに仕上げ，その上に後の工事の基準となる墨を打つ．

これらの墨に従い，図2・89(b)に示すように，鉄筋が組み立てられる．なお，鉄筋コンクリート構造の鉄筋に用いられる棒鋼の機械的性質を表2・5に示した．

基礎の形式も建築物の重量と地盤の耐力とのかね合いで決定される．基礎の形式には，次のようなものがある．図2・90(a)に示したのは，柱ごとにフーチングを設けるとともに，基礎梁によって柱の不同沈下を防ぐ，独立フーチング基礎である．

図2・90(b)はフーチングを基礎梁の下部に連続させた連続フーチング基礎の例を示している．

図2・90(c)は地盤と接する部分の全面を耐圧版とした，べた基礎の例を示している．

図2・90(d)は建築物直下の地盤が軟弱で，地盤だけで上部の荷重を支えることができない場合などに，支持地盤と呼ばれる堅固な地盤まで杭を届かせ，その荷重を支える方式で杭打ち基礎と呼ばれるものを示している．

なお，基礎部分の構築のための型枠の例を図2・91に示す．土が埋め戻される基礎梁側面の型枠には，図2・92に示すようなエキスパンドメタルなどが用いられることもある．

注) 地業工事には，地盤が良好で比較的軽量な建築物の建設に際して行われる地肌地業工事・砂地業工事・砂利地業工事・割栗地業工事の他に，地盤が悪く建築物の重量が大きい場合には，地下の支持地盤にその重量を伝えるための，杭地業工事が行われる．また，圧密や固化材の注入および置換などによる地盤改良も，地業工事に分類される

表2・5 鉄筋用棒鋼の種類

種類の記号	降伏点または0.2%耐力 (N/mm²)	引張強さ (N/mm²)	加工における制限	
			曲げ角度	内側半径
SR 235	235以上	235～520	180°	公称直径の1.5倍
SR 295	295以上	440～600	180°	径16mm以下 　公称直径の1.5倍 径16mmを超えるもの　公称直径の2倍
SD 295A	295以上	440～600	180°	D16以下　公称直径の1.5倍 D16を超えるもの　公称直径の2倍
SD 295B	295～390	440以上	180°	D16以下　公称直径の1.5倍 D16を超えるもの　公称直径の2倍
SD 345	345～440	490以上	180°	D16以下　公称直径の1.5倍 D16を超えD41以下　公称直径の2倍 D51　公称直径の2.5倍
SD 390	390～510	560以上	180°	公称直径の2.5倍
SD 295	490～625	620以上	90°	D25以下　公称直径の2.5倍 D25を超えるもの　公称直径の3倍

(a) 基礎梁の配筋工事

(b) 基礎梁の配筋

図2・89 基礎部分の工事

(a) 独立フーチング基礎

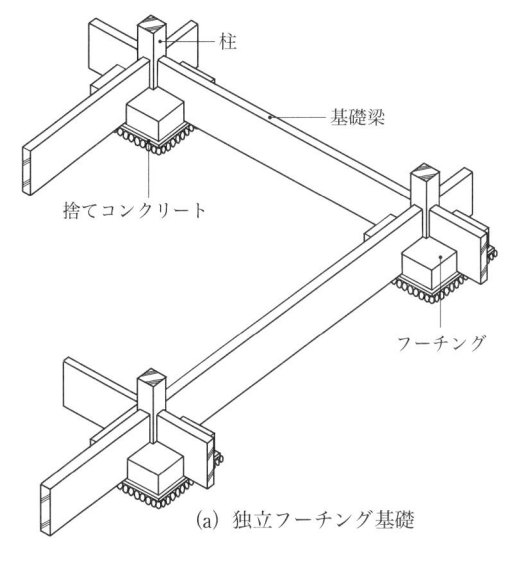

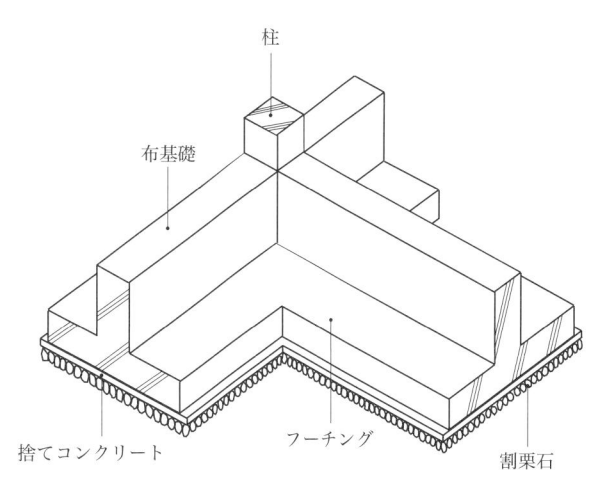

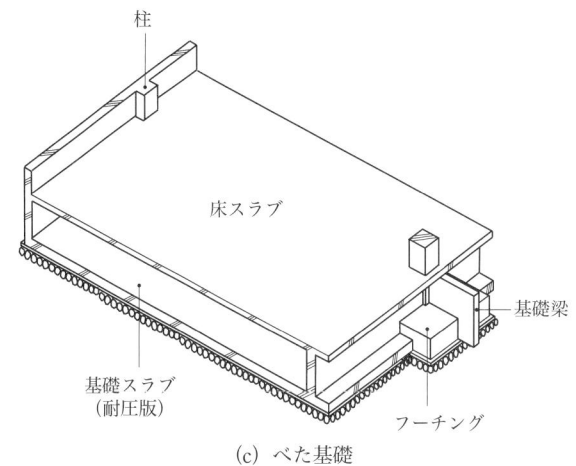

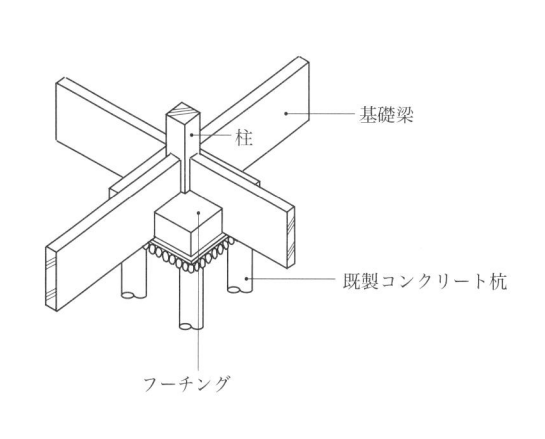

(b) 連続フーチング基礎

(c) べた基礎

(d) 杭打ち基礎

図2・90 基礎の種類

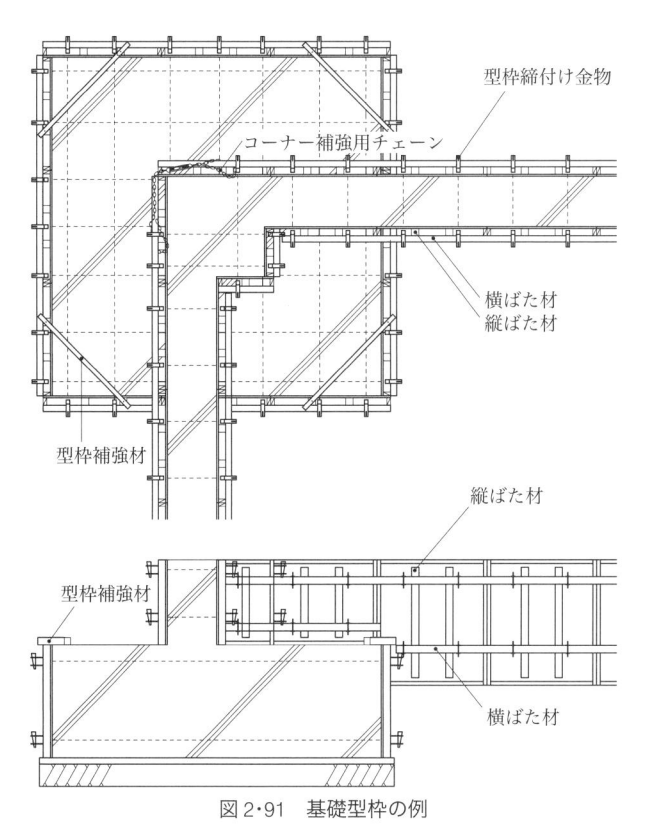

図2・91 基礎型枠の例

図2・92 エキスパンドメタル型枠の例

第2章 躯体の構法 55

b) 軸組部分

ラーメン構法において，柱や梁で構成される軸組部分は自重や積載荷重などの鉛直荷重を支えるだけでなく，地震時の水平荷重にも抵抗できなければならない．

そのため，鉄筋とコンクリートが一体となって荷重を受ける鉄筋コンクリート構造にあっては，それらの品質の良否と適切な配筋を行うことが重要になる．

さらに，鉄筋コンクリート構造の耐久性を確保するため，建築物の部位ごとにかぶり厚さの標準値が定められている．これらの値を表2·6に示す．

図2·93に軸組部分の工事例を示す．また，図2·94に軸組部分の配筋要領を示す．

鉄筋は力を伝えつつ，長さを伸ばすために継手が必要となる．図2·95には，一般に用いられる鉄筋の継手の方法を示した．

なお，鉄筋コンクリート構造は一体構造となるため，ラーメン構造であっても，木構造や鋼構造のように軸組材は独立せず，床スラブなどと一体となる場合が多い．図2·96には軸組部分について，柱や梁を個別に示した．

表2·6 設計かぶり厚さの標準値

部 位			設計かぶり厚さ (mm)	
			仕上げあり[*1]	仕上げなし
土に接しない部分	床スラブ 屋根スラブ 非耐力壁	屋内	30	30
		屋外	30	40
	柱 梁 耐力壁	屋内	40	40
		屋外	40	50
	擁壁		50	50
土に接する部分	柱・梁・床スラブ・壁・布基礎の立ち上り部分		50[*2]	
	基礎・擁壁		70[*2]	

*1) 耐久性上有効な仕上げのある場合．
*2) 軽量コンクリートの場合は10mm増しの値とする．

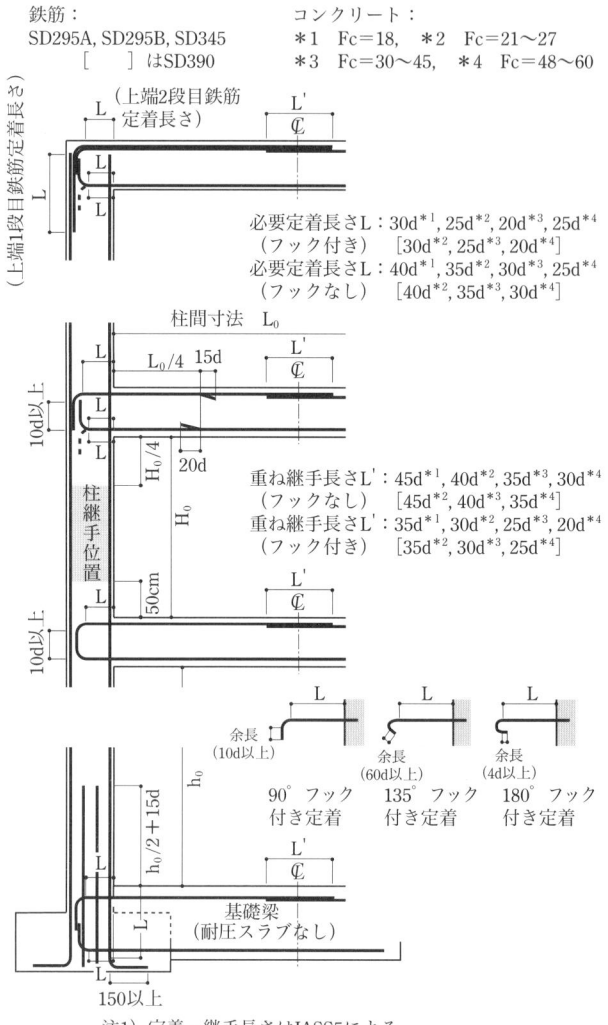

鉄筋：
SD295A, SD295B, SD345
[ ] はSD390

コンクリート：
*1 Fc=18, *2 Fc=21～27
*3 Fc=30～45, *4 Fc=48～60

必要定着長さL：30d[*1], 25d[*2], 20d[*3], 25d[*4]
（フック付き）[30d[*2], 25d[*3], 20d[*4]]
必要定着長さL：40d[*1], 35d[*2], 30d[*3], 25d[*4]
（フックなし）[40d[*2], 35d[*3], 30d[*4]]

重ね継手長さL'：45d[*1], 40d[*2], 35d[*3], 30d[*4]
（フックなし）[45d[*2], 40d[*3], 35d[*4]]
重ね継手長さL'：35d[*1], 30d[*2], 25d[*3], 20d[*4]
（フック付き）[35d[*2], 30d[*3], 25d[*4]]

90°フック付き定着 余長（10d以上）
135°フック付き定着 余長（6d以上）
180°フック付き定着 余長（4d以上）

注1) 定着・継手長さはJASS5による
2) d：呼び名に用いた数値
3) Fc：設計基準強度（N/mm²）
4) 柱頭の四隅の鉄筋にはフックを付ける
5) 一般に定着の際はフックを付けるが，重ね継手の際にはフックを付けない

図2·94 軸組部分の配筋要領

図2·93 軸組部分の工事例

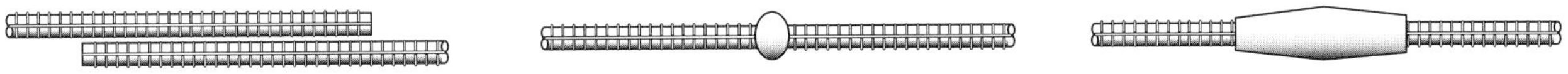

(a) 重ね継手　　　　　　　　　(b) 圧接継手　　　　　　　　　(c) 機械式継手

図2·95　鉄筋の継手

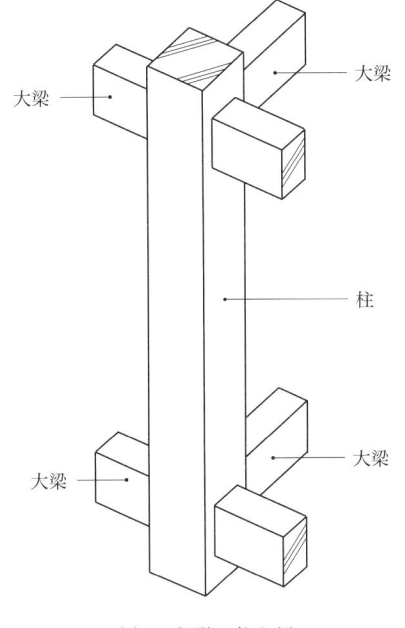

(a) 一般階の柱と梁 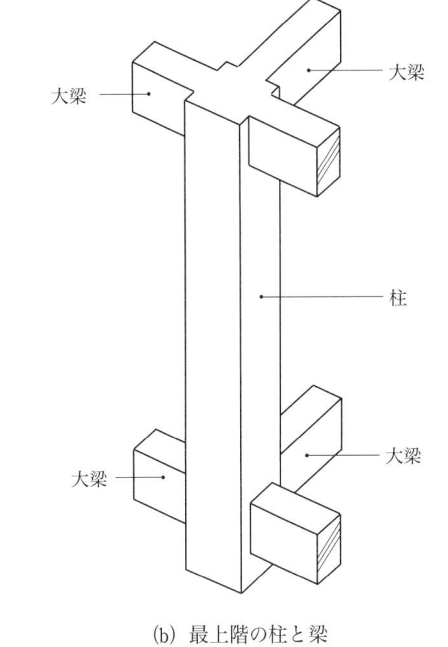　　　　　　　　　　　　　(b) 最上階の柱と梁

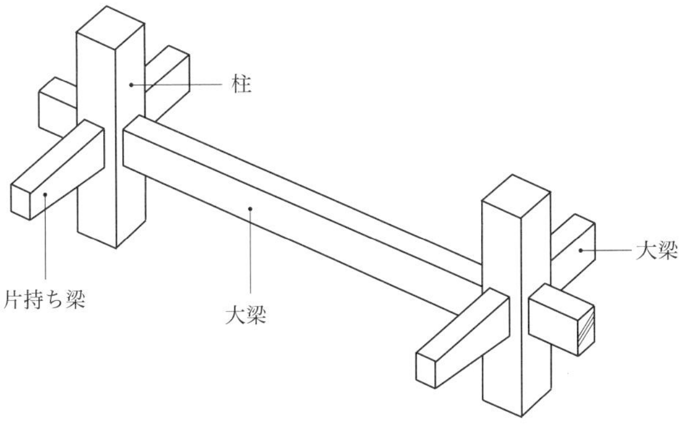

(c) 片持ち梁 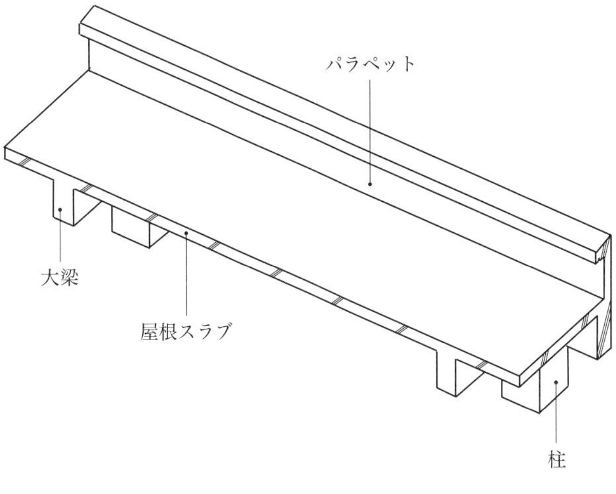　　　　　　　　　　　　　　　(d) 最上階パラペット

図2·96　軸組部分の各部

第2章　躯体の構法　57

c) 床スラブ部分

鉄筋コンクリート構造における床スラブ部分は梁や柱と一体となる．その概要を図2・97に示す．

床スラブは地震時の水平力を各柱に伝えるため，十分な剛性を持つことが必要となる．そのためには，地震時の水平力によって撓まないだけの剛性を持つとともに，スラブ端部の鉄筋の梁への確実な定着が重要となる．

また，積載荷重による撓みを防ぐためには，スラブの厚さが大きく影響する．スラブの撓みを防ぐには小梁を適切に配置することも有効である．スラブの厚さは積載荷重による撓みだけでなく，集合住宅における子供の跳びはねなど，上階の衝撃音の下階への伝播にも大きく関係する．

このように，スラブは大梁への定着，小梁による撓みの抑制を必要とし，一般にスラブ下面には大梁や小梁が出っ張ることになる．この出っ張りを避けるための構法として，図2・98にあげたものがある．

このうち，ボイドスラブはボイドと呼ばれる中空部分をスラブの内部に有する．鉄筋はボイドとボイドの隙間やその上部・下部に配置され，結果として細い梁が連続する構造となる．そのため，ボイドスラブの鉄筋の定着はボイドと直交する箇所にとる必要があり，方向性が生じる．このような特性から，集合住宅など各住戸が壁で仕切られる建築物など，壁に鉄筋の定着をとることができる場合に適した構法と言える．

ワッフルスラブは，洋菓子のワッフルのような形状をしている．これは，何本もの細い梁が交差した構造と考えることができる．

これらのほかにも，柱の上部を広げることでスラブからの荷重を柱にスムーズに伝え，結果として梁を無くした無梁スラブと呼ばれる構法がある．

また近年，施工時間の短縮を図るとともに，スラブ下部の支保工を不要とするため，図2・99に示すようなハーフプレキャストスラブと呼ばれる構法が採用されている．これは，スラブの配筋をスラブ下面に定着させてプレキャスト板として梁の上に配置し，スラブ上部のコンクリートを現場で打設して，一体構造とする構法である．

階段部分もスラブと同様の構造的特徴が要求される．その構法には，図2・100(a)に示したように，上階および下階の梁でその荷重を支える傾斜スラブ形式と，図2・100(b)に示したように側面の壁で荷重を支える片持ちスラブ形式がある．さらに，図2・100(c)に示したように，傾斜したスラブを先に構築しておき，踏み面と蹴上げ部分を後で打設する構法もある．

床スラブは周辺の梁への固定部では，上端に引張応力が生じ，中央部では下端に引張応力が生じる．そのため，主筋は周辺部では上部に，中央部では下部に配筋される．このような床の配筋例を図2・101に示した．

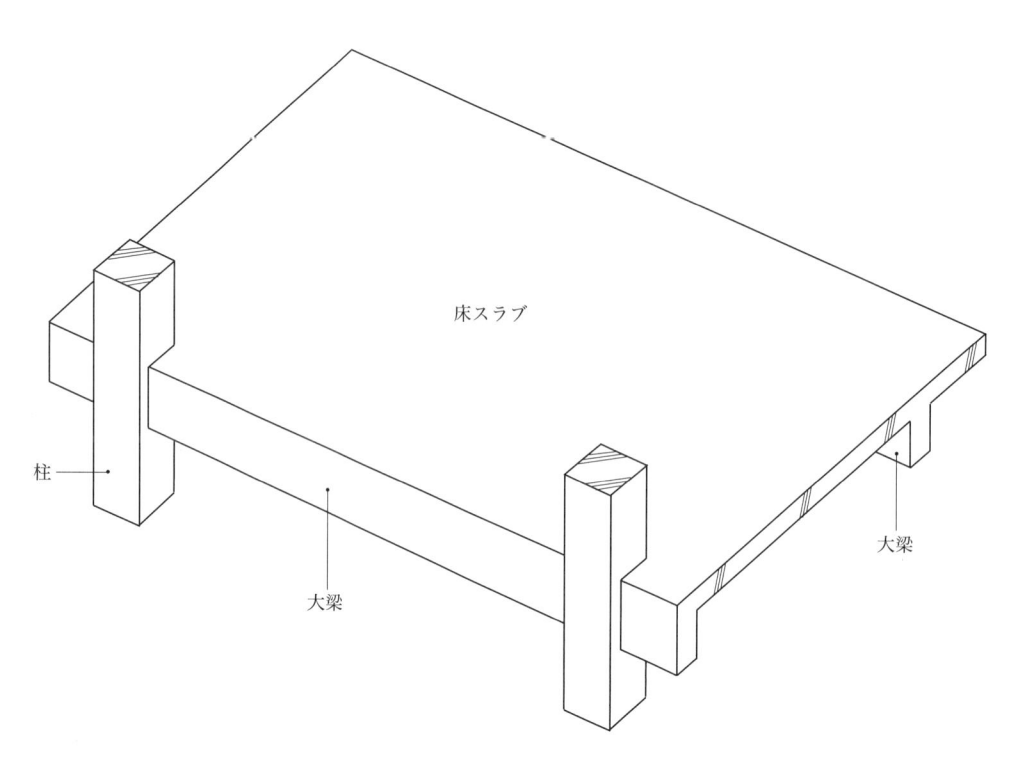

図2・97 床スラブ部分の概要

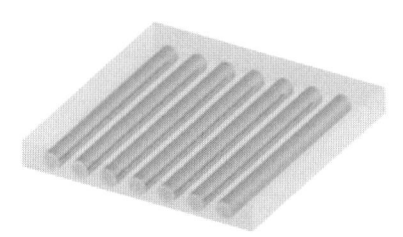

(a) ボイドスラブ 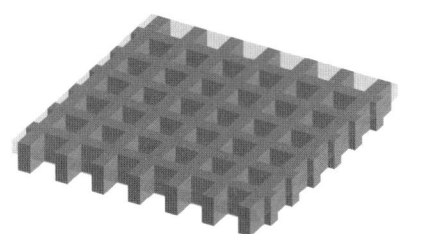　　(b) ワッフルスラブ 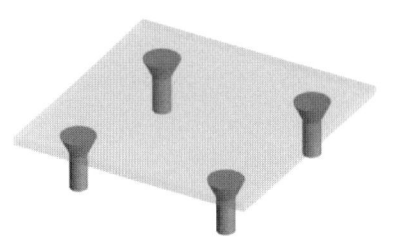　　(c) 無梁スラブ

図 2・98　スラブ部分の種類

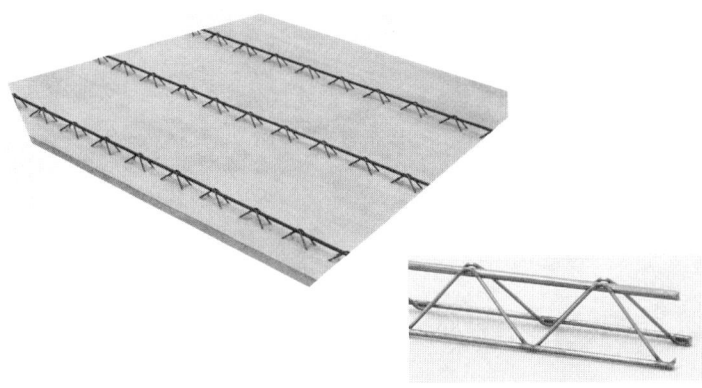

(a) スラブの外観 　　(b) 工事例

図 2・99　ハーフプレキャストスラブの例 (出典：日本カイザー㈱「KAISER SYSTEM」)

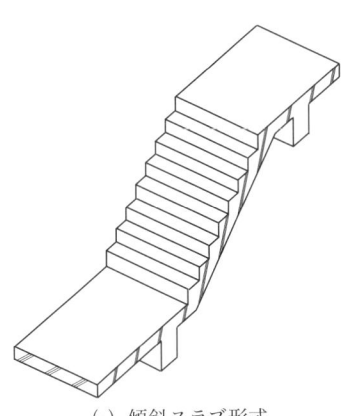

(a) 傾斜スラブ形式 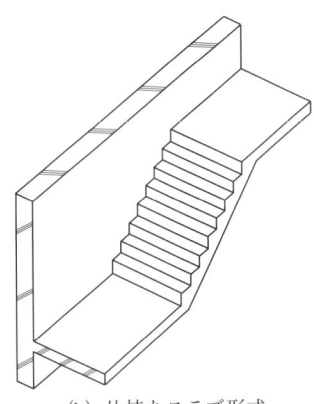　　(b) 片持ちスラブ形式 　　(c) スラブ先打ち形式

図 2・100　階段スラブの例

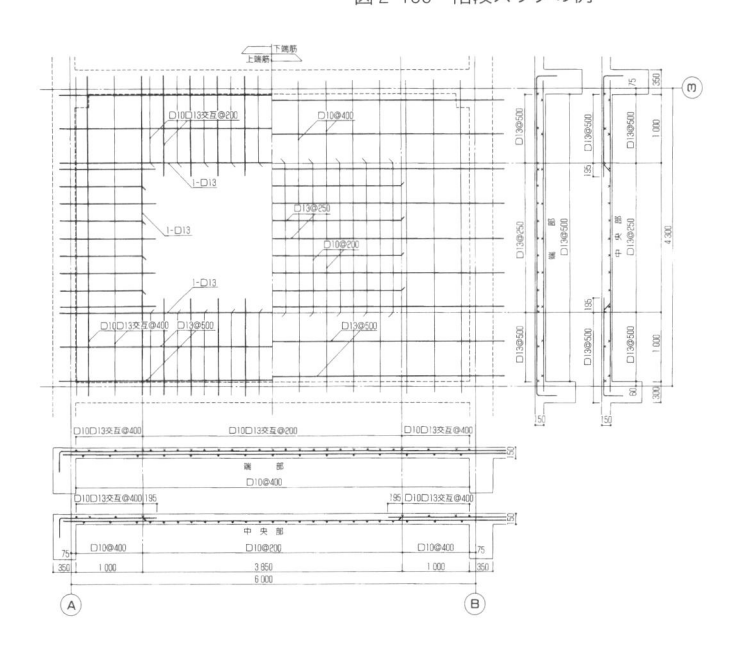

図 2・101　床スラブの配筋例
(出典：『新版・新しい建築製図』)

第 2 章　躯体の構法

d）屋根スラブ部分

屋根スラブ部分は建築物の最上部にあって，雨水の浸入を防ぐ必要がある．その概要を図2·102に示した．なお，鉄筋コンクリート構造の防水には，アスファルト防水が多く行われる．その際の，一般的な防水層の構成例を図2·103に，工事例を図2·104に示した．

屋根スラブは，その上部に人が載る場合とそうでない場合があり，一般に歩行スラブと非歩行スラブとして区別される．歩行スラブの場合は，防水層の上に荷重がかかるために，防水層を保護する目的で上部にコンクリートが打設される．

なお，防水層の端部を押さえるためにレンガが従来用いられてきたが，近年は図2·105(a)・(b)に示したようにGRC板などを用いる乾式構法が主流となっている．また，非歩行のスラブにおける砂付きルーフィング仕上げの例を図2·105(c)に示した．

また近年は，図2·106に示したように屋上に植栽を行う屋上緑化が図られており，そのための構法が生まれている．図2·107にその防水例を示した．

屋根スラブの排水には，一般に排水ドレインを設けて縦樋に排水を導く方法がとられる．図2·108に排水ドレインの例を示した．

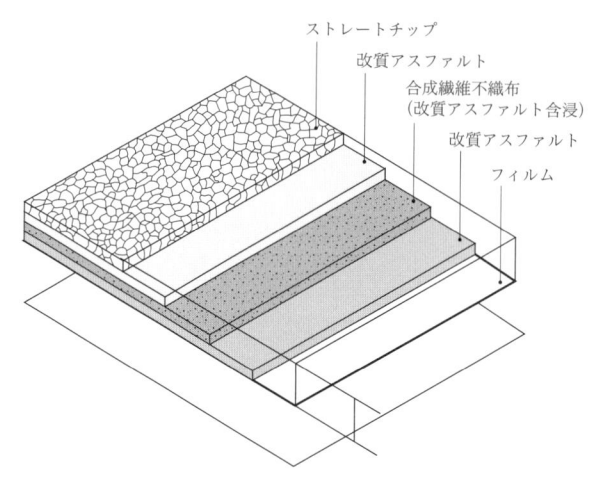

図2·103 防水層の構成例
（出典：日本アスファルト防水工業協同組合「'99年版 アスファルト防水の仕様」）

図2·104 防水層の工事例（トーチ工法）
（出典：日本アスファルト防水工業協同組合「'99年版 アスファルト防水の仕様」）

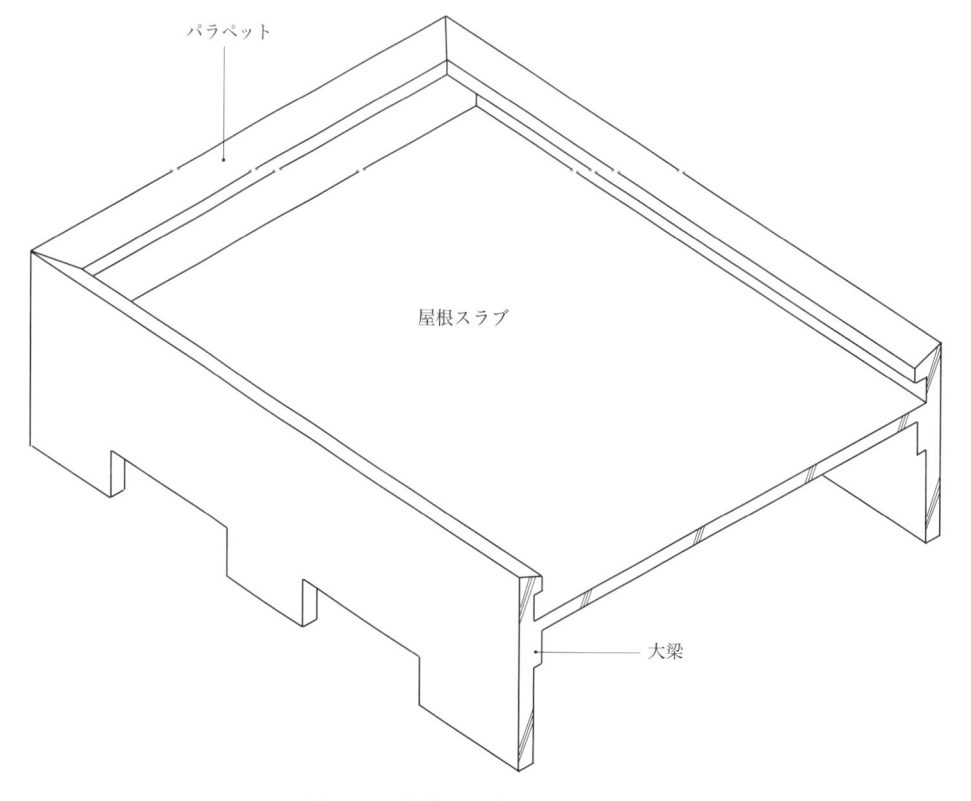

図2·102 屋根スラブの概要

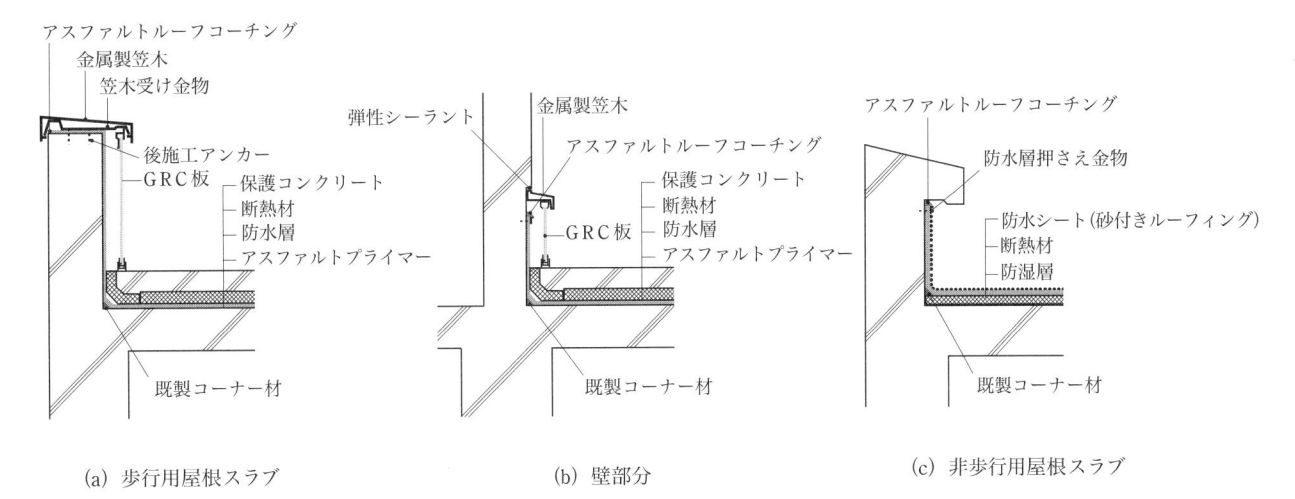

(a) 歩行用屋根スラブ　　　　　　(b) 壁部分　　　　　　　　　　(c) 非歩行用屋根スラブ

図2・105　防水層端部の詳細例

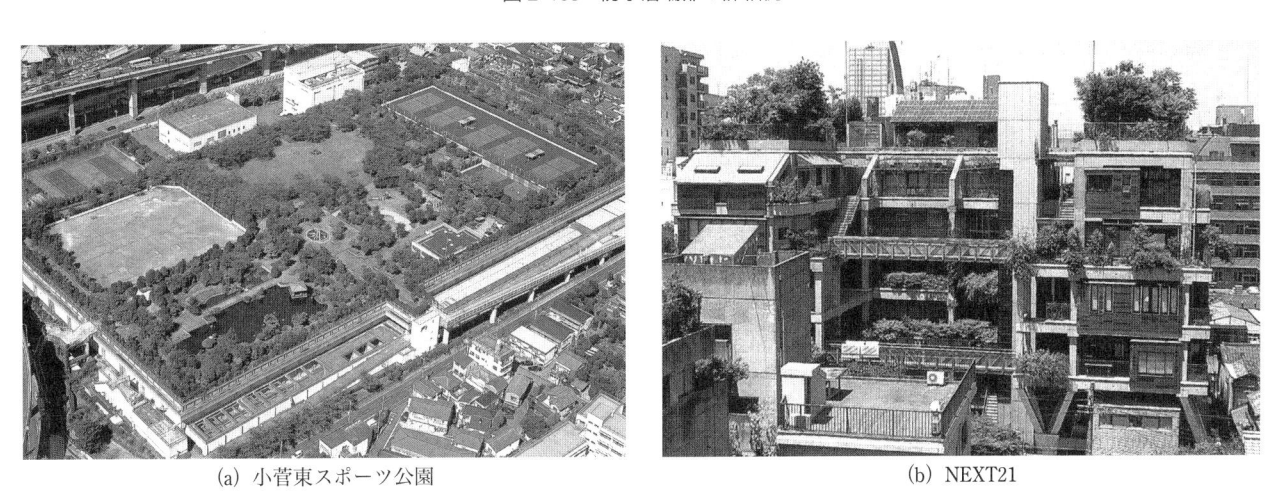

(a) 小菅東スポーツ公園　　　　　　　　　　　　　　(b) NEXT21

図2・106　屋上緑化の例（提供：東邦レオ株式会社）

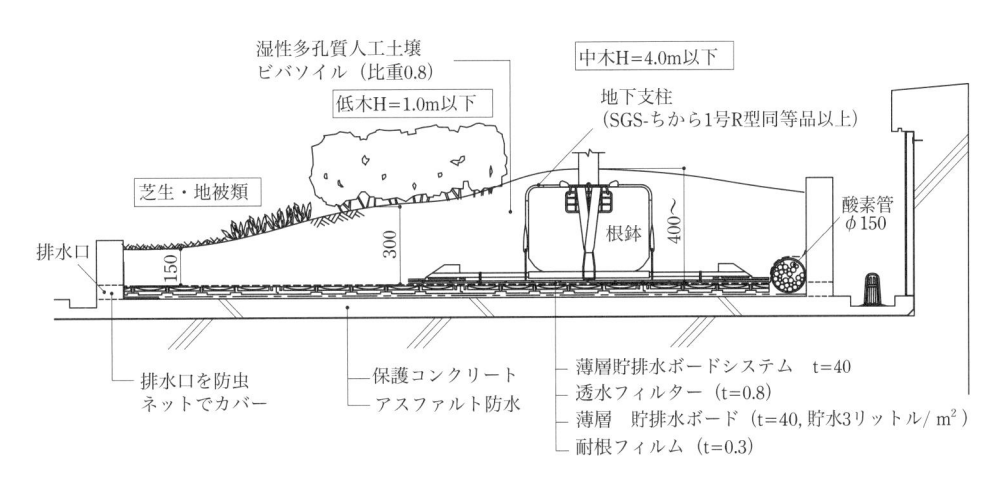

図2・107　屋上緑化のための防水例（提供：東邦レオ株式会社）

図2・108　排水ドレインの例（出典：カネソウ株式会社「カネソウ総合カタログ'99」）

第2章　躯体の構法　61

3. 壁式構法
a) 基礎部分

鉄筋コンクリート構造の壁式構法は，地上階数5以下，軒の高さ16m以下の建築物に用いられる．また，各階の高さは3.0m以下とし，最上階にあっては3.3mとすることができる[注]．鉄筋コンクリート構造の壁式構法の基礎部分の概要を図2・109に示す．また，基礎部分の工事例を図2・110に示す．

この構法における基礎では，基礎梁を有効に連続して設け，基礎梁は鉛直荷重および水平荷重に対して十分な耐力を有することが必要となる．なお，基礎梁の幅はこれに接する耐力壁の厚さ以上とする．基礎梁は図2・111に示すように，その一部は床スラブや基礎スラブと重複している．なお，図2・112に布基礎形式の断面の例を示す．

基礎部分は，床スラブの固定荷重と積載荷重を安全に支えるだけでなく，耐力壁の下部を補強し，一体化を図る．また，建築物の不同沈下や耐力壁の浮き上がりを防止する働きをする．図2・113に壁式構法の基礎伏図と基礎梁の断面図の例を示す．

注）屋根勾配がある場合は，最上階の軒高に軒から棟までの高さを加えた数値を4m以下とする．

図2・110　基礎部分の詳細

図2・109　基礎部分の工事例

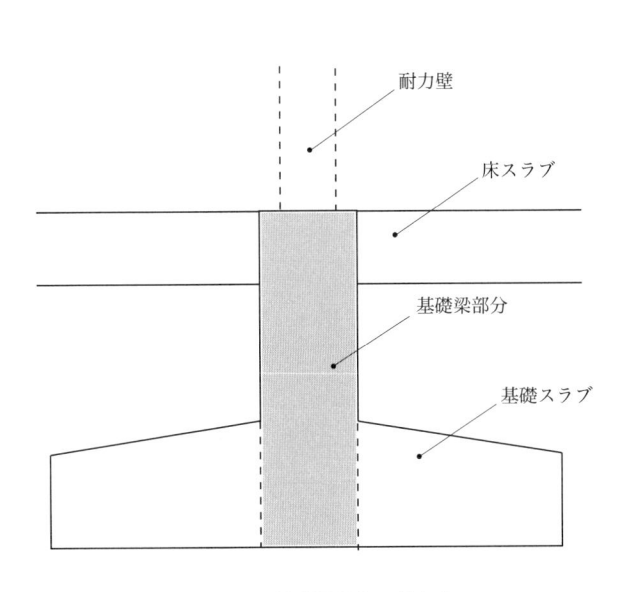

図 2·111　基礎梁部分の考え方

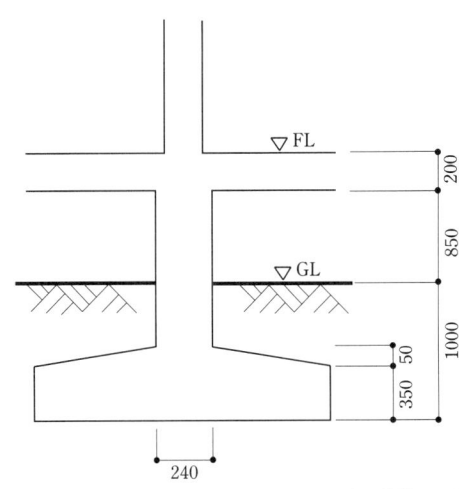

※基礎梁のせん断補強にあたっては，D10 以下の鉄筋を用いる．また，見付間隔は 300mm 以下（複配筋の場合は片側の間隔を 450mm 以下とする）とし，幅が 200mm を超える場合は複配筋とする．

図 2·112　布基礎の断面例

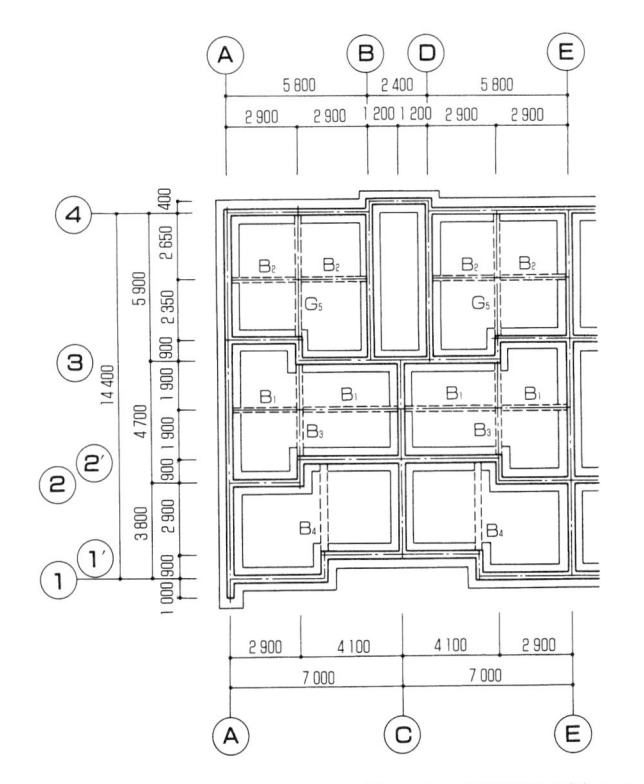

1階					
		断面	位置	上端筋	下端筋
G_5		740 / 200	全断面	4−D16	4−D16
B_1		540 / 200	全断面	2−D16	2−D16
B_2		540 / 150	全断面	2−D13	2−D13
B_3		740 / 200	全断面	4−D16	4−D16
B_4		740 / 200	全断面	2−D16	2−D16

図 2·113　基礎伏図の例　（出典:『新版・新しい建築製図』）

第 2 章　躯体の構法　63

b) 壁部分

 鉄筋コンクリート構造の壁構法における壁部分は，上部からの鉛直荷重を伝えるとともに，地震力などの水平力にも抵抗できなければならない．その概要を図2・114に，工事例を図2・115に示した．

 壁構法による壁において，耐力壁として働く壁は平面においても立面においても，つり合いよく配置しなければならない．また，耐力壁にはさまざまな規定が設けられている．まず，耐力壁は水平方向の実長が450mm以上なければならない．また，耐力壁の最小厚さは表2・7のように，せん断補強筋比は表2・8のように規定されている．

 耐力壁の頂部を固定し，底部を固定する基礎梁とともに耐力壁との一体化を図るために，壁梁が設けられる．壁梁については，その幅をそれに接する耐力壁の厚さ以上とし，そのせいは450mm以上とする．また，その主筋にはD13以上の鉄筋を用いる．なお，壁梁のせいおよび有効幅の考え方を図2・116に示す．

 また，図2・117に壁部分の配筋例を示した．

図2・115　壁部分の工事例

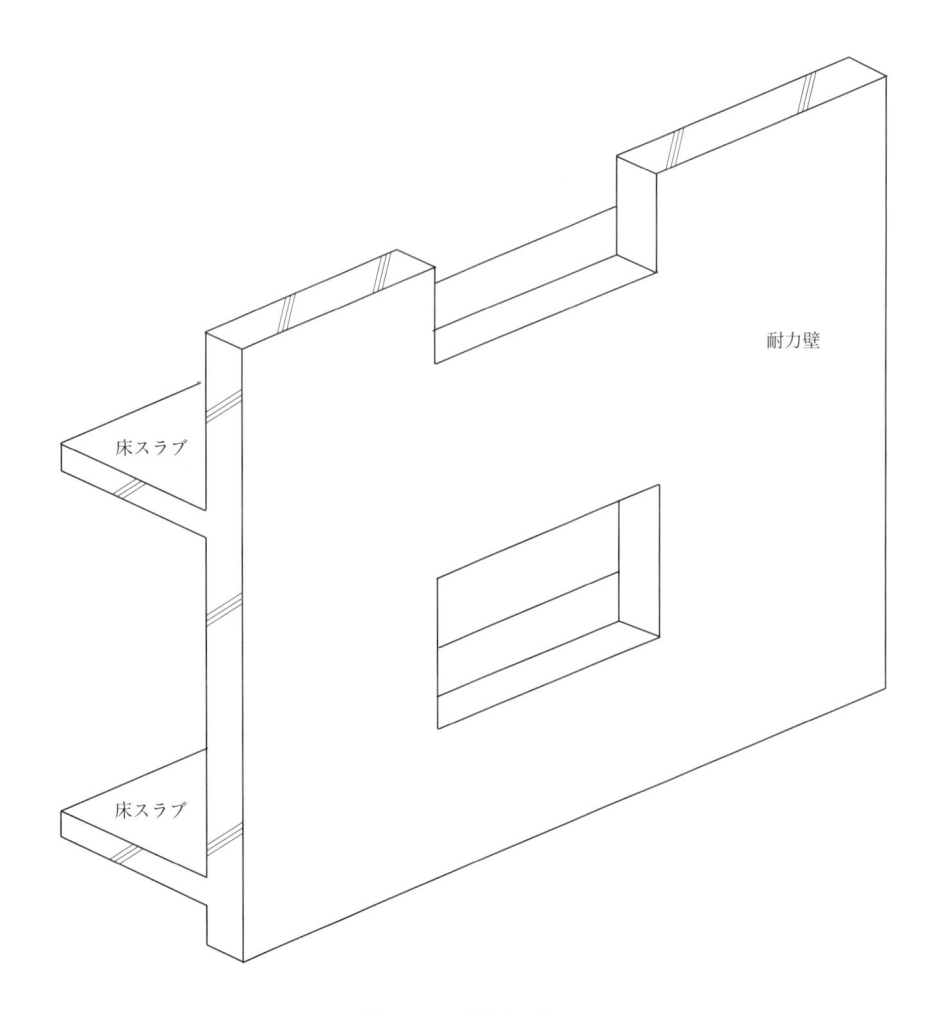

図2・114　壁部分の概要

表2・7 耐力壁の最小厚さ

階		耐力壁の最小厚さ t_0 (mm)	備考
地上階	平屋	120 かつ $h_s/25$	h_s:構造耐力上主要な鉛直支点間距離
	2階建ての各階 3, 4, 5階建ての最上階	150 かつ $h_s/22$	
	その他の階	180 かつ $h_s/22$	
地下階		180※かつ $h_s/18$	

※片面または両面に仕上げがなく、かつ土に接していない部分は、屋内・屋外にかかわらず、かぶり厚さ10mmを増して190mmまたは200mmとする．

片面または両面が土に接する部分は、普通コンクリートを使用する場合はかぶり厚さ10mmを増して190mmまたは200mm、1種および2種軽量コンクリートを使用する場合はかぶり厚さ20mmを増して200mmまたは220mmとする．

表2・8 耐力壁のせん断補強筋比

階		せん断補強筋比 P_{s0} (%)
地上階	平屋 2階建ての最上階	0.15
	2階建ての1階 3, 4, 5階建ての最上階 最上階から数えて二つ目の階	0.20
	その他の階	0.25
地下階		0.25

B：壁梁の有効幅
b：壁梁の幅
D：壁梁のせい
t：フランジ厚さ
te：150mm以上
　（平屋では120mm以上）

図2・116 壁梁の有効幅

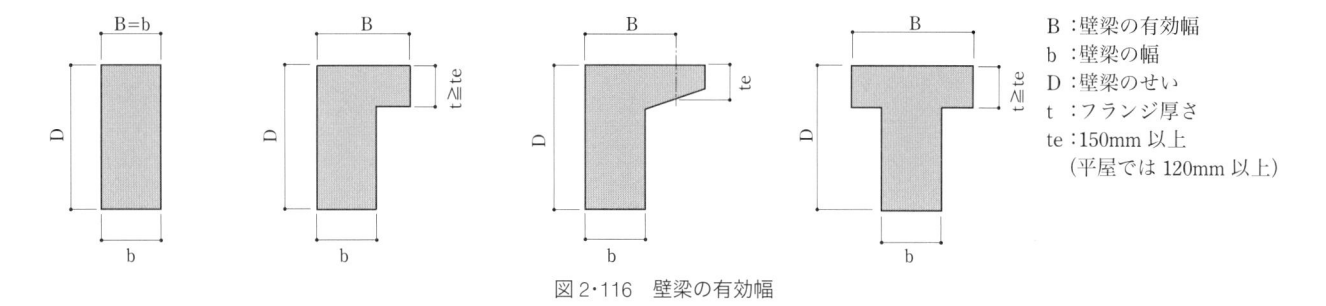

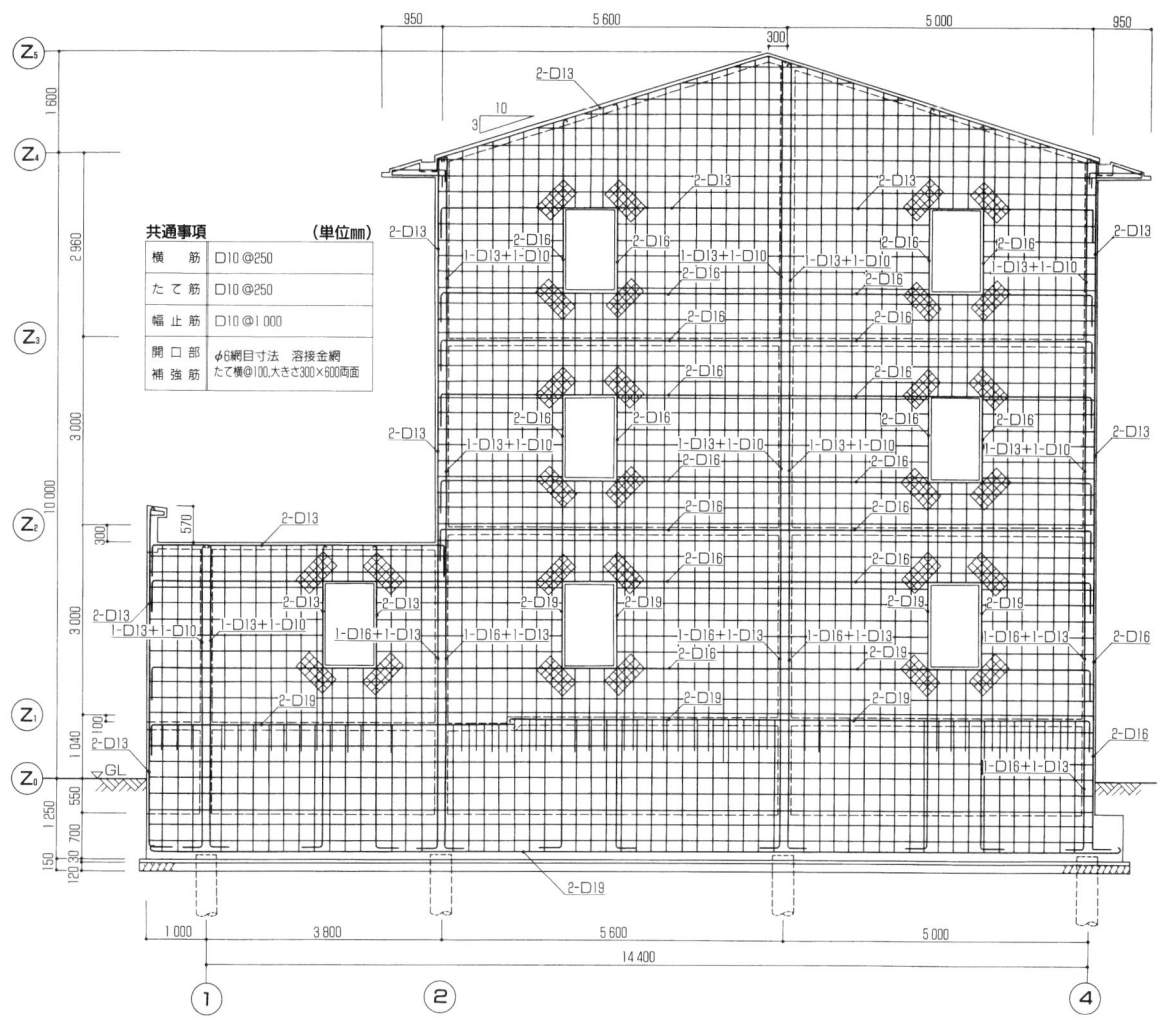

図2・117 壁部分の配筋例 (出典:『新版・新しい建築製図』)

c) 床スラブ部分

鉄筋コンクリート構造の壁式構法における床スラブ部分は，原則として鉄筋コンクリート構造とする[注]．また，積載荷重による鉛直荷重を支持するとともに，水平力によって生じる力を耐力壁および壁梁(最下階では基礎梁)に伝えなければならない．

そのため床スラブには，その役割を果たせるだけの十分な強度と剛性をもたせなければならない．また，床スラブには使用する上で有害となる大きな撓み・振動障害・ひび割れの発生を防ぐ．

床スラブに開口部がある場合は，開口部周囲に生じる力の集中に対する考慮が必要になる．また，建築物の一体性を確保するための十分な剛性を与えるとともに，地震時などの水平力の伝達が安全に行える構造とする．

図2・118に床スラブ部分の配筋例を，図2・119に床スラブ部分の工事例を示した．

注) 軟弱地盤以外に建つ，地下階のない建築物の1階の床スラブは鉄筋コンクリート構造以外の構造としてもよい．

図2・119 床スラブ部分の工事例

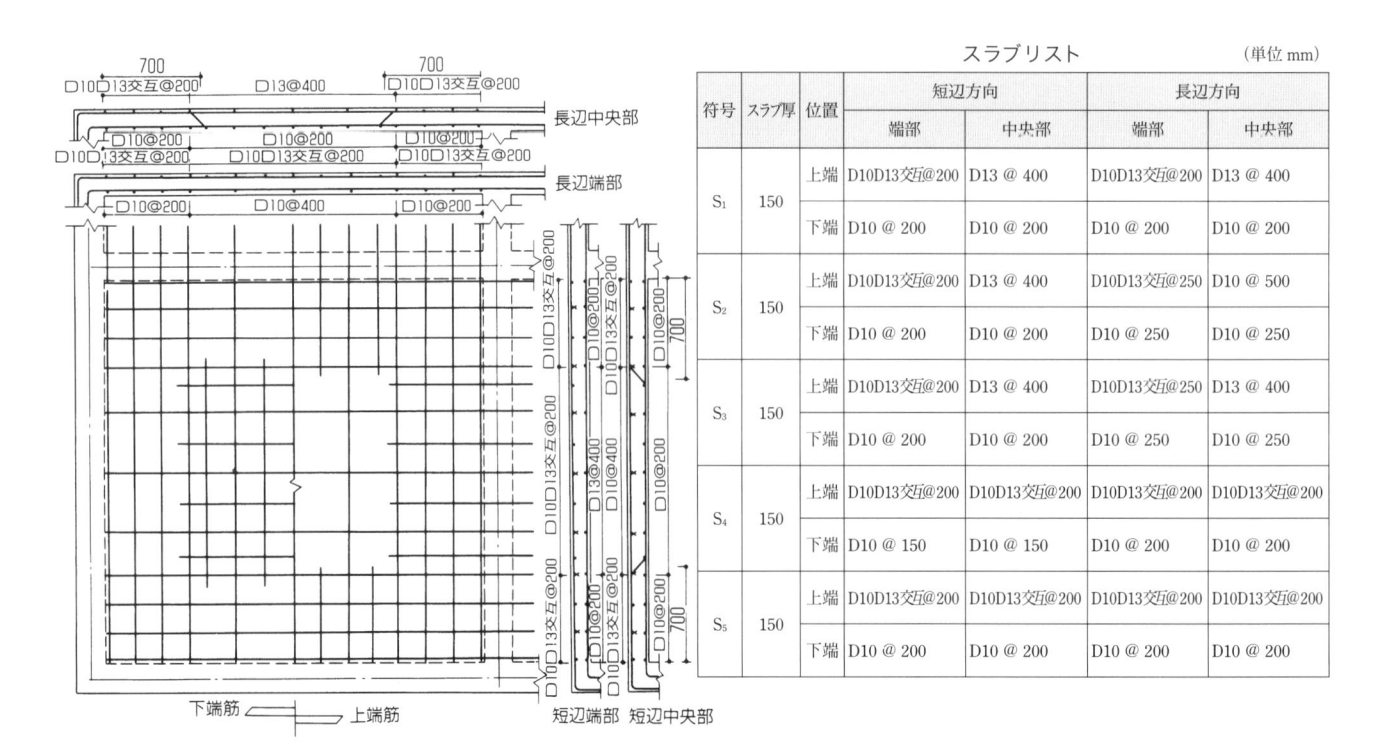

スラブリスト (単位 mm)

符号	スラブ厚	位置	短辺方向 端部	短辺方向 中央部	長辺方向 端部	長辺方向 中央部
S_1	150	上端	D10D13交互@200	D13@400	D10D13交互@200	D13@400
		下端	D10@200	D10@200	D10@200	D10@200
S_2	150	上端	D10D13交互@200	D13@400	D10D13交互@250	D10@500
		下端	D10@200	D10@200	D10@250	D10@250
S_3	150	上端	D10D13交互@200	D13@400	D10D13交互@250	D13@400
		下端	D10@200	D10@200	D10@250	D10@250
S_4	150	上端	D10D13交互@200	D10D13交互@200	D10D13交互@200	D10D13交互@200
		下端	D10@150	D10@150	D10@200	D10@200
S_5	150	上端	D10D13交互@200	D10D13交互@200	D10D13交互@200	D10D13交互@200
		下端	D10@200	D10@200	D10@200	D10@200

図2・118 床スラブ部分の配筋例 (出典:『新版・新しい建築製図』)

d) 屋根スラブ部分

屋根スラブ部分の構造・強度・剛性ならびに撓み・振動などに関する基本的な考え方は床スラブ部分と同じである．その構造は基本的に鉄筋コンクリート構造とし[注]，耐力壁または壁梁と一体となるようにする．その概要を図2・120に，工事例を図2・121に示す．

屋根スラブは傾斜をもつことが多く，水平な床スラブに比べて，スランプ値の小さい硬練(かたねり)のコンクリートが用いられる．また，コンクリートが下部に流れてしまわないように，適切な位置に堰板を設けて，コンクリートの流動を防ぎ，均一な厚さの屋根スラブを構築するための工夫が必要となる．

注）軟弱地盤以外に建つ，地上階数2以下の建築物の最上階の屋根スラブは鉄筋コンクリート構造以外の構造としてもよい．

(a) 全景

(b) 詳細

図2・121 屋根スラブ部分の工事例

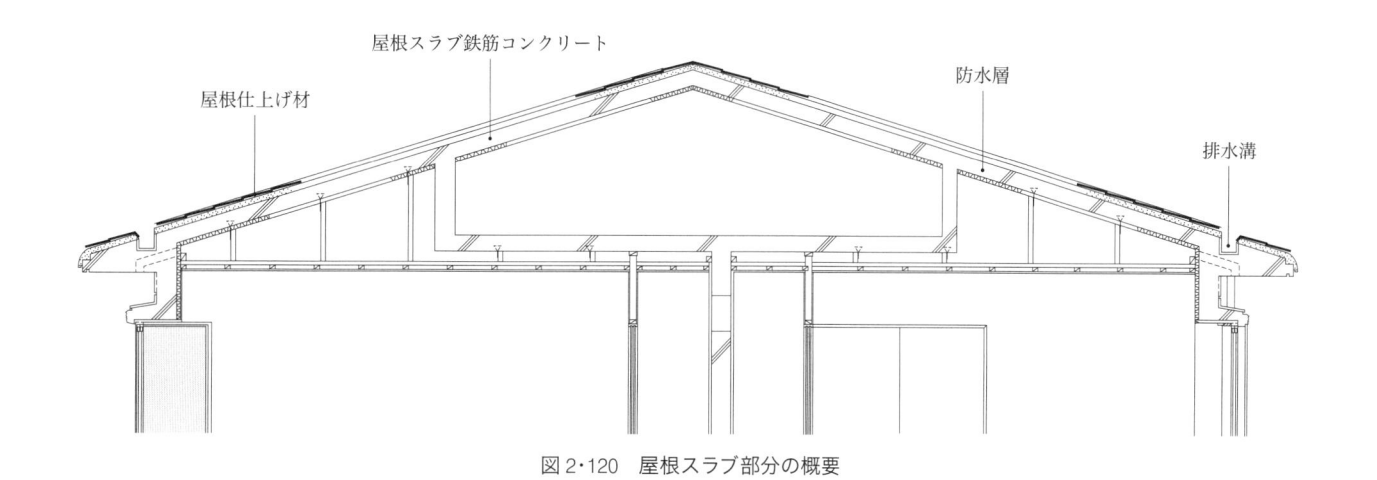

図2・120 屋根スラブ部分の概要

4 その他の構法

1. 集成材構法

図2・122にその実例を示す集成材構法における集成材は，ラミナ（lamina）と呼ばれる木片や挽板を，図2・123に示すように，接着剤[注]で貼り合わせた物である．大断面材とすることで，長大スパンが必要な建築物の柱や梁として用いられる．欠点のあるラミナは用いないため，大断面材であっても欠点のない部材が得られる．

また，図2・124に示すように集成材は構造用の大断面部材を得るためだけでなく，和室の柱など木目の美しさが必要な部位において，心材を集成材とし，その表面に薄く剥いだ銘木を貼り付けた物などを造作材として用いる．その他にも，木製の手摺，階段の段板やテーブルの天板などにも用いられる．

集成材どうしの接合には図2・125に示すように，接合面積を大きくしたフィンガージョイントやスカーフジョイントが用いられる．大断面を持つ部材は図2・126に示すように，火災に遭っても表面のみが炭化して内部は燃えないため，火災にも抵抗性がある．

図2・127に集成材構法の各部の名称を示す．また，部材の接合法ならびに支持法の例を図2・128に示す．

注）接着剤にはレゾルシノールや水性高分子イソシアネートなどが用いられる．

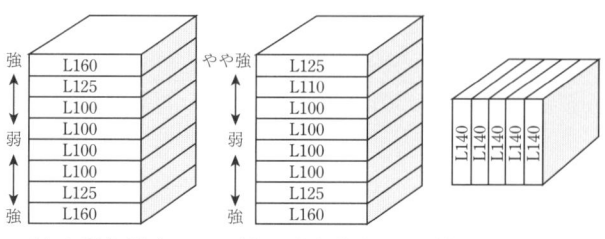

(a) 異等級構成（対称構成）　(b) 異等級構成（非対称構成）　(c) 同一等級構成

※ L160とはラミナの曲げヤング係数が160（× 10^3 kgf/cm^2）以上のものであることを示している．

図2・123　構造用集成材の断面構成例（提供：セブン工業株式会社）

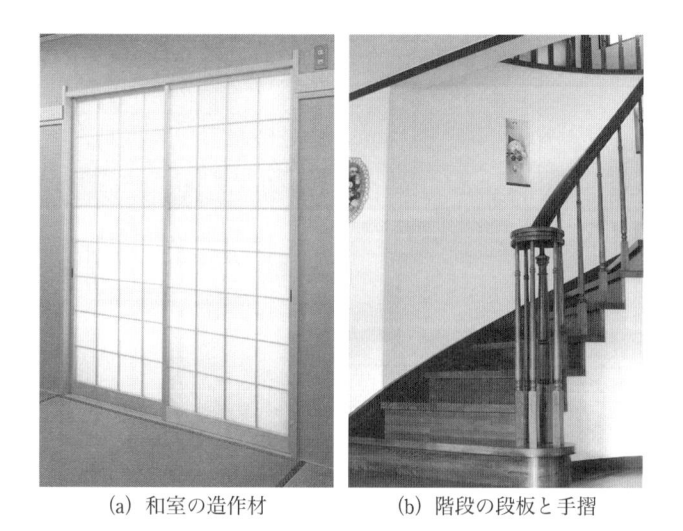

(a) 和室の造作材　(b) 階段の段板と手摺

図2・124　化粧用集成材の例（提供：セブン工業株式会社）

図2・122　構造用集成材を用いた構法の例（提供：SDG）

水平フィンガージョイント

スカーフジョイント

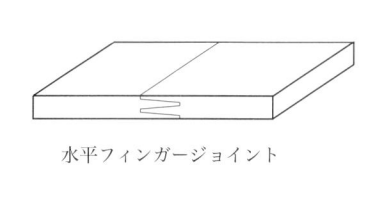

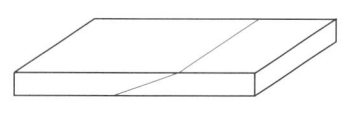

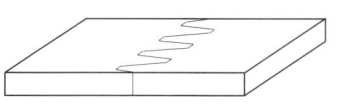

垂直フィンガージョイント

フックド・スカーフジョイント

図2・125　集成材のジョイントの例

図2・126　火熱に遭った大断面材

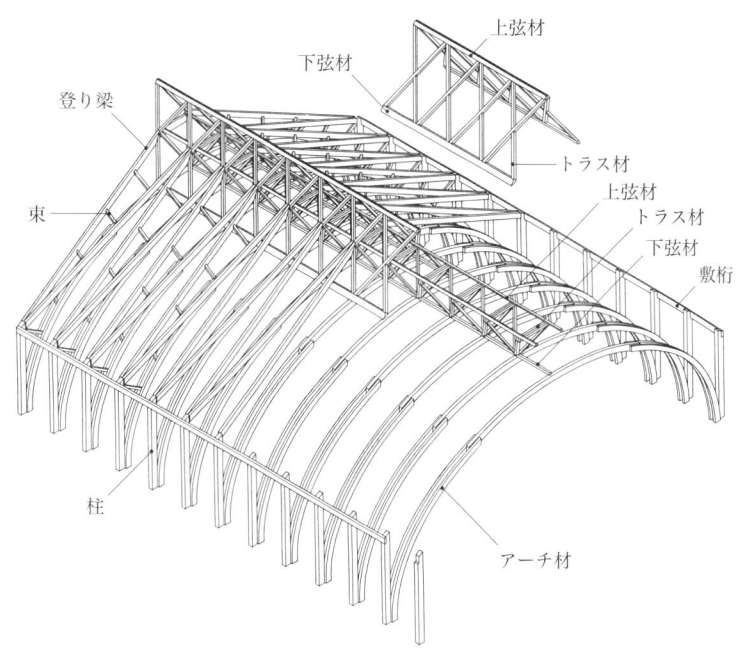

図2・127　集成材構法各部の名称　(提供：SDG)

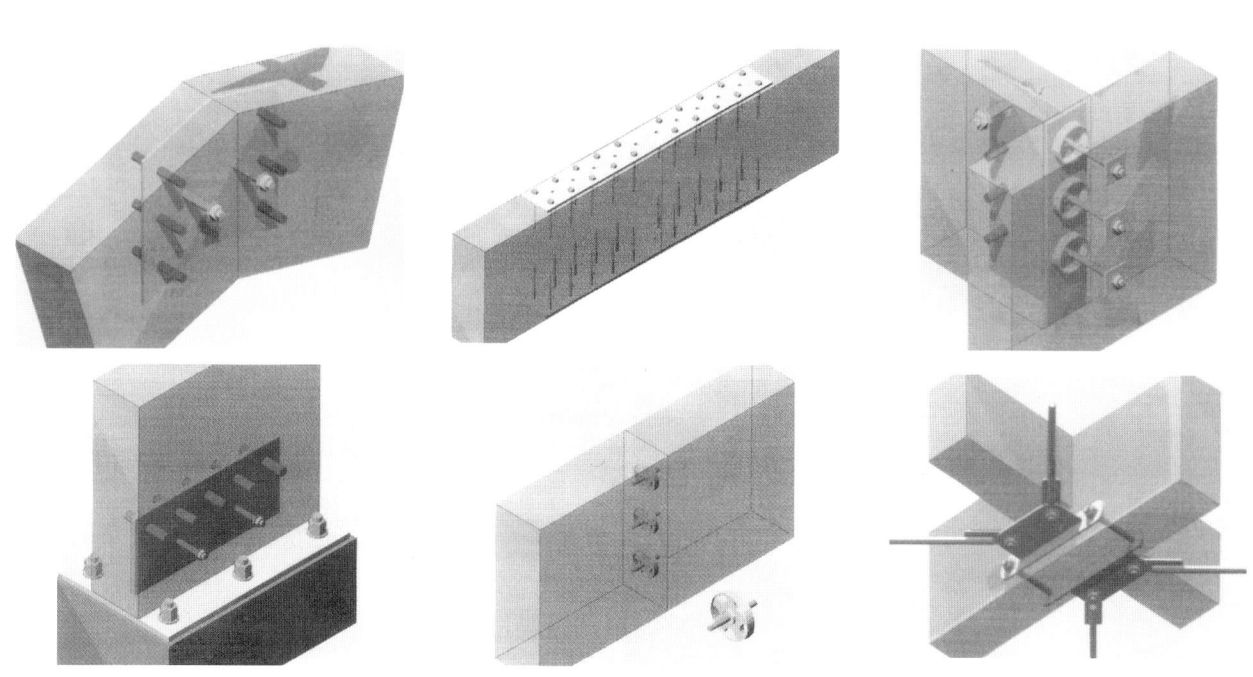

図2・128　集成材の接合法の例　(提供：セブン工業株式会社)

第2章　躯体の構法　69

2. 鉄骨鉄筋コンクリート構法

鉄骨鉄筋コンクリート構造は Steel Reinforced Concrete Structure と呼ばれ，一般に SRC 造と略されることが多い．SRC 造は鉄骨の骨組みの周囲に鉄筋を配してコンクリートを打設する構造である．その概要を図 2・129 に，工事例を図 2・130 に示す．

鉄骨が含まれることにより，構造体として粘りをもち，耐震性に優れる．ただ，図 2・131 に示すように鉄骨の周囲に配筋が行われるため，コンクリートの打設の際に注意をしないと，コンクリートの充填がうまくいかず，欠点が出やすい．

骨組みとなる鉄骨には，ウエブ部分に空きのない充腹型と，空きのある非充腹型がある．図 2・132 および図 2・133 に SRC 造の梁部分と柱部分の断面形状の例を示す．

SRC 造であっても，基礎部分は RC 造とされることが多い．図 2・134 に SRC 造の柱脚部の例を示す．

RC 造において，一部が SRC 造となる場合や，SRC 造と RC 造のつなぎ目では，その構造特性の違いを十分に考慮しなければならない．

(a) 工事全景

(b) 型枠の組立て

図 2・130　鉄骨鉄筋コンクリート構法の工事例

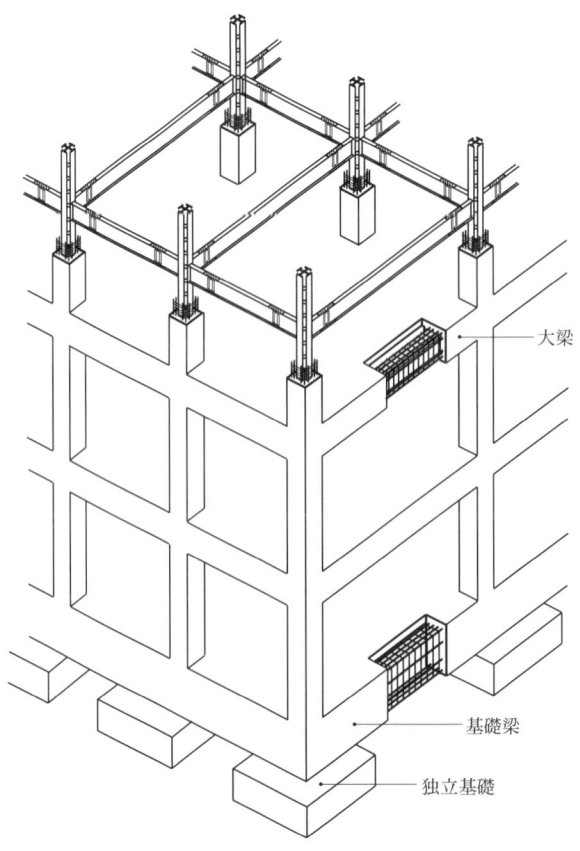

図 2・129　鉄骨鉄筋コンクリート構法の概要

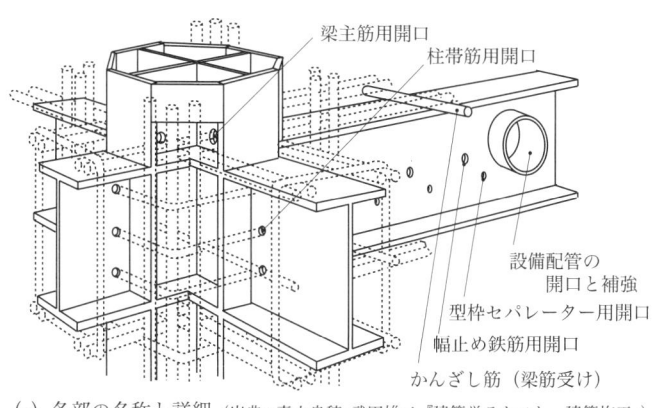

(a) 各部の名称と詳細（出典：青山良穂・武田雄二『建築学テキスト　建築施工』）

(b) 実例

図2・131　鉄骨と鉄筋の取合いの例

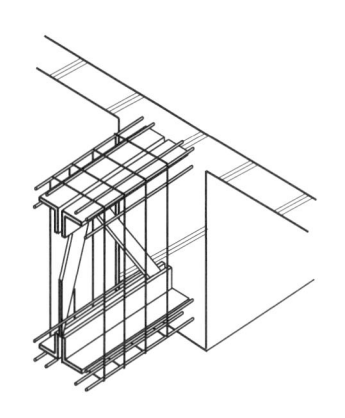

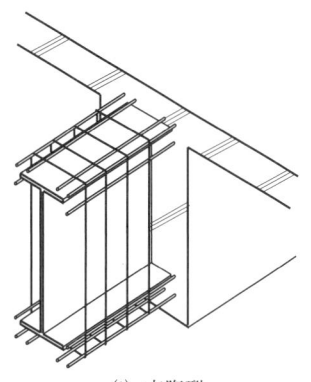

梁主筋用開口
柱帯筋用開口
設備配管の開口と補強
型枠セパレーター用開口
幅止め鉄筋用開口
かんざし筋（梁筋受け）

(a) 山形鋼を主とした場合

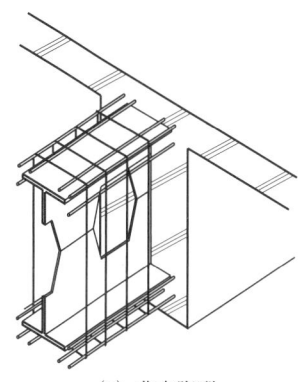

(b) H形鋼を主とした場合
　(i) 充腹型
　(ii) 非充腹型

図2・132　梁の断面形状の例

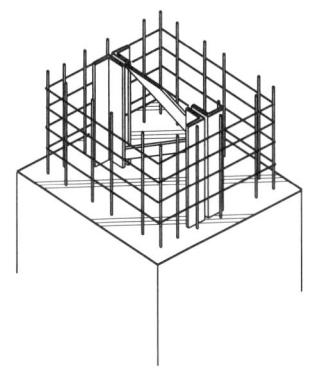

(a) 山形鋼を主とした場合

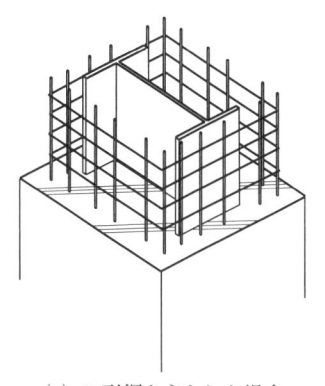

(b) H形鋼を主とした場合

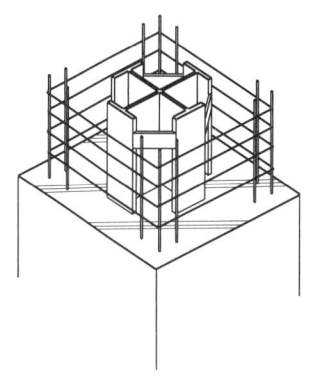

(c) 組立材を用いる場合

図2・133　柱の断面形状の例

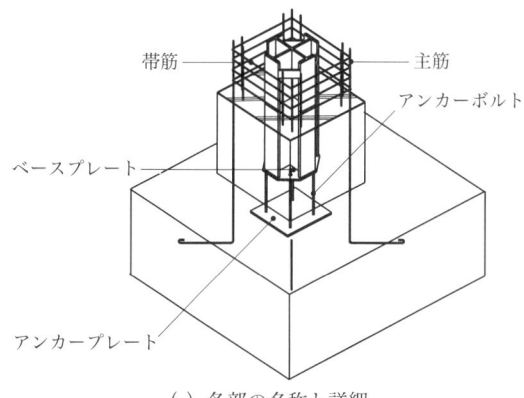

帯筋
主筋
アンカーボルト
ベースプレート
アンカープレート

(a) 各部の名称と詳細

(b) 実例

図2・134　柱脚部の例

第2章　躯体の構法　71

3. 折板構法

折板は薄い板状の素材であっても，それを折り曲げることによって剛性の高い部材が得られることを利用したものである．図2・135に折板構法の例を示す．また，その工事例を図2・136に示す．

図2・137のように，折板にはいろいろなタイプのものがあり，鋼製のものだけでなく，図2・138(a)・(b)に示したようにRC造の屋根や壁もある．また，折板における力の流れを図2・139に，折板の端部の補剛方法を図2・140に示す．

なお，折板はRC造として現場でその形状を造る場合と，鋼板を用いて工場で造ったり，PCa板[注]として工場で造って現場に運び込まれる場合がある．

注）荷重による応力（stress）が生じる前に，荷重による応力と逆の応力をコンクリートに与えておくプレストレストコンクリート（Prestressed Concrete）はPCと略される．また，組み立てる前に型にコンクリートを打設して硬化させ，部材として成形しておくプレキャストコンクリート（Precast Concrete）もその略号はPCとなり，2つの区別が付かない．そこで，Precast Concreteの略をPCaとする場合があり，本書でもこれにならってPCaの略号を用いる．

(a) 折板下地

(b) 折板仕上げ

図2・136 折板構法の工事例

図2・135 折板構法の例

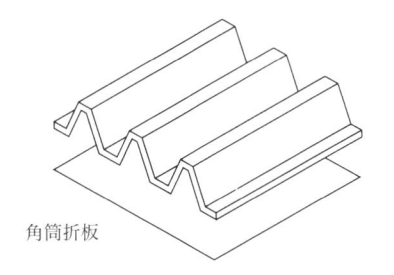

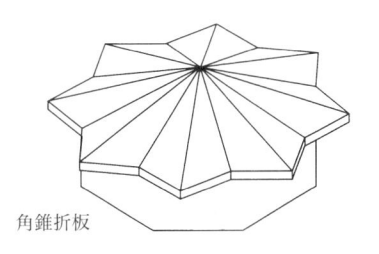

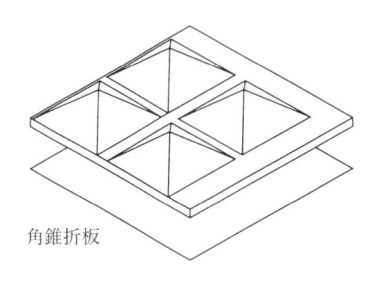

角筒折板　　　　　　　　　角錐折板　　　　　　　　　角錐折板

図2・137　折板構造のタイプ（出典：『図解事典　建築のしくみ』）

(a) RC造屋根の例　　　　　　　　　　　(b) RC造壁の例

図2・138　折板の種類

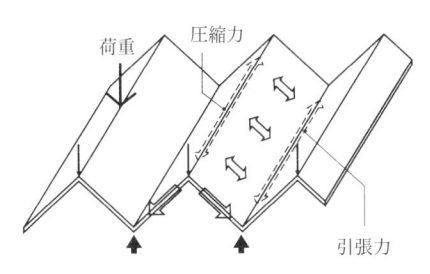

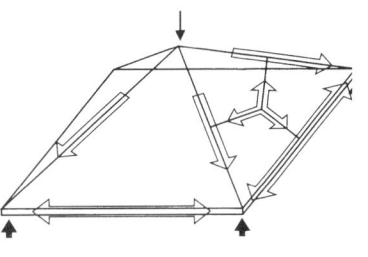

ビーム作用：峰部と谷部との鉛直距離に相当するせいをもつ梁と同等の剛性が確保できる．
スラブ作用：峰部と谷部との傾斜距離を短辺とするスラブの挙動を規定する．
トラス作用：谷部で構成される骨組で発揮される．

図2・139　折板の力の流れ（出典：『図解事典　建築のしくみ』）

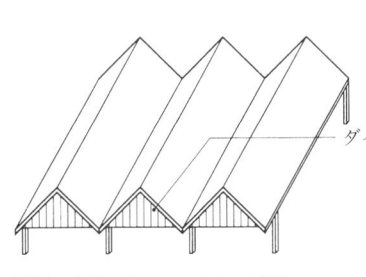

折板の内側をダイアフラムで補剛　　　折板の外側をダイアフラムで補剛　　　折板の内側を剛のフレームで補剛

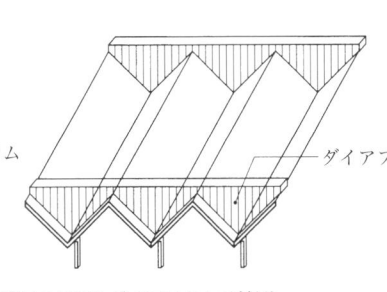

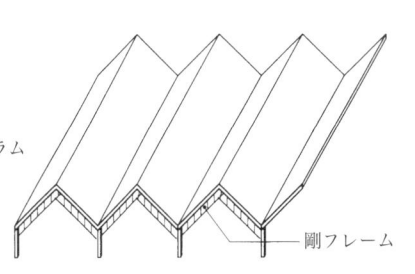

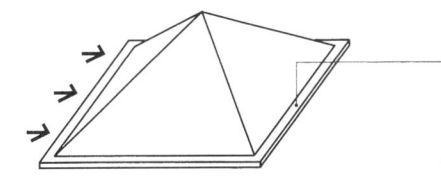

急傾斜な折板の水平方向の補剛　　　　偏平な折板の垂直方向の補剛

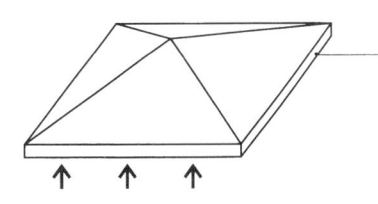

図2・140　折板の補剛方法（出典：『図解事典　建築のしくみ』）

第2章　躯体の構法

4. シェル構法

シェル構法は，シェル（shell：貝殻）の言葉が示すように，硬い殻のような構造をもち，大空間を柱なしで覆うことを可能とする．

このような特徴を活かして，観覧や自由なレイアウトによる展示を目的とする，スポーツ施設や展示場などの屋根の構法として採用されることが多い．近年，野球場・体育館・イベントホールなどの各種のドーム建築物が建設されているが，このドームにシェル構法が多く用いられている．

シェルは鉄骨を主体として造られたり，RC造として造られる．ここでは，鉄骨の単層トラスによってシェルを形成した例を図2・141に示した．また，その工事の様子を図2・142に示した．

なお，シェルの形状には図2・143に示すように，円筒シェル・円錐シェル・球形シェル・コノイドシェル・EPシェル[注1]・HPシェル[注2]・自由曲面シェル・鞍形HPシェルなど多くの種類がある．

また，シェルの面には複雑な力が作用する．図2・144には，円筒シェル・球形シェル・EPシェル・鞍形HPシェル・HPシェルにおける力の流れを示した．

図2・142 シェル構法の工事例（提供：株式会社竹中工務店）

注1）Elliptic Paraboloidal Shell（楕円放物線面シェル）の略
注2）Hyperbolic Paraboloidal Shell（双曲放物線面シェル）の略

図2・141 シェル構法の例（提供：株式会社竹中工務店）

円筒シェル　円錐シェル　球形シェル　コノイドシェル

EPシェル　HPシェル　自由曲面シェル　鞍形HPシェル

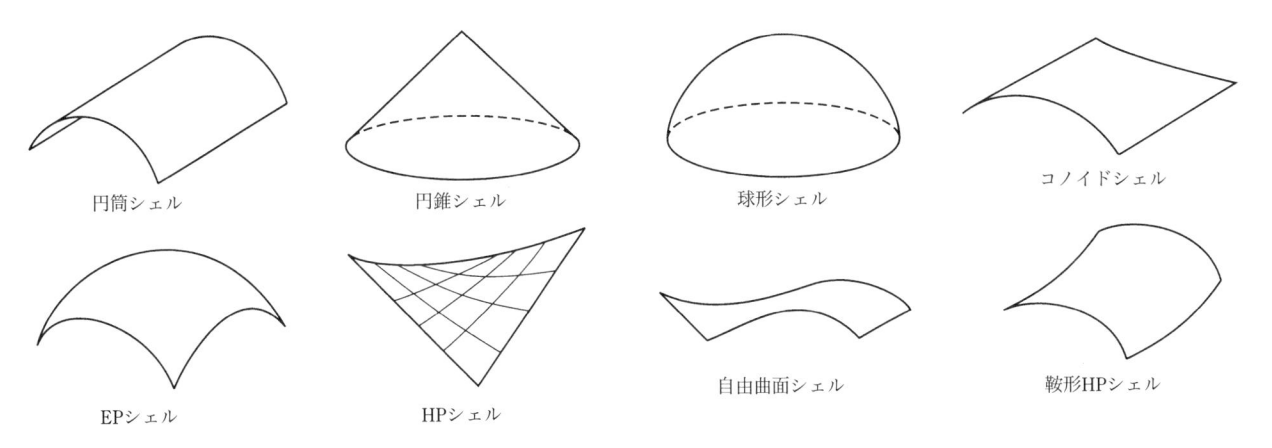

図2・143　シェルの種類（出典：『図解事典　建築のしくみ』）

円筒－ロングシェル：応力伝達は主として，長手方向のプレート作用によるもので，非対称荷重を受ける場合にはアーチ作用がはたらく．

円筒－ショートシェル：応力伝達は主として，アーチ作用によるもので，非対称荷重を受ける場合にはプレート作用がはたらく．

球形シェル：鉛直荷重に対して頂部では下に，周辺部では外側に変形するが，フープ（緯線方向）力で抵抗できる．

EPシェル：直交両方向ともアーチ作用により，荷重は境界部に伝達される．終端には，両方向のアーチ軸力がかかる．

鞍形シェル：アーチ作用とサスペンション作用が直交してはたらき，境界部にはアーチのスラストとサスペンションの引張力がはたらく．

HPシェル：アーチ作用とサスペンション作用が直交にはたらく．面内応力の合力は縁方向に作用するため，縁に曲げは生じない．

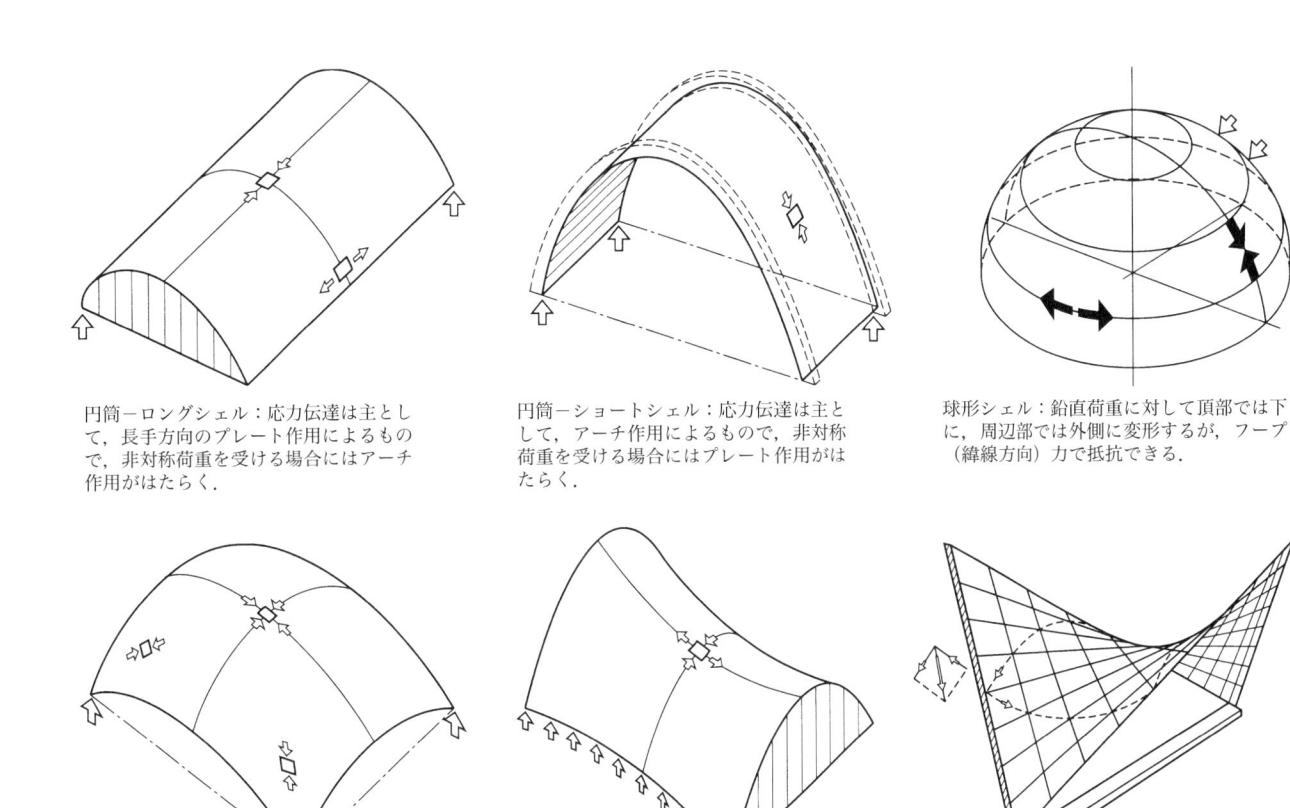

図2・144　シェルの力の流れ（出典：『図解事典　建築のしくみ』）

第2章　躯体の構法　75

5. プレストレストコンクリート構法

プレストレストコンクリート（prestressed concrete）は，PC と略されることが多い．これは，荷重が作用する前に（pre）応力（stress）を与えられたコンクリートの意味を持つ．

荷重が作用する前に応力を与える方法としては，プレテンション（pre-tension）法とポストテンション（post-tension）法がある[注]．どちらも，荷重が作用したときに部材内に生じる応力と逆向きの応力を予め与えておくことによって，荷重が作用したときの応力を緩和するようになっている．

荷重が作用して生じる応力が緩和されると，図2・145に示すように柱と柱の間の距離であるスパンを長くすることができ，柱のない大空間を得ることができる．

これらのうち，ポストテンション法による建築物の工事例を図2・146に示す．

図2・147にプレストレストコンクリートの原理を示す．また，プレテンション部材およびポストテンション部材へのプレストレスの与え方を図2・148(a)および図2・148(b)に示す．図2・149にはプレストレストコンクリート構法における部材の接合法の例を示す．

注）コンクリートが硬化する前に（pre）引張応力（tension）を与える方法がプレテンション（pre-tension）法であり，コンクリートが硬化した後に（post）引張応力を与える方法がポストテンション（post-tension）法である．

(a) 全体図

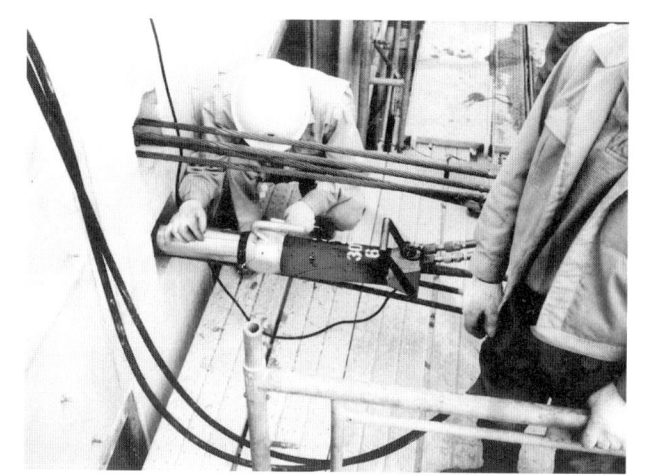

(b) 部分図

図2・146 プレストレストコンクリート構法の工事例（ポストテンション法の場合）

図2・145 プレストレストコンクリート構法の実例（プレテンション法の場合）

(a) 一般の鉄筋コンクリートの場合

(b) プレストレストコンクリートの場合

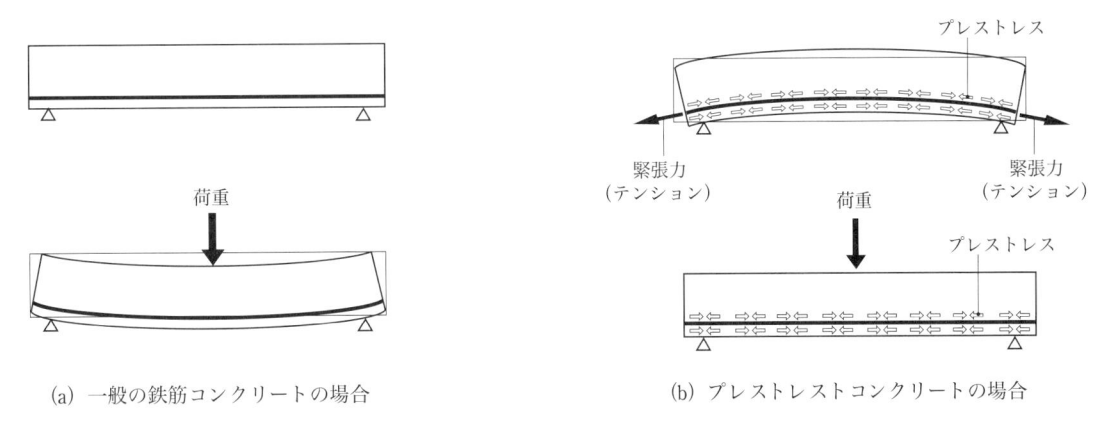

図2・147　プレストレストコンクリートの原理

(a) プレテンション部材の場合

(b) ポストテンション部材の場合

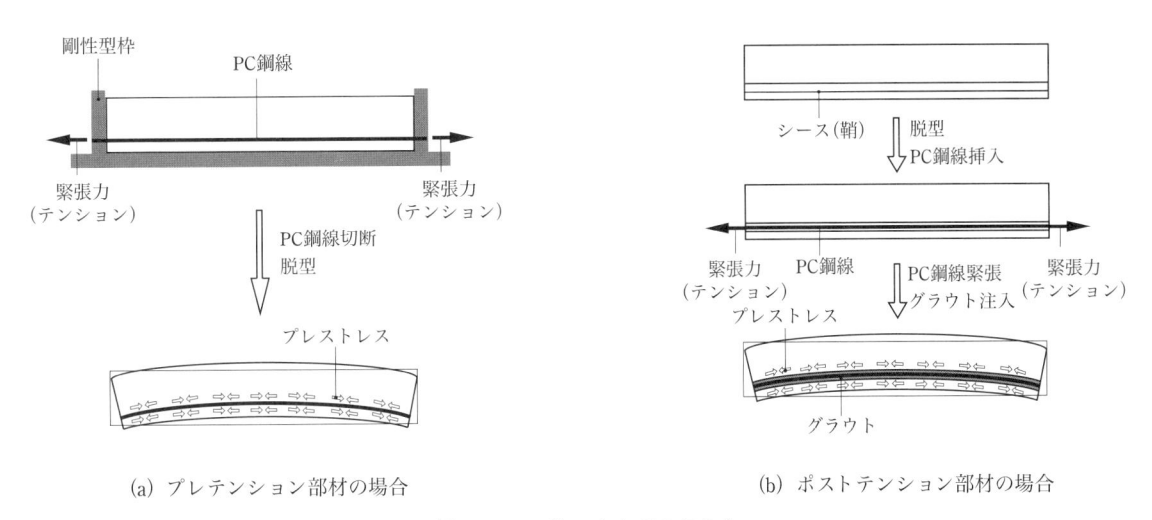

図2・148　プレストレスの与え方

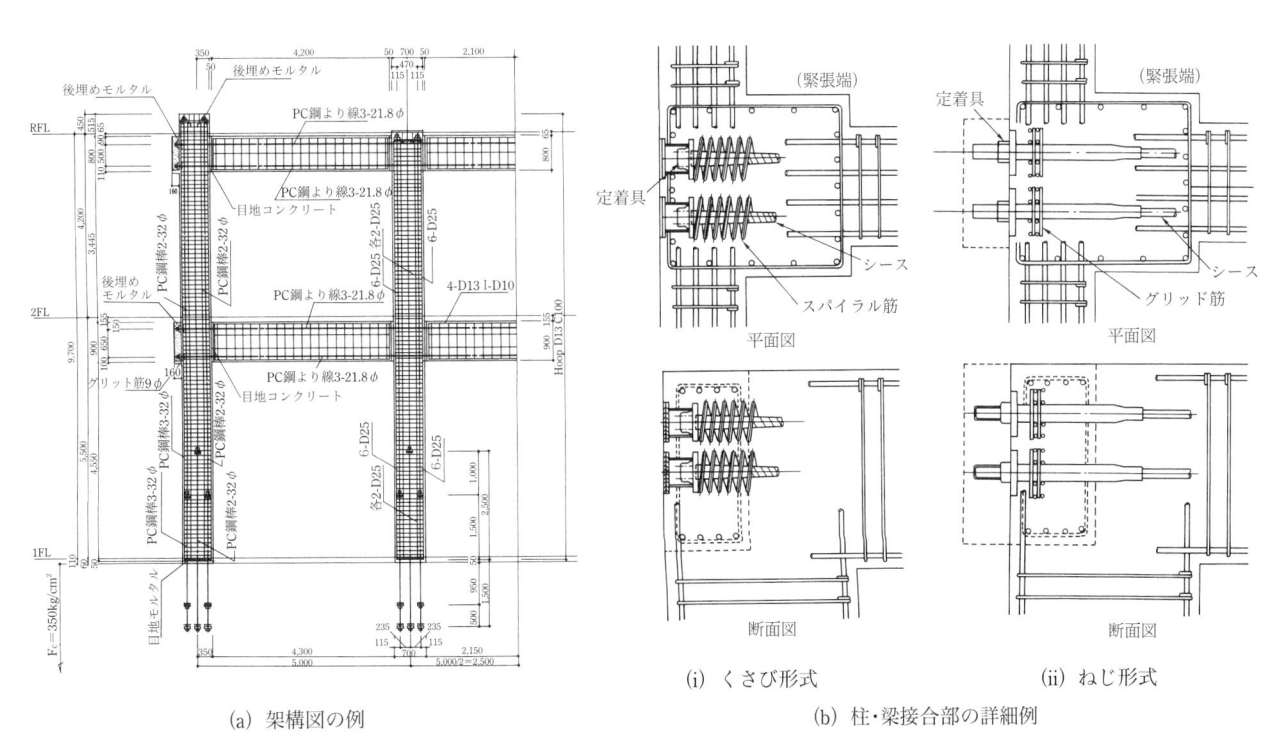

(a) 架構図の例

(b) 柱・梁接合部の詳細例
(i) くさび形式
(ii) ねじ形式

図2・149　プレストレストコンクリート部材の接合法の例（出典：プレストレスト・コンクリート建設業協会『プレストレストコンクリート建築マニュアル』）

第2章　躯体の構法　77

6. プレキャストコンクリート構法

p.72 の注で述べたように，プレストレストコンクリートの略である PC と区別するため，プレキャストコンクリートは PCa と略されることが多い．

プレキャストコンクリート構法では，一般に部材を工場で製作しておき，現場でそれらを組み立てることによって建築物を構築する．そのため，硬化を待つために時間を要する RC 造の建築物の構築のための工期を短縮できるとともに，工場製作することから部材の精度や信頼性を高めることができる．

図 2・150 にはプレキャストコンクリート構法による建築物の例を，図 2・151 にはプレキャストコンクリート構法の工事例を示した．

プレキャストコンクリート構法では，図 2・152 に示したように工場における部材製作の管理と，図 2・153 に示したように製作した部材の貯蔵に注意を払わなくてはならない．

また，プレキャストコンクリート構法による建築物の構造安全性は図 2・154 に示したように，部材の接合の良否に左右される[注]．さらに，部材の正確な位置の確保のためには，部材の接合が完全になるまでの部材の確実な支持が重要である．

注) 図 2・154 には，各部材の接合例をかぶり厚さの確保を含めて示した．

(a) 1 階壁パネルの組立

(b) 2 階壁パネルの組立

図 2・151 プレキャストコンクリート構法の工事例

図 2・150 プレキャストコンクリート構法の実例（出典：国土建設株式会社『P-CON MATE-E』）

図2・152　プレキャストコンクリートパネルの製作

図2・153　プレキャストコンクリートパネルの貯蔵

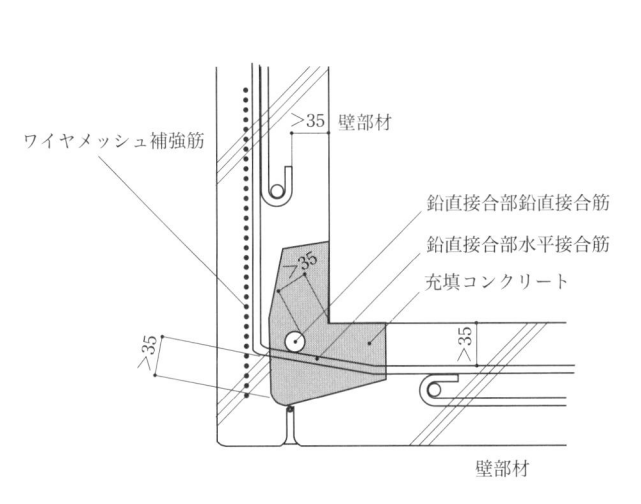

(a) 壁部材（妻・桁）

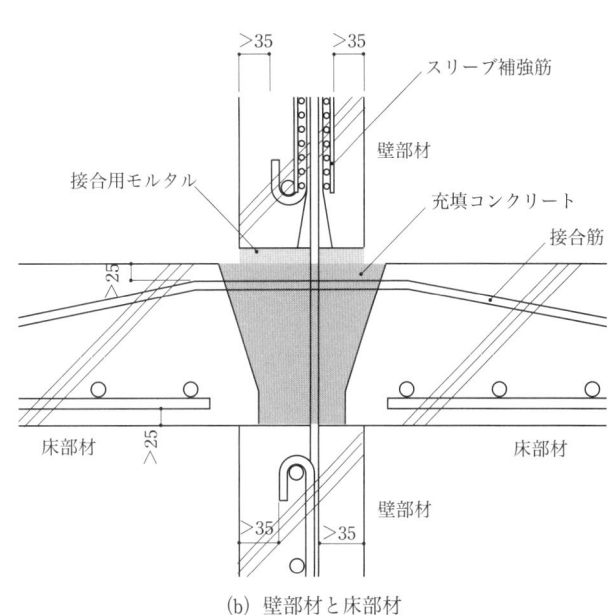

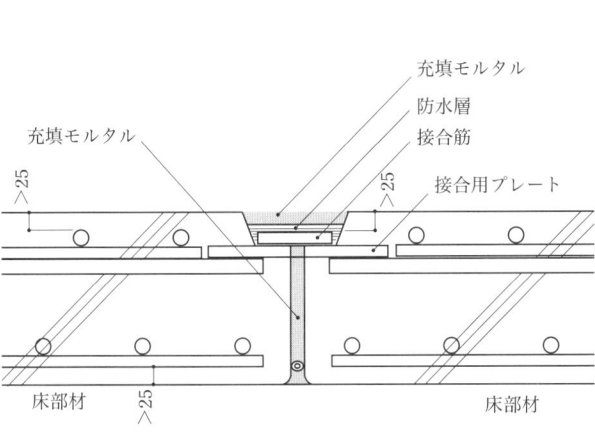

(b) 壁部材と床部材

(c) 床部材

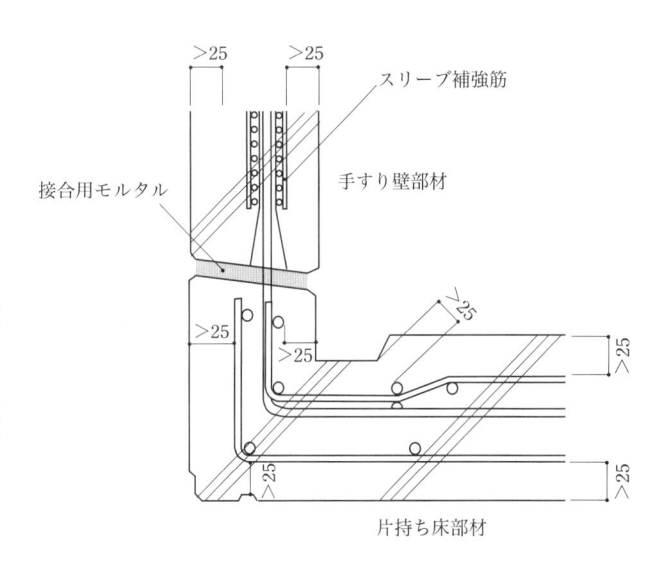

(d) 手すり壁部材と片持ち床部材

図2・154　プレキャストコンクリートパネルの接合法（耐久性上有効な仕上げのある場合）（出典：日本建築学会『建築工事標準仕様書・同解説 JASS 10』）

第2章　躯体の構法　79

7. 型枠コンクリートブロック構法

型枠コンクリートブロック構造は，型枠コンクリートブロックを積み上げ，配筋した後にコンクリートを打設することによって，壁式コンクリート構造の建築物を構築するものである[注1)注2)]．

なお，型枠コンクリートブロック構造は，ブロックの空洞のすべてにコンクリートを充填することから，「全充填型補強コンクリートブロック造」と呼ばれることもある．

この構造の構法の実例を図2・155に，工事例を図2・156に示す．また，使用される型枠コンクリートブロックの例を図2・157に示す．

この構法においては壁式鉄筋コンクリート構法と同様に，耐力壁をつり合いよく配置することが必要である．また，壁式鉄筋コンクリート構法と同様に表2・9に示すように，耐力壁および充填コンクリート部分の最小厚さの規定が設けられている．さらに，耐力壁の上部および下部は壁梁（最下階の下部は布基礎またはつなぎ梁）を連続して配置する．

耐力壁で構成される構面は，建築物の平面を長方形に分割するように配置することを原則とする．また，建築物の外周隅角部は図2・158に示すように，耐力壁をL形あるいはT形に配置することを原則とする．

なお，型枠コンクリートブロック構法の各部の例を図2・159に示した．

図2・156 型枠コンクリート構法の工事例
(提供：太陽セメント工業株式会社)

注1) 型枠コンクリートブロックを組積することから日本建築学会の『壁式構造関係設計規準・同解説』ではメーソンリー編として，種々の規定が設けられている．

注2) 型枠コンクリートブロック構造の建築物は，従来3階建て以下の小規模な建築物の構築を前提にして規定が設けられていた．しかし，いくつかの地震の経験から，この構造の耐震性の高さが評価され，5階建てまで設計可能な「中層型枠コンクリートブロック造設計規準」が設けられた．

(a) 住宅

(b) 事務所

図2・155 型枠コンクリートブロック構法の例 (提供：太陽セメント工業株式会社)

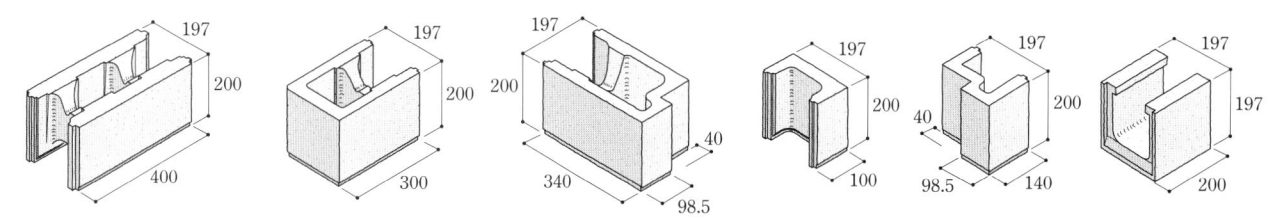

図2・157 型枠コンクリートブロックの例（提供：太陽セメント工業株式会社）

表2・9 耐力壁および充填コンクリート部分の最小厚さ

階	壁の厚さ t_0 (cm)	充填コンクリート分の厚さ t_{c0} (cm)	備考
平 屋 屋上階	15 かつ h/24	9	h：構造耐力上主要な鉛直支点間の距離 (cm)
最上階から数えて二つ目の階	18 かつ h/20	12	
最上階から数えて三つ目の階	20 かつ h/18	14	

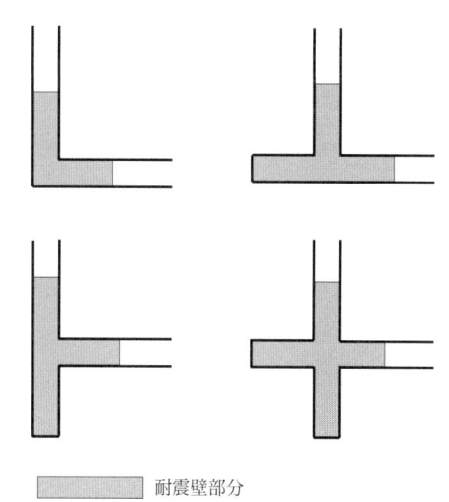

図2・158 外周隅角部の耐震壁の配置例（平面図）

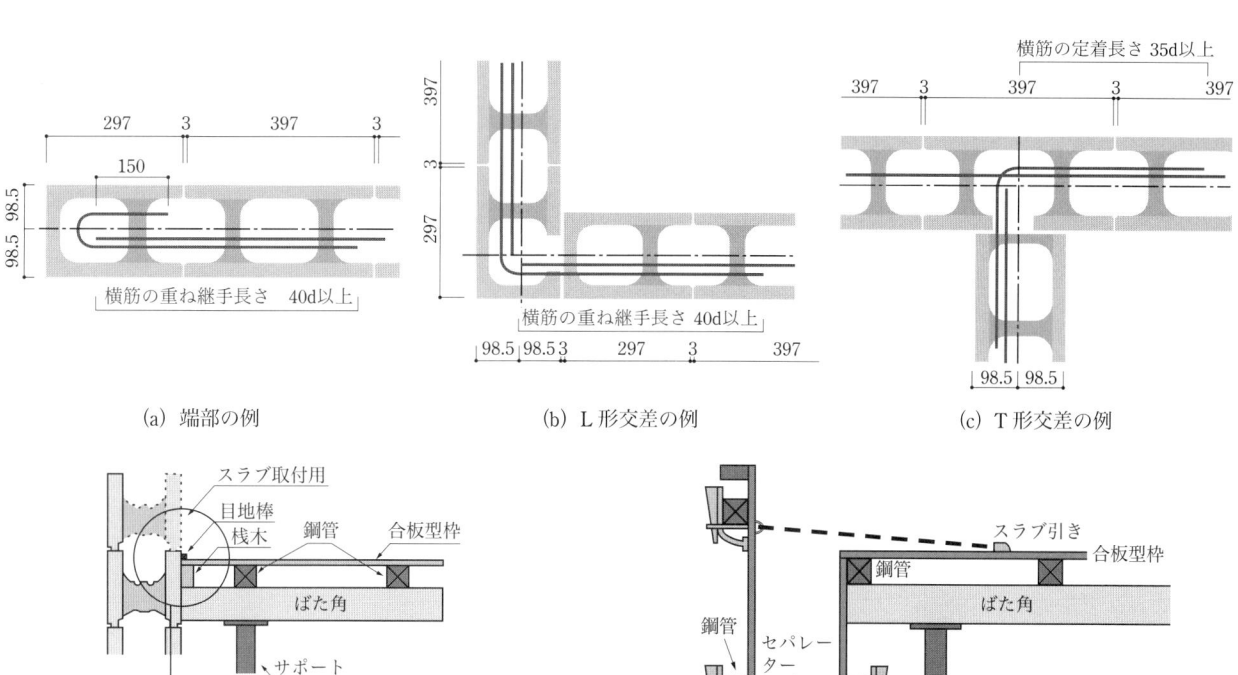

(a) 端部の例

(b) L形交差の例

(c) T形交差の例

(d) 壁梁の構築（型枠ブロック使用）の例

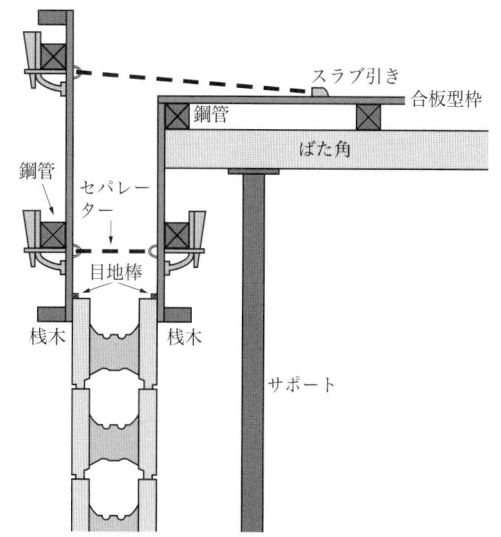

(e) 壁梁の構築（在来型枠工法）の例

図2・159 型枠コンクリートブロック構法の各部（提供：太陽セメント工業株式会社）

第2章 躯体の構法 81

【参考文献】
1) 日本建築学会：『構造用教材』，丸善，1995.2
2) 日本建築学会：『建築工事標準仕様書・同解説 JASS 11 木工事』，丸善，2000.2
3) ㈶日本住宅・木材技術センター：『木造住宅用接合金物の使い方―Ｚマーク表示金物と同等認定金物』，2001.11
4) ㈶住宅金融普及協会：『枠組壁工法住宅工事共通仕様書（解説付） 平成12年度（第2版）（全国版）』
5) 建築図解事典編集委員会編：『図解事典 建築のしくみ』，彰国社，2001.2
6) 日本ツーバイフォー研究会：『図解 ツーバイフォーの詳細 四訂版』，彰国社，1988.8
7) 池田邦吉：『図解 ツーバイフォー建築の実務』，オーム社，1987.12
8) 建設省住宅局建築指導課監修・㈳鋼材倶楽部編：『デッキプレート床構造設計施工規準』，技報堂出版，1987.7
9) 藤本盛久・大野隆司監修・森口五郎・中谷正明・佐藤実・高見錦一：『図解 建築工事の進め方 鉄骨造』，市ヶ谷出版社，1995.10
10) 日本建築学会：『建築工事標準仕様書・同解説 JASS10 プレキャスト鉄筋コンクリート工事』丸善，2003.2
11) 日本建築学会：『壁式構造関係設計規準集・同解説（壁式鉄筋コンクリート造編）』，日本建築学会，2003.9
12) 日本建築学会：『壁式構造関係設計規準集・同解説（メーソンリー編）』，日本建築学会，1997.11
13) 日本アスファルト防水工業協同組合：「'99年版 アスファルト防水の仕様」
14) カネソウ株式会社「カネソウ総合カタログ '99」
15) 太陽セメント工業株式会社：カタログ「メーソンリー（補強組積造）」
16) セブン工業株式会社：カタログ「Wood technology」2004.3
17) セブン工業株式会社：カタログ「SEVEN HEAVY TINMBER」
18) 日本集成材工業協同組合・㈶日本合板検査会：カタログ「集成材」
19) ㈳プレストレスト・コンクリート建設業協会：『プレストレストコンクリート建築マニュアル』，㈳プレストレスト・コンクリート建設業協会，1990.2
20) 岡部株式会社ホームページ：http://www.okabe.co.jp/
21) 岡部株式会社パンチングフォームホームページ：http://www.punchingform.com/
22) 日本鋼構造協会編『スペースストラクチャーの設計と実例』，鹿島出版会，1971.8
23) 「新版・新しい建築製図」編集委員会編：『新版・新しい建築製図』，学芸出版社，1991.1
24) 日本カイザー株式会社：パンフレット「KAISER SYSTEM」
25) 国土建設株式会社：パンフレット「P-CON MATE-E」

第 3 章
仕上げの構法

　建築物の骨組みである躯体ができ上がると，それを利用する人を包み込む仕上げの工事が行われる．室内の仕上げ材料は内部の環境を作り上げる大きな要素となる．また，建築物の外部の仕上げ材料は街並みの環境を作り上げる大きな要素となる．

　このように，建築物の仕上げはその内部や外部の環境の決定に大きな役割を果たす．本章では，各種の躯体をさまざまな材料で仕上げるための構法について学ぶ．

1 床の仕上げ

1. 木構造建築物

　木構造の建築物の床の仕上げには，図3・1に示すような畳敷きとしたり，板張りとする場合が多い．近年は，生活の洋風化に伴い，図3・2に示すようにカーペット敷きとしたり，図3・3に示すようなクッションフロア（CF）や図3・4に示すようなフローリングが仕上げ材料として用いられることも多くなっている．このうちクッションフロアは合成樹脂製で裏面にクッション層をもち，柔らかい感触があって水をはじくとともに清掃が容易なことから，台所・食事室・洗面室などに多く用いられている．

　伝統的な日本建築では，さまざまなしきたりがあるが，畳の敷き方（畳敷き様）のうち，祝儀敷きと呼ばれる敷き方を図3・5に示した．なお，畳敷きの下地としては，図3・6(a)に示すような構法が用いられる．また，板敷きの下地には図3・6(b)に示すような構法が用いられる．

　図3・7(a)には縁甲板張りの下地の構法の例を，図3・7(b)には合板による下地の構法の例を示した．図3・7(c)には，高級な絨毯や段通敷きの下地の例を示した．図3・7(d)には，フローリングと呼ばれる小幅の床板で仕上げる場合の下地の構法の例を示した．

図3・1　畳敷きの例

図3・2　カーペット敷きの例

図3・3　クッションフロア敷きの例

図3・4　フローリング仕上げの例（杉板）

畳数	敷き方
三畳	
四畳半	
六畳	
八畳	
十畳	
十二畳	

図3・5　畳の敷き方の例（祝儀敷き）

(a) 畳敷きの場合

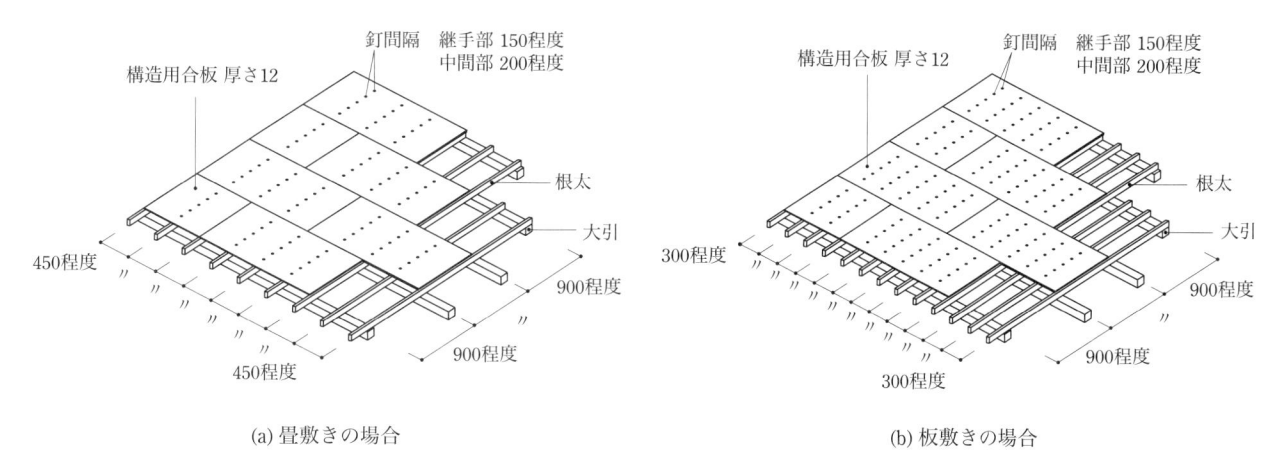

(b) 板敷きの場合

図3・6 木構造建築物の床下地の例

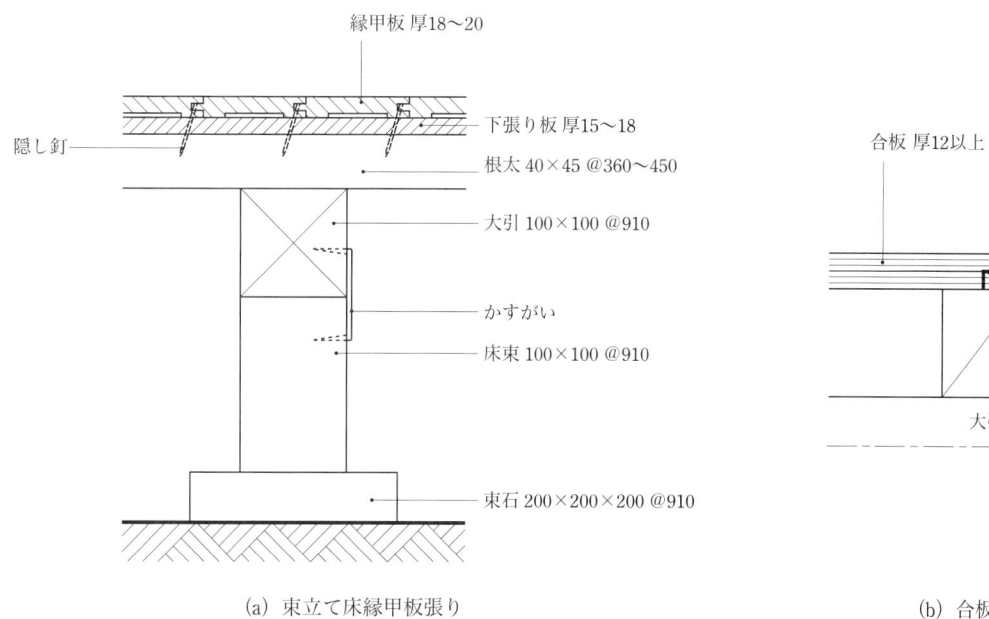

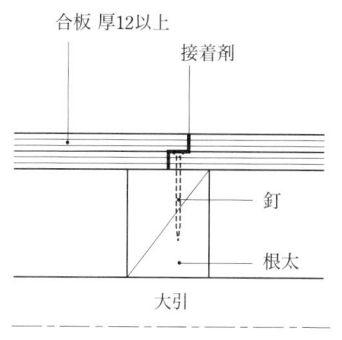

(a) 束立て床縁甲板張り

(b) 合板張り床

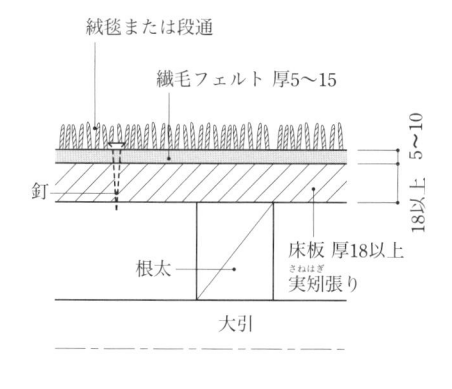

(c) 絨毯敷き

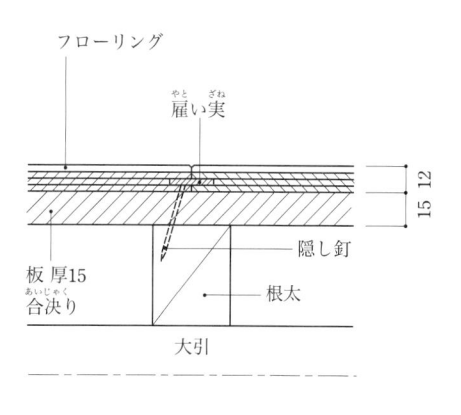

(d) フローリング仕上げ

図3・7 各種床下地の詳細

第3章 仕上げの構法

2. 鋼構造建築物

鋼構造の建築物においては，デッキプレートの上に鉄筋コンクリートの床を構築することが多い．そのため，仕上げの構法はRC造の建築物と同じになる場合が多い．

その仕上げとしては，図3·8に示すようなタイルカーペット敷きとしたり，図3·9に示すような長尺塩ビシートが多く用いられる．

コンクリートの下地となることから，図3·10に示すような石張りとしたり，タイル張りとする場合もある．また，図3·11に示すように施工に手間のかかるテラゾー仕上げをまねたテラゾーブロックも用いられる．

なお，鋼材は耐火材ではないので，鋼構造の建築物に耐火性をもたせるため，図3·12に示すように各部材には耐火被覆を施さなければならない．

また，近年の事務所などのOA（Office Automation）化に伴い，第2章の図2·70，図2·71に示したように，床下の配線が容易になるフリーアクセスフロアと呼ばれる構法が多く用いられる．その場合の仕上げ材料には，撤去や設置が容易なことからタイルカーペットがよく用いられる．

図3·13には，鋼構造建築物の床下地の全体図の例を示した．

図3·14には，カーペット敷きの工法の例を示した．

図3·15には，畳敷きとする場合の下地の例を示した．

図3·16には，石張りとする場合の下地の例を示した．

図3·17には，フリーアクセスフロアの下地の例を示した．

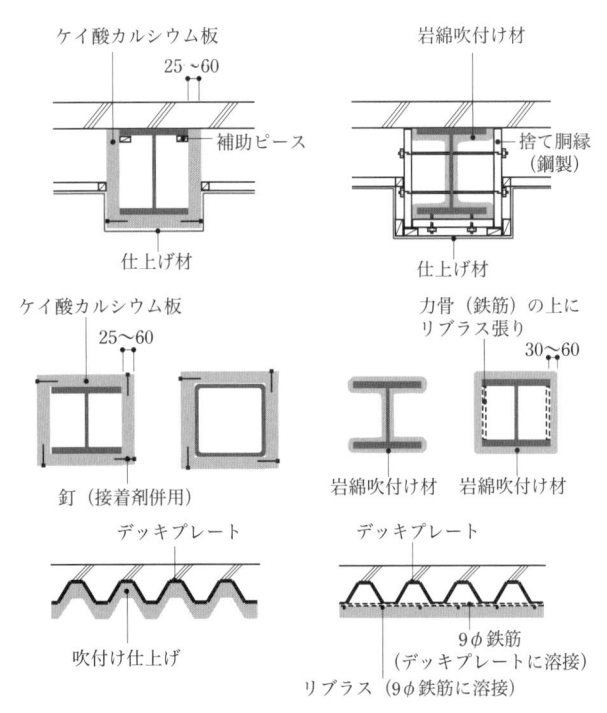

図3·12 耐火被覆の例

図3·8 タイルカーペット敷きの例

図3·9 長尺塩ビシート敷きの例

図3·10 石張りの例

図3·11 テラゾーブロックの例

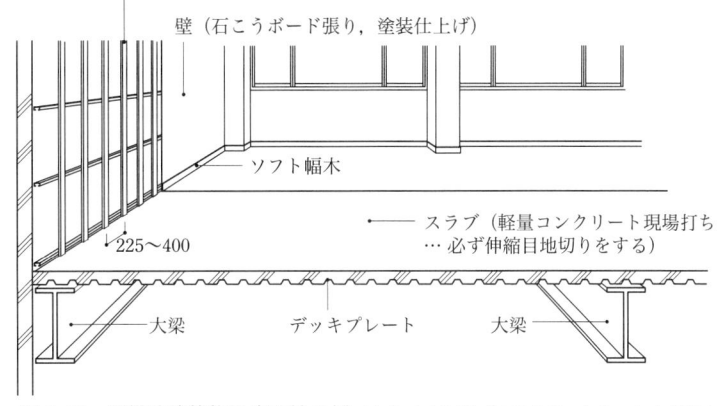

図3・13 鋼構造建築物の床下地の例（出典：高木恒雄『図説 建築の内装工事 改訂版』）

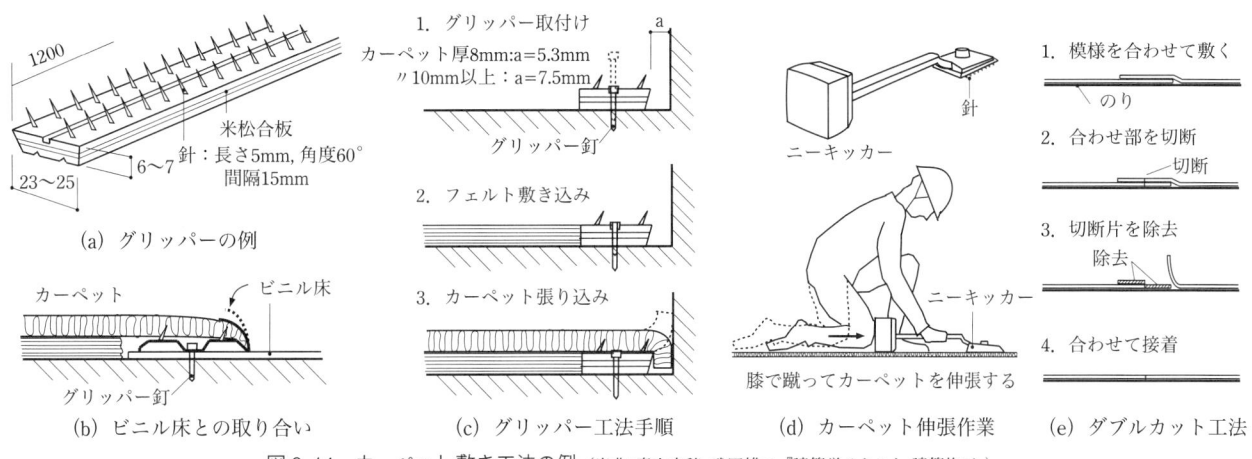

(a) グリッパーの例
(b) ビニル床との取り合い
(c) グリッパー工法手順
(d) カーペット伸張作業
(e) ダブルカット工法

図3・14 カーペット敷き工法の例（出典：青山良穂・武田雄二『建築学テキスト 建築施工』）

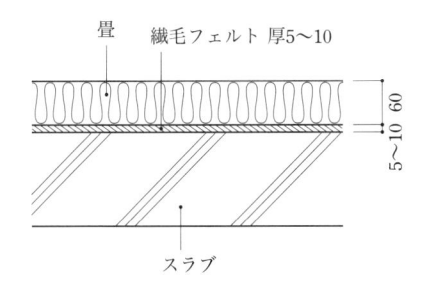

図3・15 畳敷きの下地の例

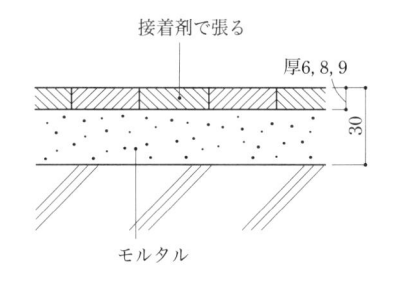

図3・16 石張りの下地の例

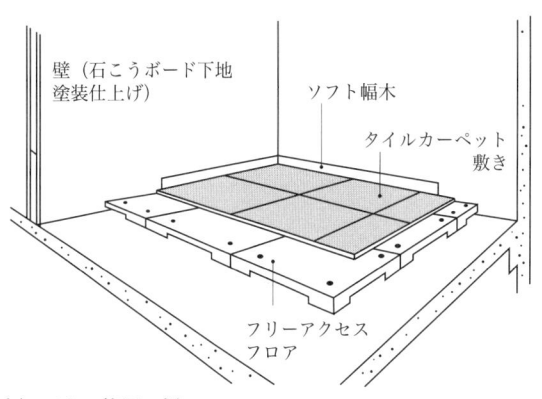

(a) 支持脚使用の例
(b) パネル使用の例（出典：高木恒雄『図説 建築の内装工事 改訂版』）

図3・17 フリーアクセスフロアの下地の例

第3章 仕上げの構法　87

3. RC造建築物

RC造建築物の床の仕上げには，図3·18に示すようなフローリング張り，図3·19に示すような絨毯敷き，図3·20に示すようなタイル張りや石張り，図3·21に示すような塗り床仕上げなどがある．

なお，表3·1に塗り床仕上げの例について，その特徴を示した．

RC造の建築物では，躯体の表面はコンクリートであり，そこに根太を設置する場合は，図3·22に示すように，あらかじめ根太を固定するためのアンカーボルトを埋め込んでおくなどの工夫が必要になる．根太を設けた場合は，木構造の建築物と同様の仕上げとすることができる．

図3·23には，根太を設けてフローリング張りとする場合の下地の例を示した．

図3·24には，根太を設けて畳敷きとする場合の下地の例を示した．

なお図3·25には，大引・根太・下地板をコンクリートの床スラブに取り付ける際の詳細例を示した．

図3·26には，石やタイルを張る場合の下地の例を示した．

これらの他にも，コンクリート面にフェルトを敷き，その上にカーペットや畳を敷いたり，コンクリート面にカーペット類を直接に張り付ける構法が用いられる．

図3·18 フローリング張りの例

図3·19 絨毯敷きの例

図3·20 タイル張りの例

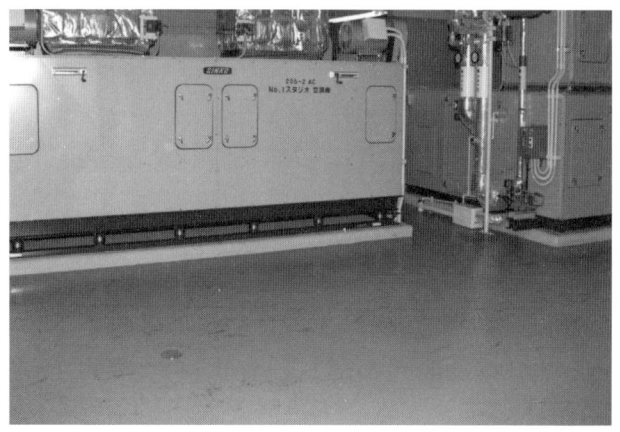

図3·21 塗り床仕上げの例

表3·1 塗り床仕上げの特徴

ベースコートの形態	コーティング仕上げ	流し展べ仕上げ	樹脂モルタル仕上げ
厚さの目安	0.2～1.0mm	0.8～2.0mm	3～10mm
工法の特徴	主に水系，溶剤系塗り床材をローラーやスプレーで塗り付ける．防塵，美装を目的とした床に適用する．	塗り床材あるいは塗り床材に骨材（けい砂など）を混合することにより，平滑に仕上げるセルフレベリング工法である．	塗り床材に骨材（けい砂など）を3～10倍混合することにより，耐衝撃性および耐久性を高めたこて塗り工法である．歩行や耐衝撃性を目的とした床に適用する．
断面図	ベースコート2／ベースコート1／プライマー	ベースコート2／ベースコート1／プライマー	ベースコート（目止め）／ベースコート（樹脂モルタル）／プライマー
適用塗り床材	主として溶剤・水系塗り床材	無溶剤系塗り床材	無溶剤系塗り床材
用途例	一般床・倉庫・軽作業室	実験室・化学工場・厨房	駐車場・重作業室・機械室・倉庫・レジャー施設

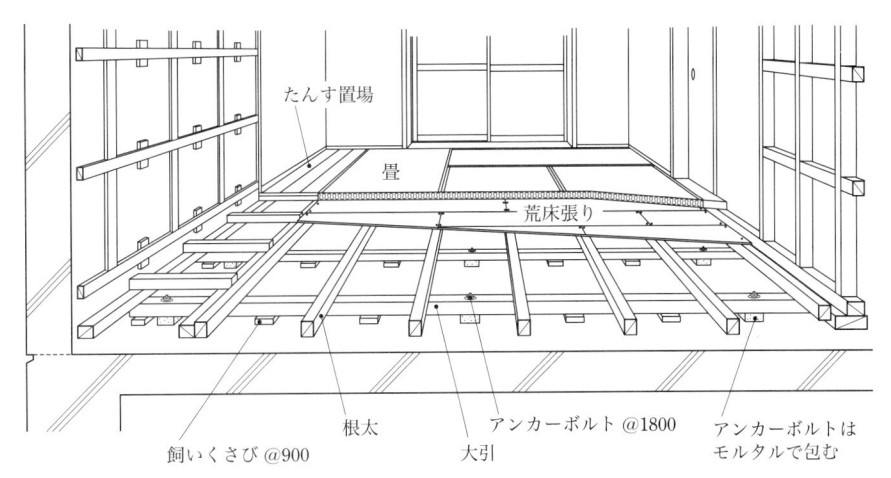

図3・22 RC構造建築物の床下地の例 (出典:高木恒雄『図説 建築の内装工事 改訂版』)

図3・23 フローリング仕上げの下地の例

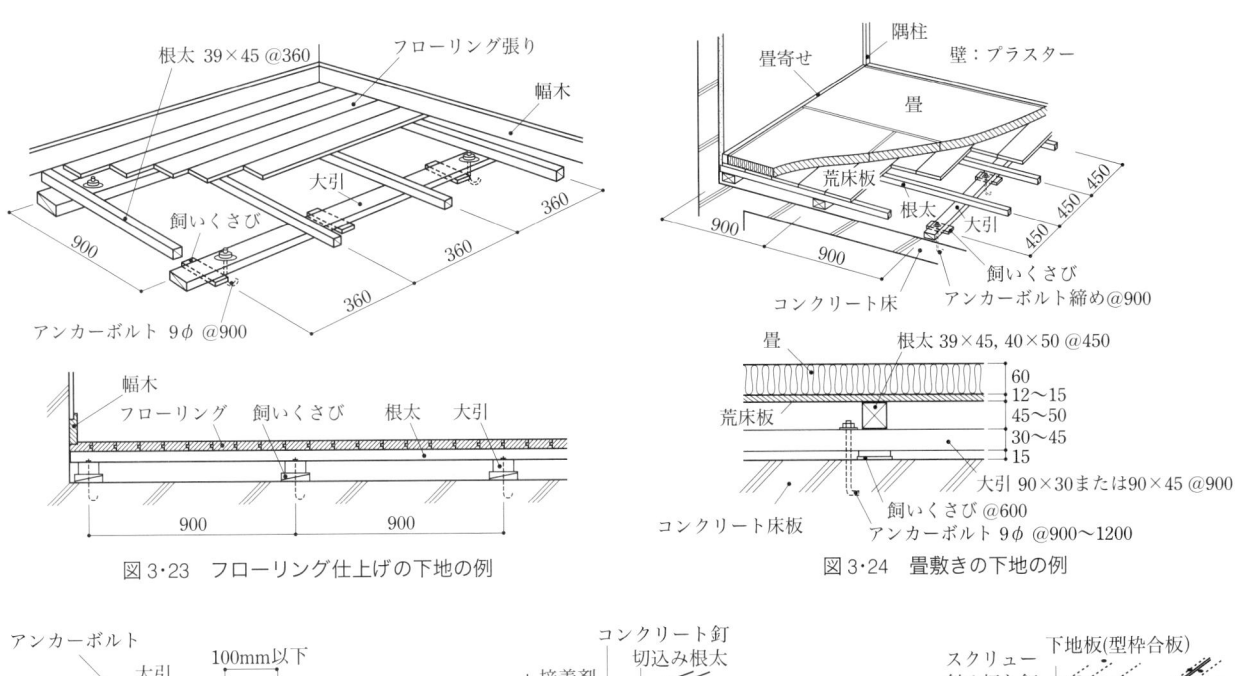

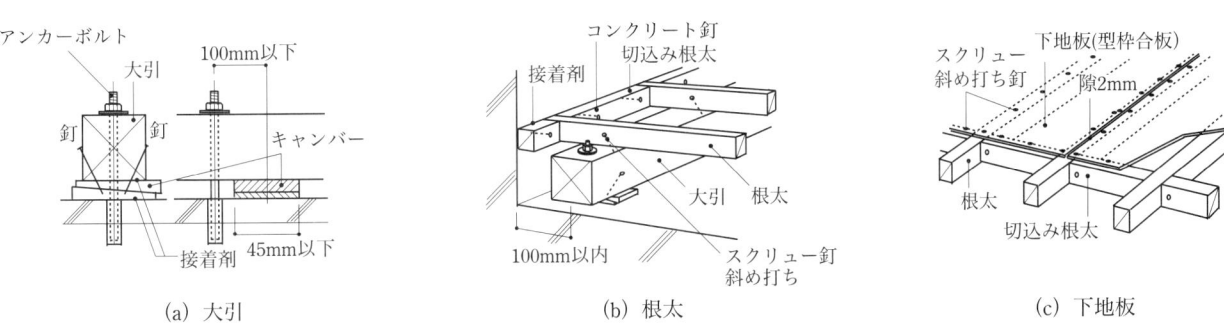

図3・24 畳敷きの下地の例

(a) 大引
(b) 根太
(c) 下地板

図3・25 床下地の詳細例 (出典:青山良穂・武田雄二『建築学テキスト 建築施工』)

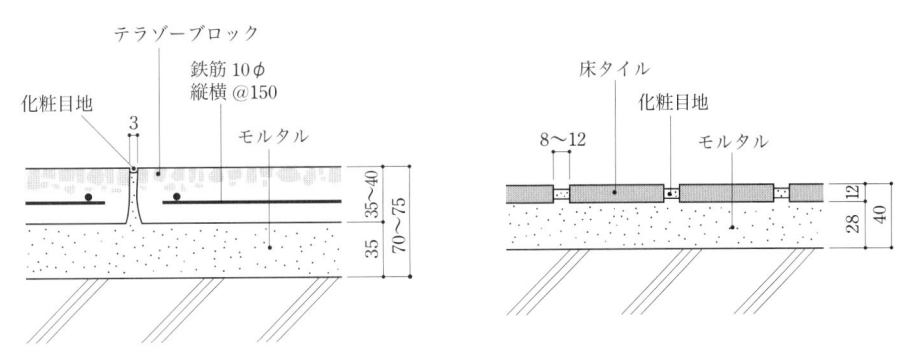

図3・26 石およびタイル仕上げの下地の例

第3章 仕上げの構法　89

2 内壁の仕上げ

1. 木構造建築物

木構造の建築物の内壁では，伝統的には図3・27に示すような土壁が用いられてきた．しかし，土壁のような湿式構法では乾燥を待つなど工期が長くなるため，工期が短くてよい乾式構法が主流となりつつある．

このような流れの中で，木構造の建築物の内壁の仕上げとしては，図3・28に示すようなクロス張りが多く用いられている．

なお，図3・29に示すように壁の形式には真壁と大壁がある．真壁では柱が見えるが，大壁では柱が見えない．近代の木構造の建築物では，日本建築であっても洋間を備えるため洋室側の内壁は大壁となり，和室の側は真壁となる折衷式の内壁も現れる．

図3・30には，土壁の工事の手順を示した．なお，図3・31には土壁の下地となる小舞竹とラスボードの例を示した．図3・32には，木構造の建築物の内壁の各種の仕上げ下地の例を示した．

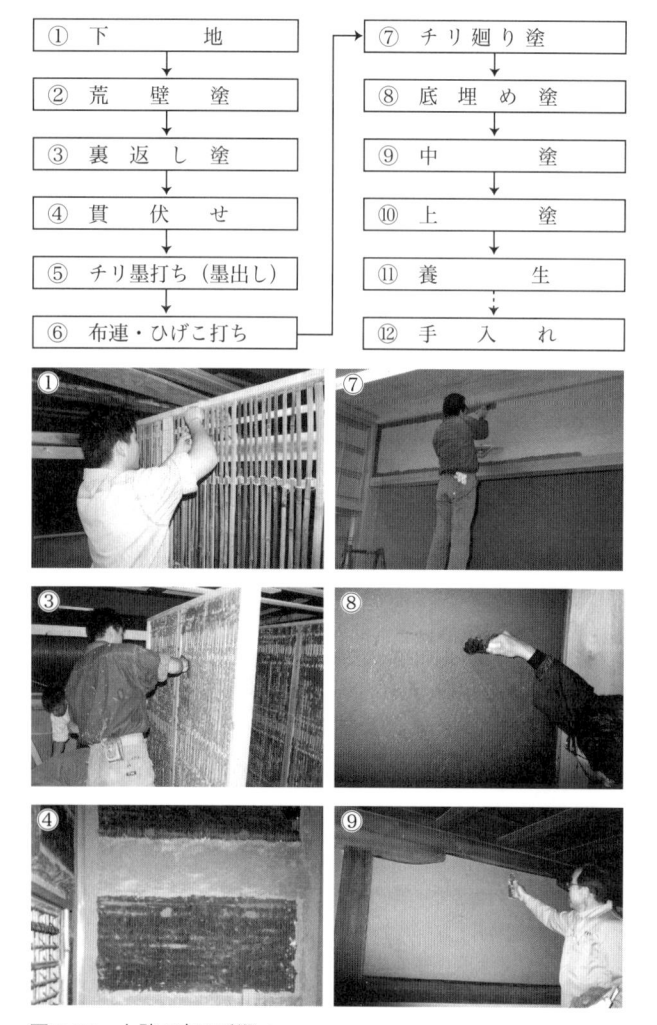

図3・27 土壁の例

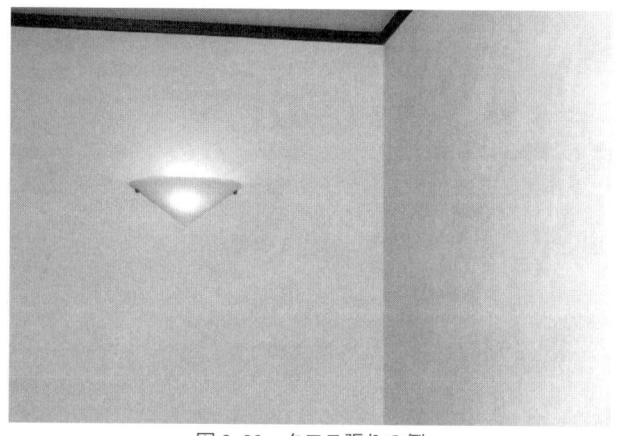

図3・28 クロス張りの例

(a) 真壁の例

(b) 大壁の例

図3・29 大壁と真壁

図3・30 土壁工事の手順 (図出典：佐藤嘉一郎・佐藤ひろゆき『土壁・左官の仕事と技術』，写真提供：佐藤左官工業所)

(a) 小舞竹

(b) ラスボード（提供：チヨダウーテ㈱）

図3・31　土壁の下地の例

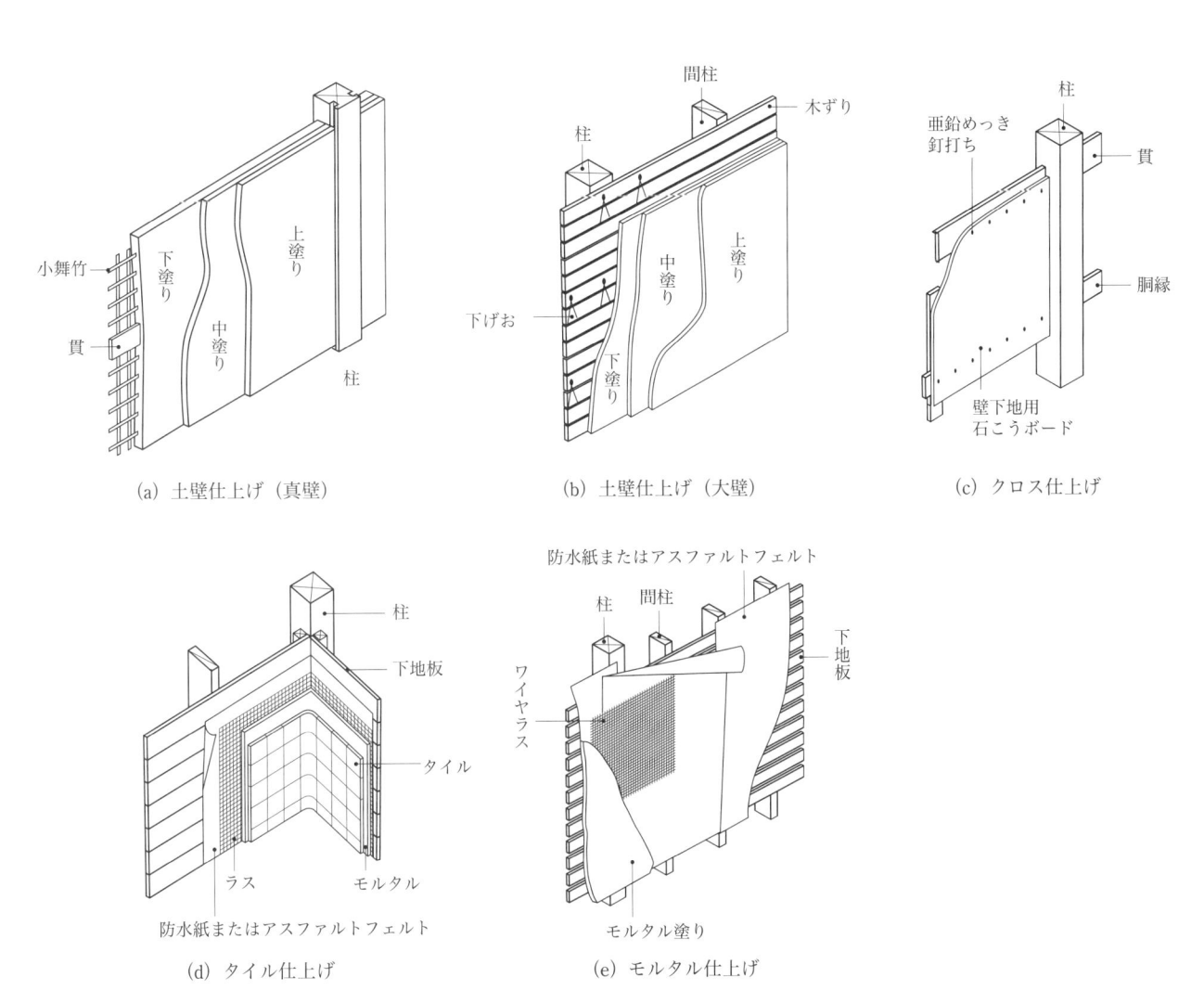

(a) 土壁仕上げ（真壁）

(b) 土壁仕上げ（大壁）

(c) クロス仕上げ

(d) タイル仕上げ

(e) モルタル仕上げ

図3・32　各種壁仕上げの下地の例

第3章　仕上げの構法

2. 鋼構造建築物

鋼構造の建築物の内壁の仕上げには，図3・33に示すような石張り，図3・34に示すような塗り仕上げ，図3・35に示すような練付け板,図3・36に示すようなパーティション（間仕切り）となる工場生産された金属製のパネルなどが用いられる．

このうち，表3・2には塗り仕上げの種類を示した．

鋼構造の建築物では，図3・37に示すように躯体となる鋼材に木製の胴縁を取り付け，それに合板や石こうボードを留め付けて下地とする．

図3・38には，石こうボードを下地とする場合の石こうボードの継目の段差を無くすための目地の処理について示した．図3・39には，近年の建築物において間仕切壁の下地としてよく用いられる軽量鉄骨下地の例を示した．

なお，鋼構造の間仕切壁の下地には，ALC板もよく用いられる．図3・40にはALC板下地の例を示した．

図3・33 石張りの例

図3・34 塗り仕上げの例

図3・35 練付け板仕上げの例

図3・36 金属製パネルパーティションの例

表3・2 内壁の塗り仕上げの例

種類	呼び名	仕上げの形状	工法
薄付け仕上げ塗材	外装薄塗材C 内装薄塗材C	砂壁状	吹付け
	外装薄塗材E	砂壁状	吹付け ローラー
		着色骨材砂壁状	吹付け
	内装薄塗材E	砂壁状じゅらく	吹付け ローラー
	外装薄塗材Si 内装薄塗材Si	砂壁状 砂壁状・ゆず肌状	吹付け ローラー
	可とう形外装薄塗材E	砂壁状	吹付け
		ゆず肌状・さざ波状	ローラー
	防水形外装薄塗材E	ゆず肌状・さざ波状	ローラー
		凹凸状	吹付け
	外装薄塗材S 内装薄塗材S	砂壁状 砂壁状・ゆず肌状	吹付け ローラー
	内装薄塗材W	京壁状じゅらく	吹付け
厚付け仕上げ塗材	外装厚塗材C 内装厚塗材C	スタッコ状 （吹放し・凸部処理）	吹付け
		スタッコ状 （ひき起し・凸部処理）	こて塗り
	外装厚塗材E 内装厚塗材E	スタッコ状 （吹放し・凸部処理）	吹付け
	外装厚塗材Si 内装厚塗材Si	スタッコ状 （吹放し・凸部処理）	吹付け
複層仕上げ塗材	複層塗材C	ゆず肌状	ローラー
		クレーター状 多彩色仕上げ	吹付け
	複層塗材CE 複層塗材Si 複層塗材E 複層塗材RE 複層塗材RS	凸部処理・凹凸模様	吹付け
	可とう形複層塗材CE	ゆず肌状	ローラー
		凸部処理・凹凸模様	吹付け
	可とう形複層塗材Si	ゆず肌状	ローラー
		凸部処理・凹凸模様	吹付け
	防水形複層塗材CE 防水形複層塗材E 防水形複層塗材RS	ゆず肌状	ローラー
		凸部処理・凹凸模様	吹付け
軽量骨材仕上げ塗材	吹付け用軽量塗材	砂壁状	吹付け
	こて塗り用軽量塗材	平坦状	こて塗り

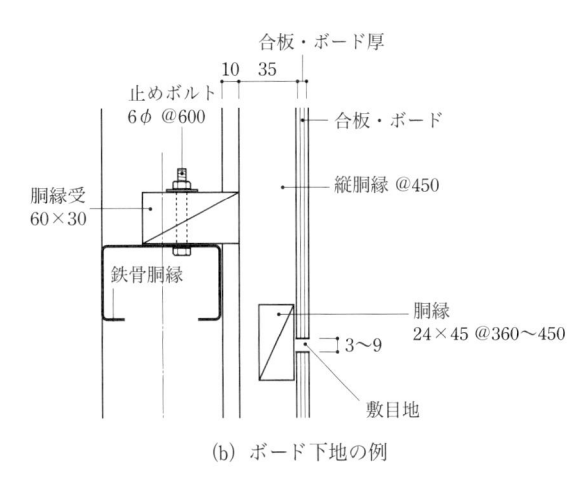

(a) ボード下地の工事例　　　　　(b) ボード下地の例

図 3・37　鋼製胴縁下地の例

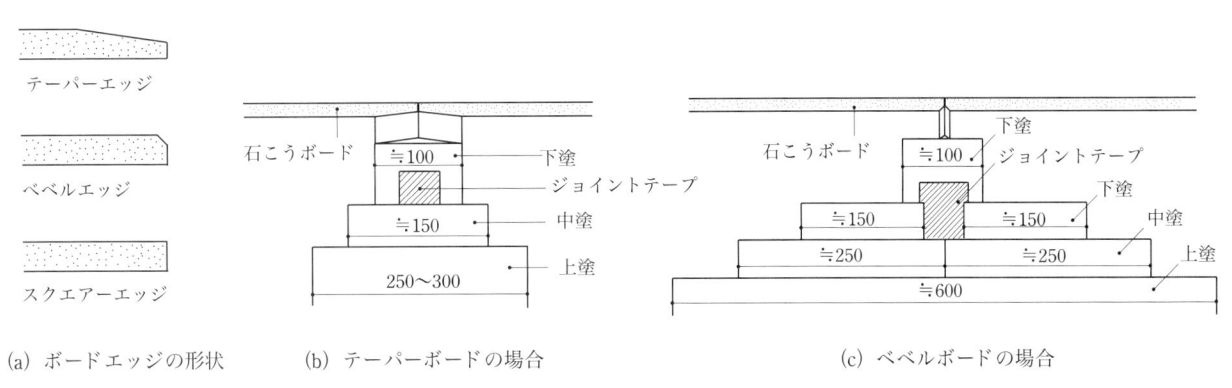

(a) ボードエッジの形状　　(b) テーパーボードの場合　　(c) ベベルボードの場合

図 3・38　石こうボードの目地処理の例　(出典：青山良穂・武田雄二『建築学テキスト 建築施工』)

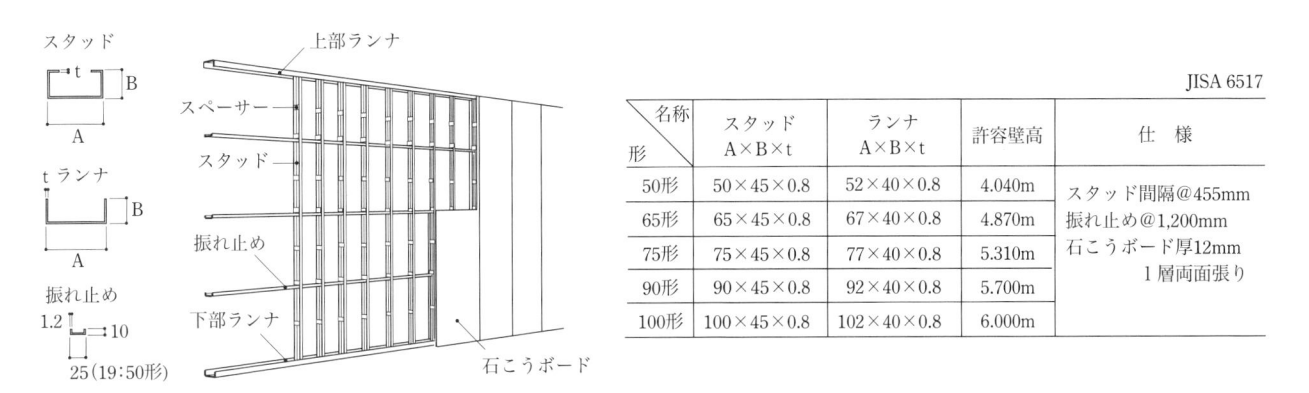

名称 形	スタッド A×B×t	ランナ A×B×t	許容壁高	仕　様
50形	50×45×0.8	52×40×0.8	4.040m	スタッド間隔@455mm 振れ止め@1,200mm 石こうボード厚12mm 1層両面張り
65形	65×45×0.8	67×40×0.8	4.870m	
75形	75×45×0.8	77×40×0.8	5.310m	
90形	90×45×0.8	92×40×0.8	5.700m	
100形	100×45×0.8	102×40×0.8	6.000m	

JISA 6517

図 3・39　軽量鉄骨下地の例　(出典：青山良穂・武田雄二『建築学テキスト 建築施工』)

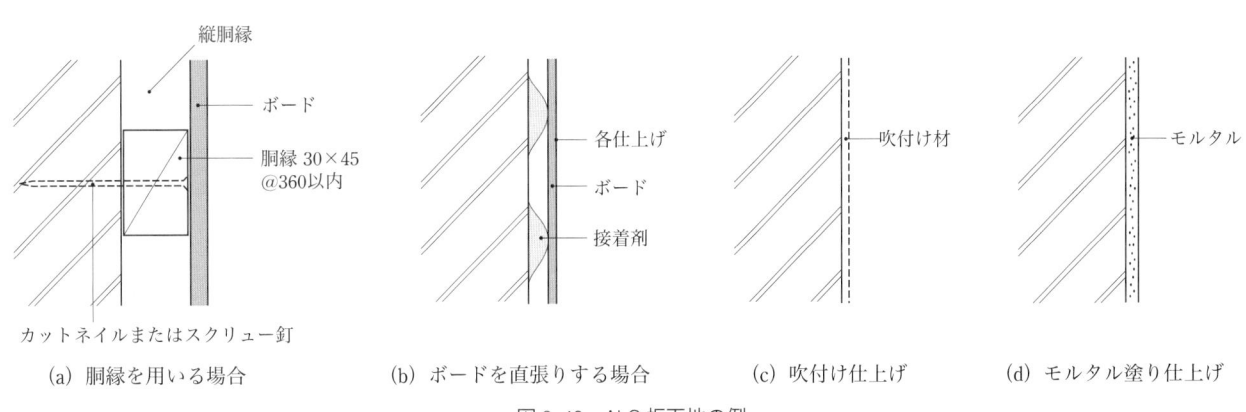

(a) 胴縁を用いる場合　　(b) ボードを直張りする場合　　(c) 吹付け仕上げ　　(d) モルタル塗り仕上げ

図 3・40　ALC板下地の例

第 3 章　仕上げの構法　93

3. RC造建築物

RC造建築物の内壁の仕上げには，図3・41に示したタイル張り，図3・42に示した石張り，図3・43に示したクロス張り，図3・44に示した塗り仕上げなどがある．

このうち，タイル張りの工法には多くの種類があり，それぞれに特徴がある．表3・3にこれらの工法の一覧を示した．また，図3・45に各工法の概要を示した．

合板や石こうボードを下地とする仕上げで木製の胴縁を設ける場合は，あらかじめ木レンガなどを埋め込んでおき，それに釘や木ネジを使って留める．図3・46には，下地となるボードの施工の手順を示した．

また，従来はRC造建築物の内壁の下地には，図3・47(a)に示すように木製の胴縁を設けることが多かったが，近年では図3・47(b)に示すようにGL工法と呼ばれ，接着剤となるGLボンドをコンクリートの躯体に直接塗り付けて，接着剤が乾かないうちに，ボード類の鉛直などを確認して張る工法が多く用いられる．

石張りの構法には，大きく分けて湿式と乾式がある．石張りは外壁にも用いられるので，本書では石張り構法についてはRC造建築物の外壁の項で説明する．

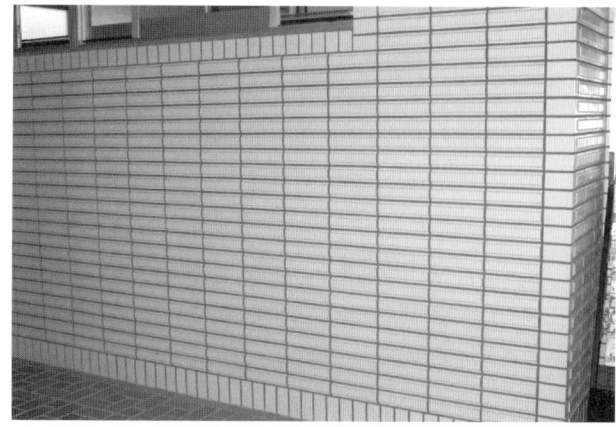

図3・41　タイル張りの例

図3・42　石張りの例

図3・43　クロス張りの例

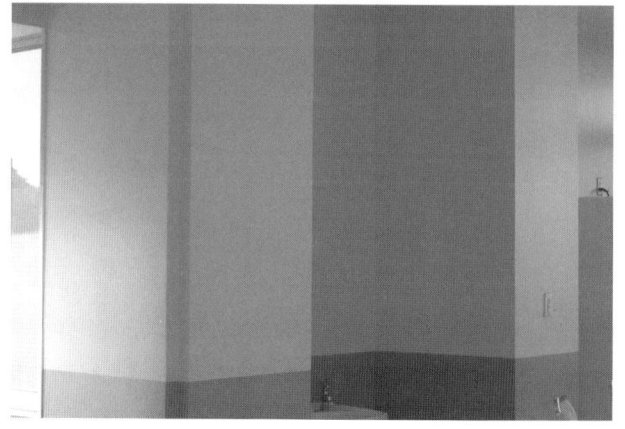

図3・44　塗り仕上げの例

表3・3　タイル張り工法の種類

種類		工法とタイルの組み合わせ	使用箇所
密着張り		小口以上の磁器質および炻器質	外壁・内壁
改良積上げ張り		小口以上	外壁・内壁
ユニットタイル	マスク張り	50角・50二丁・ニュー小口に台紙を張ったもの	外壁・内壁
	モザイクタイル張り	25角以下に台紙を張ったもの	外壁・内壁
改良圧着張り		小口・二丁掛け程度	外壁・内壁
圧着張り		小口以上・二丁掛け程度	外壁・内壁
接着剤張り		100角，150角などのタイルまたはユニットタイルとしたもの	内壁

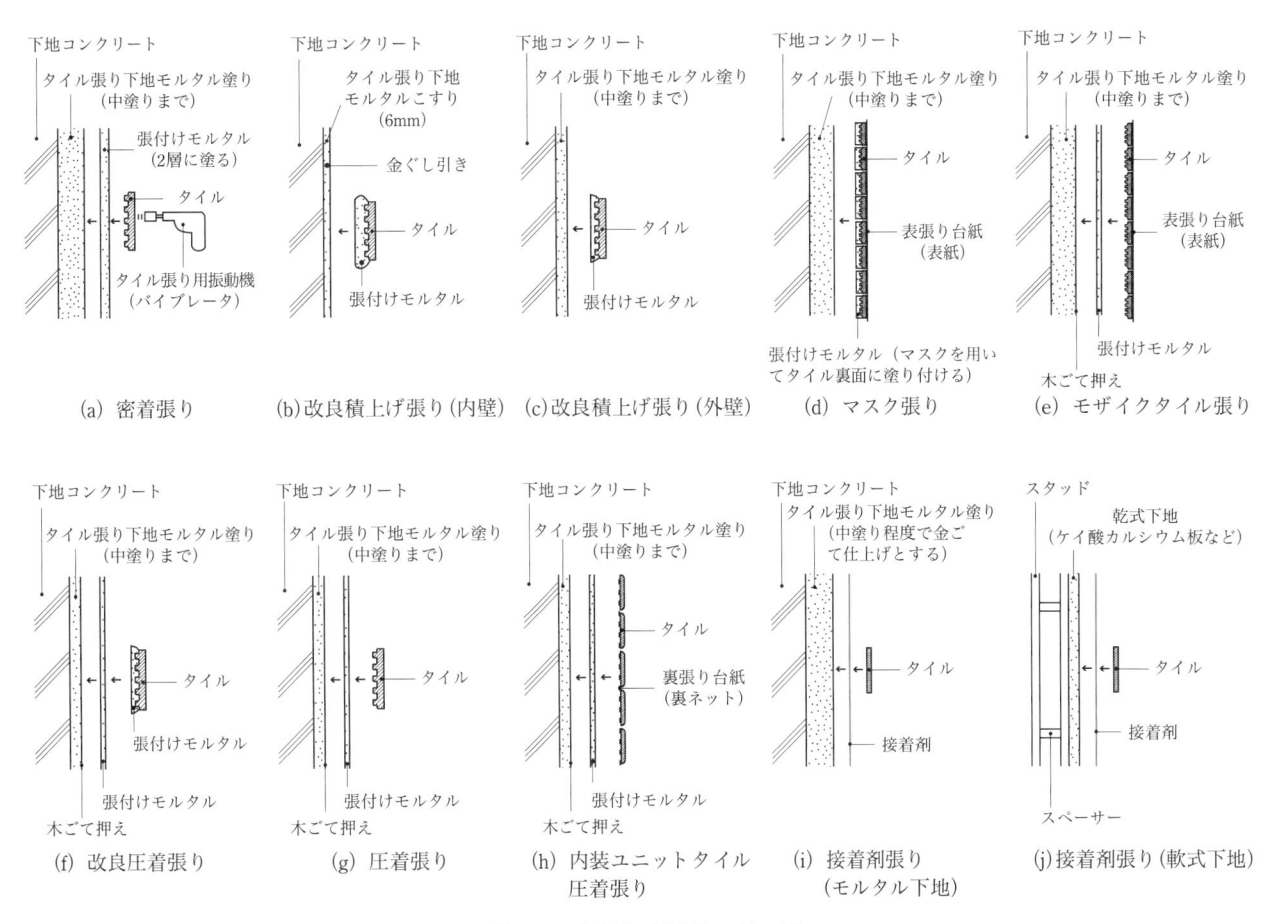

(a) 密着張り　(b) 改良積上げ張り(内壁)　(c) 改良積上げ張り(外壁)　(d) マスク張り　(e) モザイクタイル張り

(f) 改良圧着張り　(g) 圧着張り　(h) 内装ユニットタイル圧着張り　(i) 接着剤張り(モルタル下地)　(j) 接着剤張り(軟式下地)

図 3・45　各種タイル張り工法の例

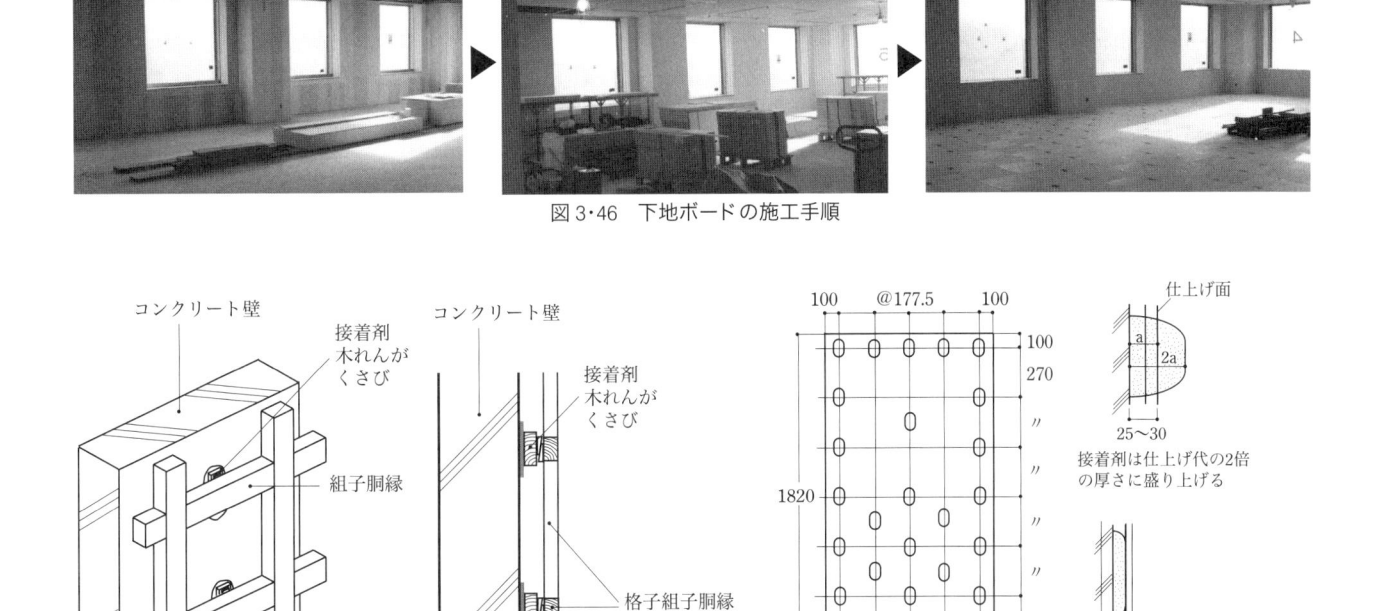

図 3・46　下地ボードの施工手順

(a) 木製胴縁を使用する場合　(b) 直張りの場合

(出典：青山良穂・武田雄二『建築学テキスト 建築施工』)

図 3・47　内壁下地の例

第 3 章　仕上げの構法

3 天井の仕上げ

1. 木構造建築物

木構造の建築物における伝統的な天井の仕上げには，図3・48に示すような竿縁天井が用いられてきた．その中でも，格式のある部屋の仕上げとしては図3・49に示すような格天井が用いられてきた．

近年は，図3・50に示すような岩綿吸音板や，図3・51に示すようなクロスが天井の仕上げに多く用いられている．

これらのうち，竿縁天井は薄い天井板を竿縁と呼ばれる細い木材で留める形式をもち，図3・52に示すように竿縁の断面の形状には多くの種類がある．

図3・53には，伝統的な天井の下地の構法の例を示した．
図3・54には，天井板の張り方の例を示した．

図3・48 竿縁天井の例

図3・49 格天井の例

図3・50 ボード天井の例

図3・51 クロス張り天井

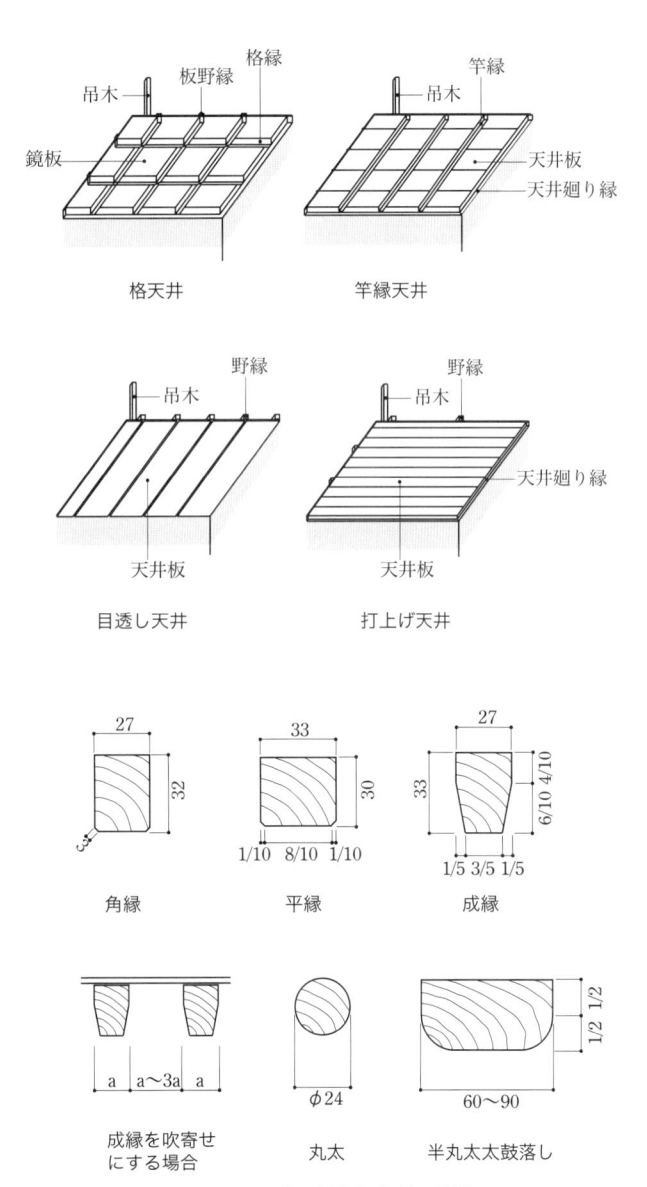

図3・52 天井の種類と竿縁の形状

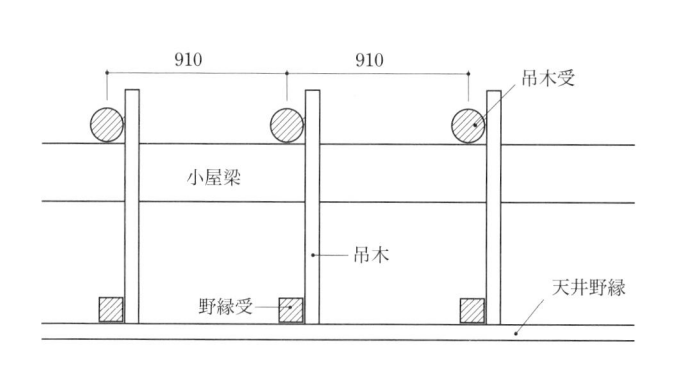

(a) 吊木受を用いる場合

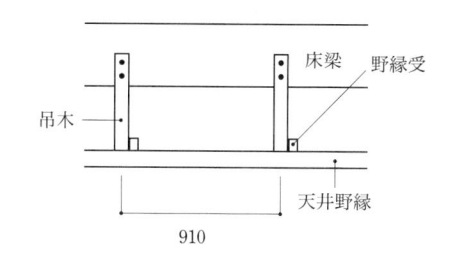

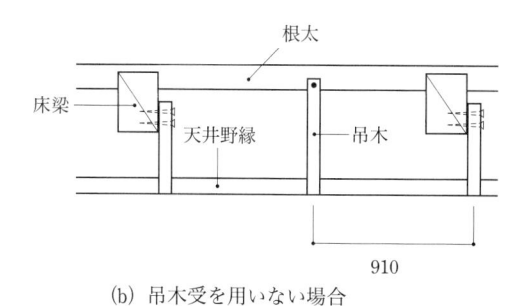

(b) 吊木受を用いない場合

図 3・53　伝統的な天井下地の例

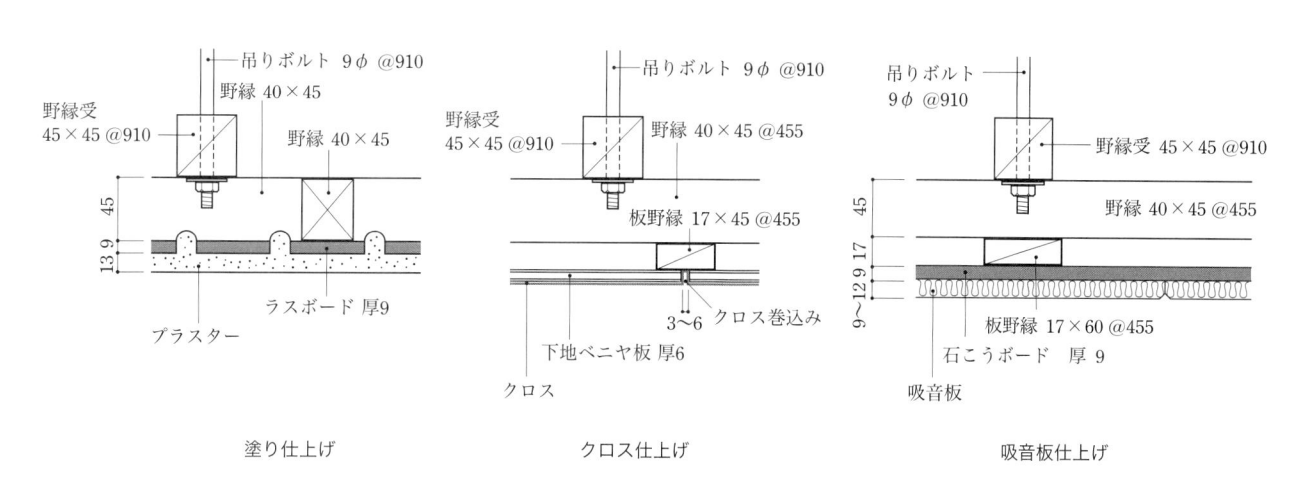

塗り仕上げ　　　　　クロス仕上げ　　　　　吸音板仕上げ

(a) ボード下地の例

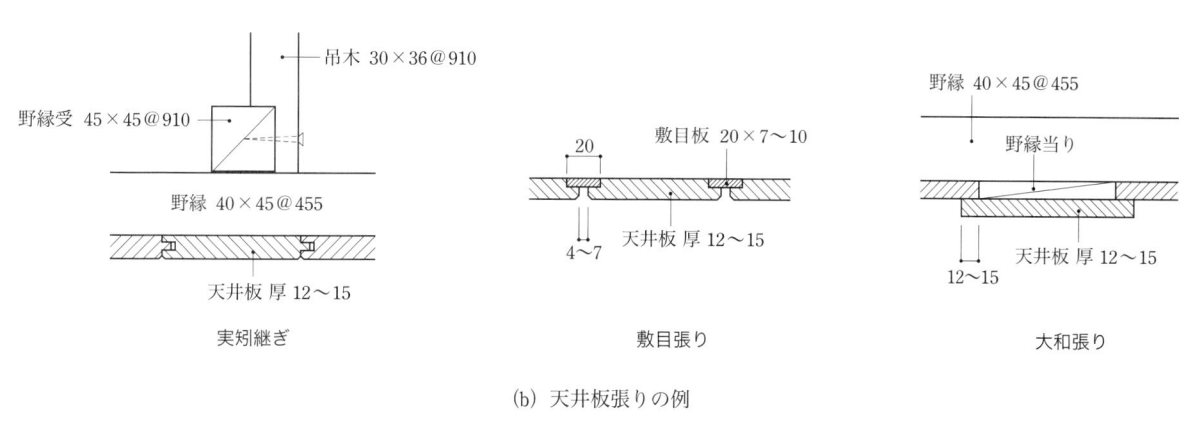

実矧継ぎ　　　　　敷目張り　　　　　大和張り

(b) 天井板張りの例

図 3・54　天井下地の例

第 3 章　仕上げの構法

2. 鋼構造建築物

鋼構造の建築物においても，天井の仕上げ材料は木構造の建築物の場合と大きな違いはない．

天井の仕上げ材料として，図3・55には岩綿吸音板，図3・56にはクロス，図3・57には金属製パネルを用いた例を示した．また，図3・58には吹付け仕上げの例を示した．

なお，建築内装材は火災時に熱にさらされて燃えやすいため，高い耐火性能が求められる．中でも天井はとくに強い火熱を受ける．建築基準法に定められた，建築物の内装材に求められる規準（内装制限）を表3・4に示す．

鋼構造の建築物では床にデッキプレートが多く用いられ，その場合に天井の下地はデッキプレートに取り付けられた吊ボルトで吊られる．その構法を図3・59に示した．

また，近年は軽量鉄骨を用いた下地に仕上げ材料を取り付ける天井（軽天と略される）が多く用いられる．その工事例を図3・60に，下地の構法を図3・61に示した．

なお鋼構造の建築物では，床や屋根のスラブにALC板が用いられることもある．

図3・55 岩綿吸音板張りの例

図3・56 クロス張りの例 （出典：㈱サンゲツ「SELECT 1000 '97-'99」）

図3・57 金属製パネル張りの例

図3・58 吹付け仕上げの例

表3・4 内装制限

建築物の用途など	対象建築物			内装制限	
	耐火建築物	準耐火建築物	その他の建築物	居室など	避難経路（廊下・階段）
(1) 劇場・映画館・演芸場・観覧場・公会堂・集会場など	客室の床面積の合計が400㎡以上	客室の床面積の合計が100㎡以上		①壁（床から1.2m以下の部分を除く）・天井を難燃材料 ②3階以上の部分の天井は準不燃材料 ③またはこれに準ずるもの	壁・天井を準不燃材料またはこれに準ずるもの
(2) 病院・診療所（患者の収容施設があるものに限る）・ホテル・旅館・下宿・共同住宅・寄宿舎など	3階以上の床面積の合計が300㎡以上	2階の床面積の合計が300㎡以上（病院・診療所は2階以上に患者の収容施設があるものに限る）	床面積の合計が200㎡以上		
(3) 百貨店・マーケット・展示場・キャバレー・カフェー・ナイトクラブ・バー・ダンスホール	3階以上の床面積の合計が1000㎡以上	2階の床面積の合計が500㎡以上	床面積の合計が200㎡以上		
(4) 自動車車庫・自動車修理工場	すべて			壁・天井を準不燃材料またはこれに準ずるもの	
(5) 地階・地下工作物内に設ける居室で(1)・(2)・(3)の用途のもの	すべて				
(6) すべての建築物（学校などまたは(2)の用途で31m以下の部分は除く）	階数3以上で延べ面積500㎡を超える			壁（床から1.2m以下の部分を除く）・天井を準不燃材料またはこれに準ずるもの	
	階数2以上で延べ面積1000㎡を超える				
	階数1で延べ面積3000㎡を超える				
(7) 床面積50㎡を超える排煙無窓の居室（天井の高さが6mを超えるものは除く）	すべて			壁・天井を準不燃材料またはこれに準ずるもの	
(8) 用途上やむをえない居室（天井の高さが6mを超えるものは除く）					
(9) 調理室・浴室などの火気を使用する室（主要構造部を耐火構造としたものを除く）	①階数2以上の住宅（兼用住宅も含む）で最上階以外の階にある火気使用室 ②住宅以外のすべての火気使用室				

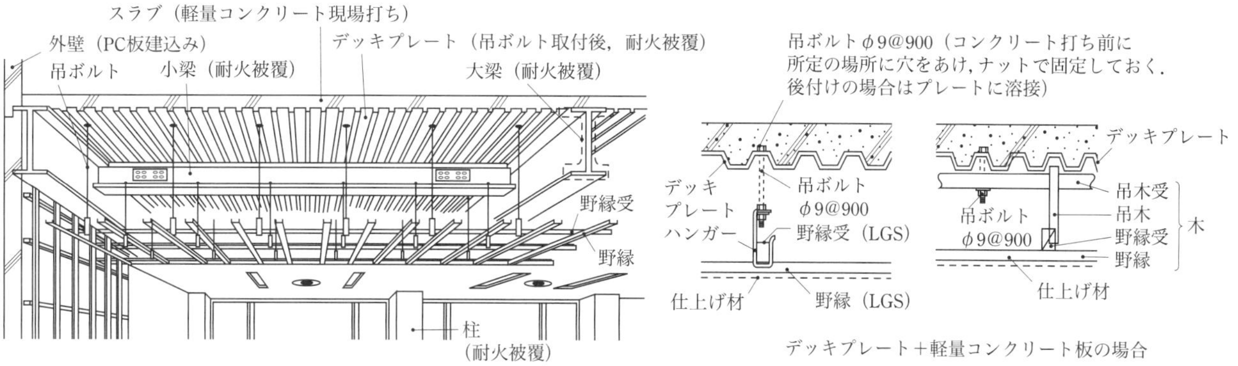

図3・59 鋼構造建築物の天井下地の例 (出典:高木恒雄『図説 建築の内装工事 改訂版』)

図3・60 鋼構造天井の工事例

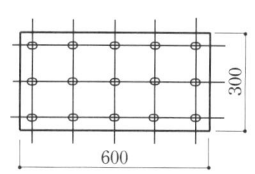

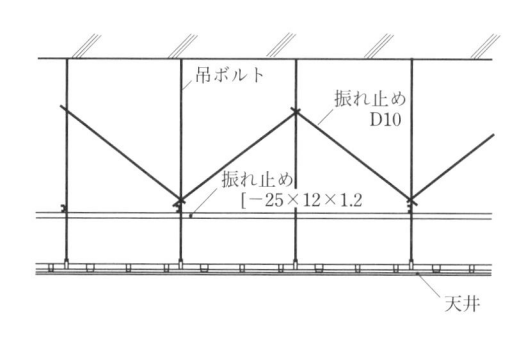

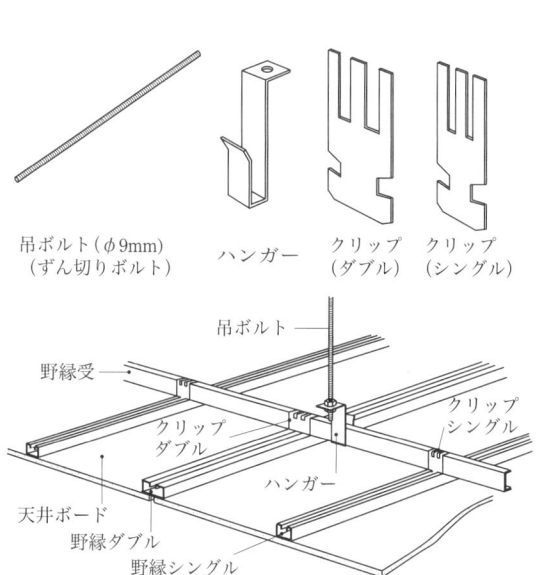

岩綿吸音板の裏に長さ方向3列短辺方向5列程度接着剤を塗布し, 捨て張り石こうボードにタッカーによりステーブルで打ち付ける

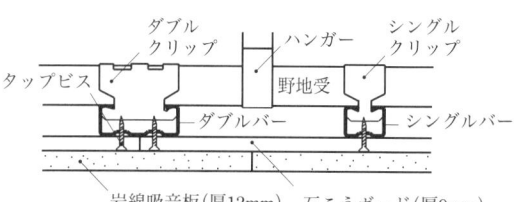

岩綿吸音板接着剤塗布概略位置

岩綿吸音板捨張り工法

野縁・野縁受の形状と寸法			JISA 6571	
部材		種類	19 形	25 形
シングル野縁		記号	CS-19	CS-25
	寸法	A×B×t	25×19×0.5	25×25×0.5
		L(長さ)	4000, 5000	
	許容差	A, B, t	A(±1.5), B(±0.5), t(-0.03)	
		L	+40〜0	
ダブル野縁		記号	CW-19	CW-25
	寸法	A×B×t	50×19×0.5	50×25×0.5
		L(長さ)	4000, 5000	
	許容差	A, B, t	A(±1.5), B(±0.5), t(-0.03)	
		L	+40〜0	
野縁受		記号	CC-19	CC-25
	寸法	A×B×t	25×12×1.2	38×12×1.6
		L(長さ)	4000, 5000	
	許容差	A, B, t	A(±1.5), B(±0.5), t(-0.03)	
		L	+40〜0	

図3・61 軽量鉄骨下地の例 (出典:青山良穂・武田雄二『建築学テキスト 建築施工』)

第3章 仕上げの構法 99

3. RC造建築物

RC造の建築物においても天井の仕上げ材料は，木構造の建築物や鋼構造の建築物の場合と大きく変わらない．

RC造建築物の天井の仕上げの例として，図3・62には岩綿吸音板張りの例を，図3・63にはクロス張りの例を，図3・64には直天井の例を，図3・65には金属製パネル張りの例を示した．

RC造の建築物では，躯体となる鉄筋コンクリート造の床スラブに天井の下地となる野縁を取り付けたり，吊り下げたりする必要がある．そのため，床スラブの下面にあらかじめ木レンガやアンカーボルトを埋め込んでおく．また，図3・66に示すような床スラブのコンクリートが硬化した後に取り付けられる後施工アンカーボルトが用いられる．

図3・67には，RC造建築物における天井下地の例を示した．

図3・68には，吊ボルトを用いる天井下地の例を示した．なお，RC造の建築物でも天井には鋼構造の建築物と同様に軽天が用いられ，その下地の構法は鋼構造の建築物の場合と同じである．

図3・69には，床スラブの下面に直接，モルタルやプラスターを塗り付ける直天井の構法の例を示した．

また，床スラブの下面を打放しのままにしたり，塗装を行ったり，ボード類を張り付ける場合もある．

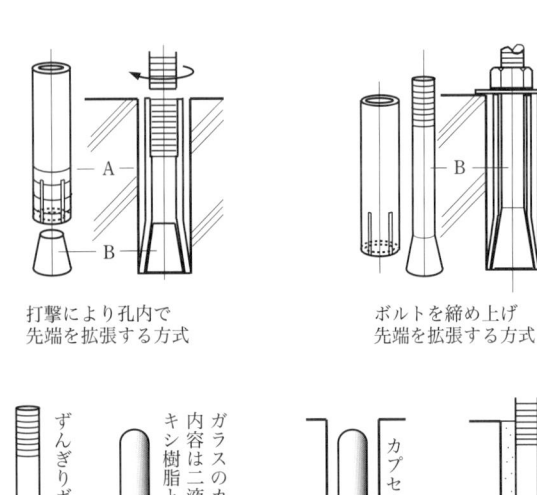

図3・62 岩綿吸音板張りの例

図3・63 クロス張りの例

図3・64 直天井の例

図3・66 後施工アンカーボルトの例

図3・65 金属製パネル張りの例

(a) 全体図　　　　　　　　　　　　　　　　　　　　　(b) 部分図

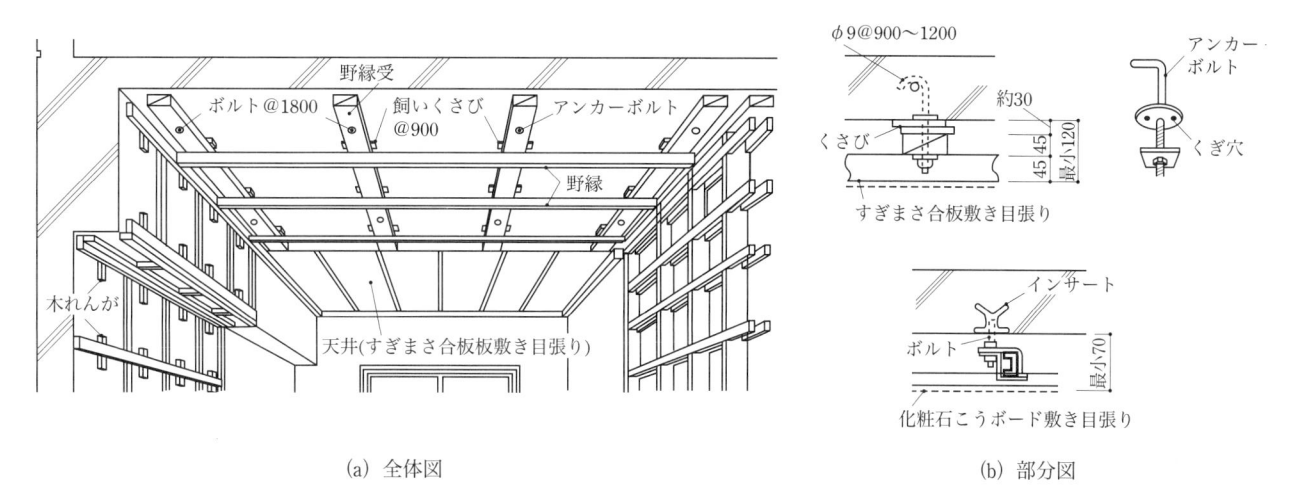

図 3・67　RC 造建築物の天井下地の例 （出典：高木恒雄『図説 建築の内装工事 改訂版』）

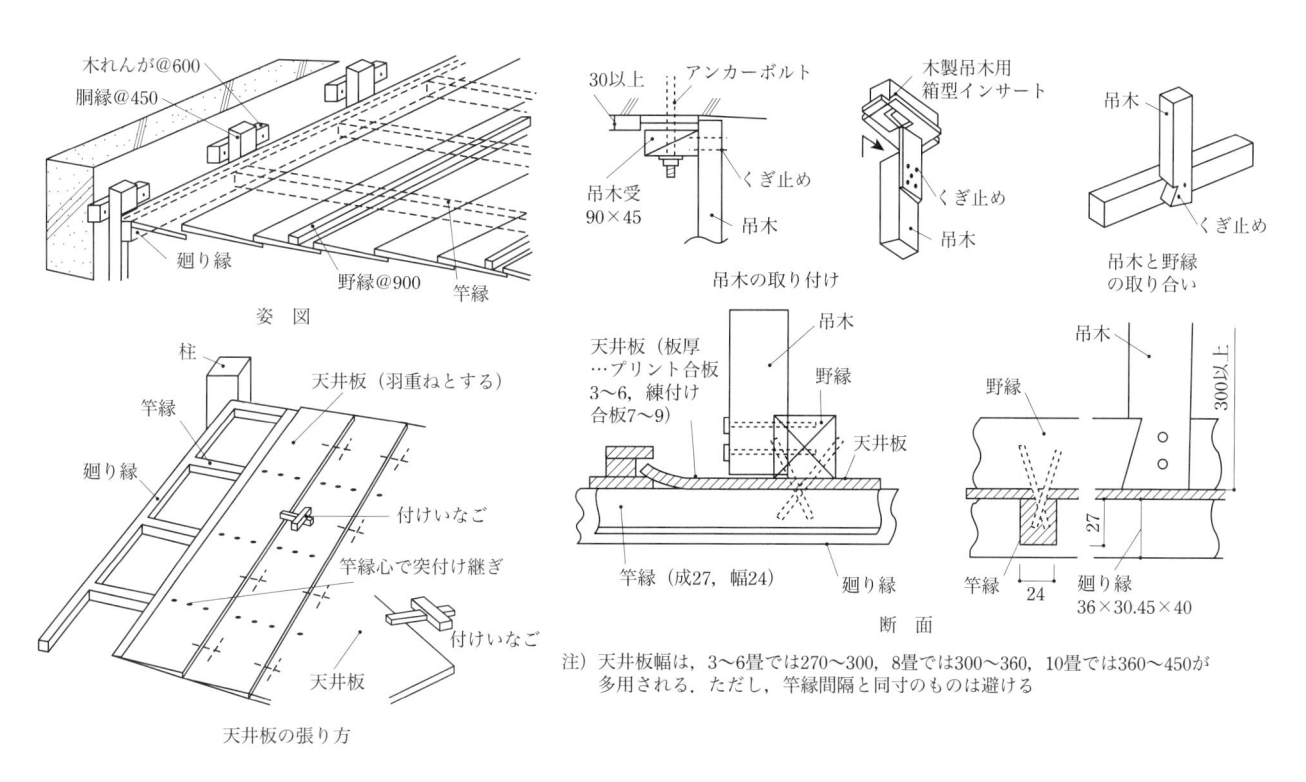

注）天井板幅は，3～6畳では270～300，8畳では300～360，10畳では360～450が多用される．ただし，竿縁間隔と同寸のものは避ける

図 3・68　吊ボルトを用いる天井下地の例 （竿縁天井の構成） （出典：高木恒雄『図説 建築の内装工事 改訂版』）

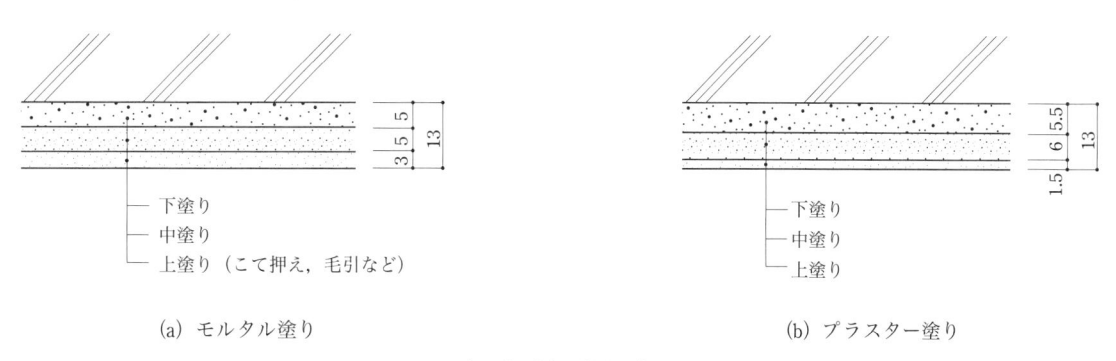

(a) モルタル塗り　　　　　　　　　　　　　　　　　　(b) プラスター塗り

図 3・69　直天井（塗り仕上げ）下地の例

4　外壁の仕上げ

1. 木構造建築物

　木構造の建築物の外壁の仕上げには伝統的なものとして，図3・70に示す土壁や図3・71に示すような板壁が用いられてきた．

　時代が下っては，表面に耐火性をもたせるために図3・72に示すようなモルタル塗りによる仕上げが用いられるようになった．また，近年は工期を短くするために乾式構法となる図3・73に示したサイディング張りも多く見られる．

　このうち土壁の工事については，図3・30を参照されたい．また，板壁に用いられる板を羽目板と呼び，図3・74には羽目板を横使いにする場合の例を示した．

　図3・75(a)には，土壁仕上げの下地の構法の例を示し，図3・75(b)には，板壁仕上げの下地の構法の例を示した．

　図3・76には，モルタル塗り仕上げとするときの下地の構法の例を示した．

　図3・77には，ボード類を仕上げの下地とするときの構法の例を示した．

　図3・78には，タイル張りとするときの下地の構法の例を示した．

　図3・79には，サイディング張りとするときの下地の構法の例を示した．

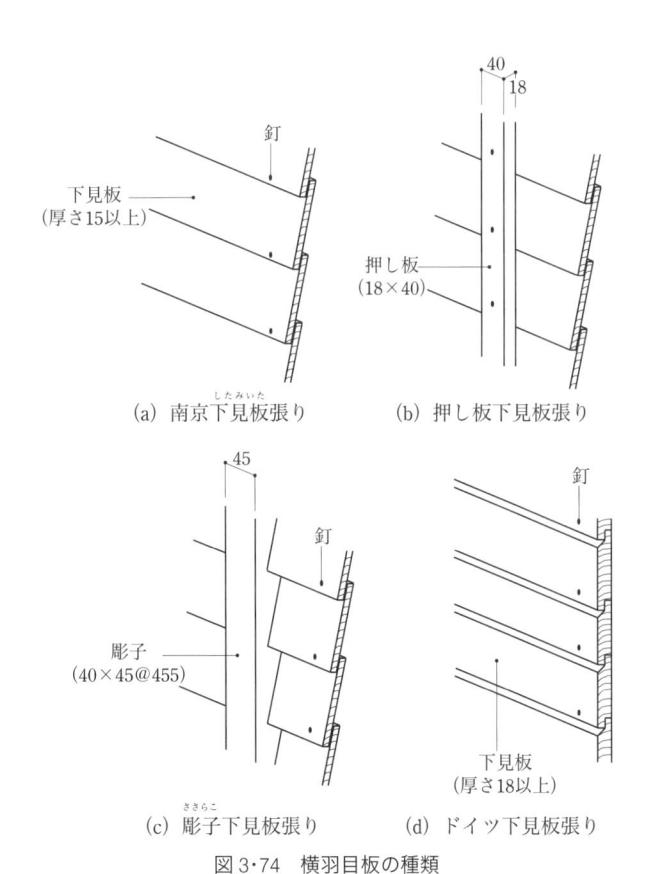

図3・70　土壁の例

図3・71　板壁の例

図3・72　モルタル塗りの例

図3・73　サイディング張りの例

(a) 南京下見板張り　　(b) 押し板下見板張り
(c) 彫子下見板張り　　(d) ドイツ下見板張り

図3・74　横羽目板の種類

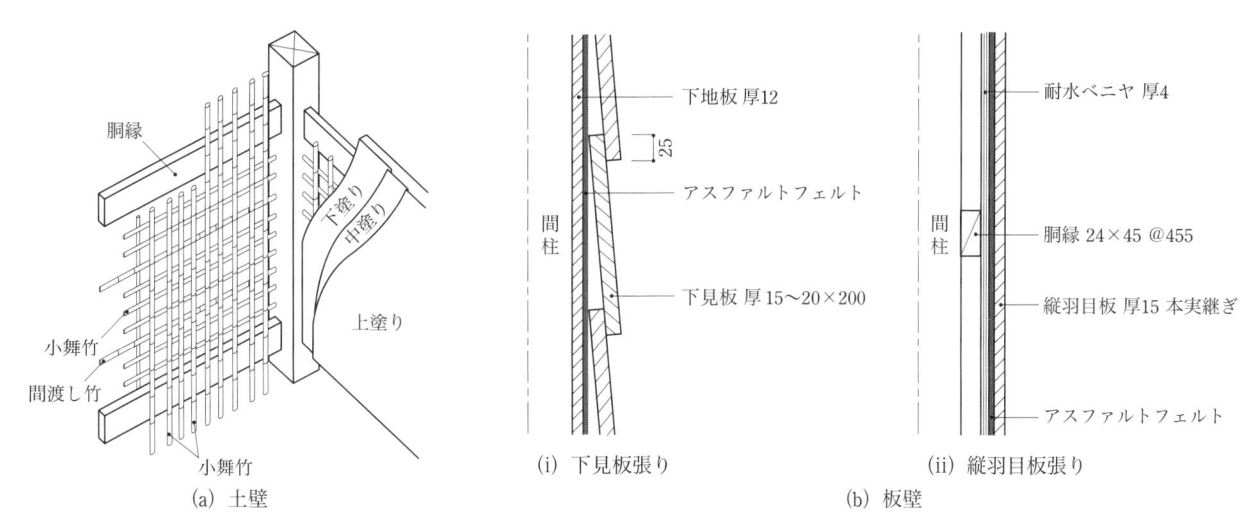

(a) 土壁

胴縁
下塗り
中塗り
上塗り
小舞竹
間渡し竹
小舞竹

(i) 下見板張り

間柱
下地板 厚12
25
アスファルトフェルト
下見板 厚15～20×200

(ii) 縦羽目板張り

間柱
耐水ベニヤ 厚4
胴縁 24×45 @455
縦羽目板 厚15 本実継ぎ
アスファルトフェルト

(b) 板壁

図3・75 伝統的な木構造建築物の外壁下地の例

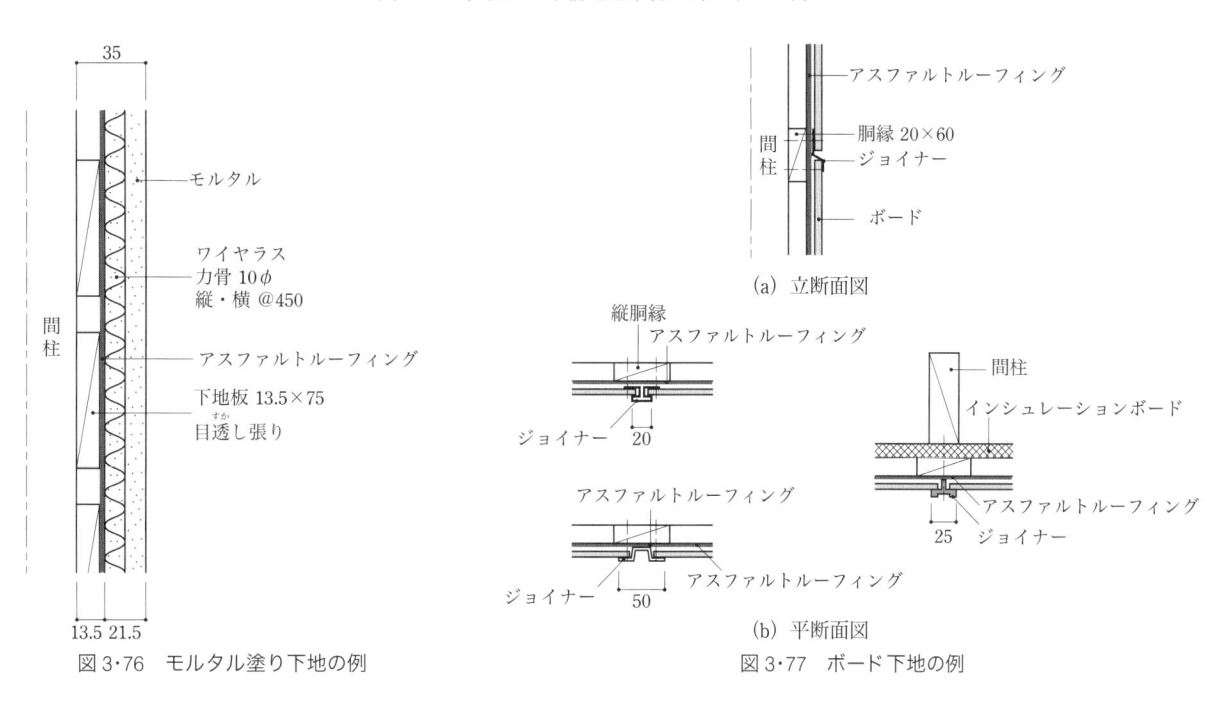

図3・76 モルタル塗り下地の例

間柱
35
モルタル
ワイヤラス
力骨 10φ
縦・横 @450
アスファルトルーフィング
下地板 13.5×75
目透し張り
13.5 21.5

(a) 立断面図

間柱
アスファルトルーフィング
胴縁 20×60
ジョイナー
ボード

(b) 平断面図

縦胴縁
アスファルトルーフィング
ジョイナー 20
間柱
インシュレーションボード
アスファルトルーフィング
25 ジョイナー
ジョイナー 50
アスファルトルーフィング

図3・77 ボード下地の例

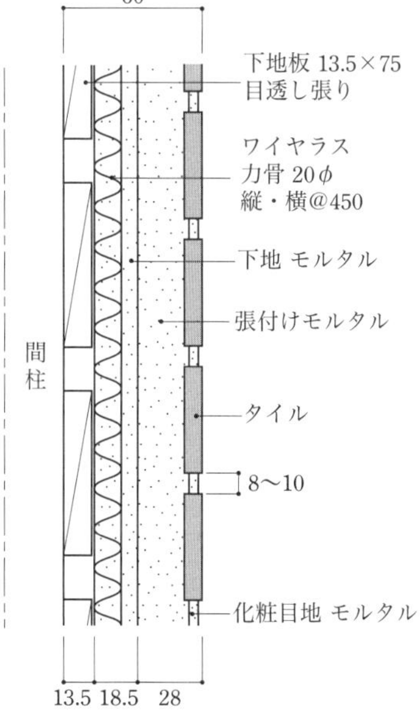

図3・78 タイル張り下地の例

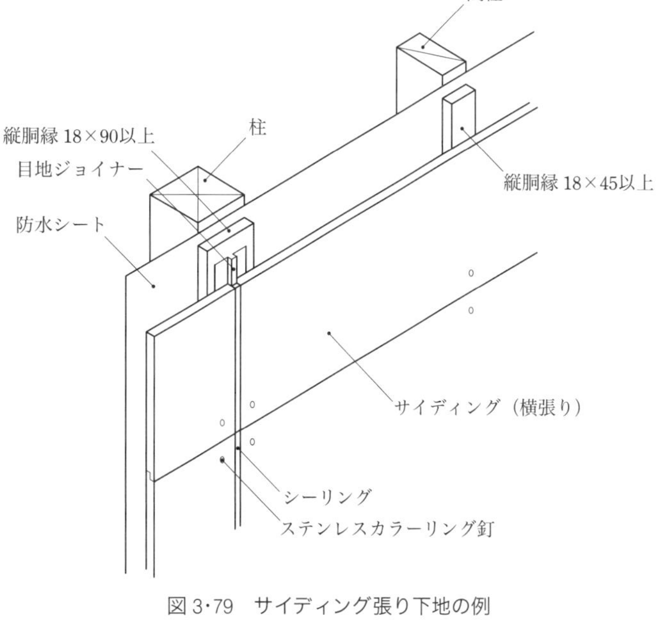

間柱
60
下地板 13.5×75
目透し張り
ワイヤラス
力骨 20φ
縦・横@450
下地 モルタル
張付けモルタル
タイル
8～10
化粧目地 モルタル
13.5 18.5 28

図3・79 サイディング張り下地の例

間柱
柱
縦胴縁 18×90以上
目地ジョイナー
縦胴縁 18×45以上
防水シート
サイディング（横張り）
シーリング
ステンレスカラーリング釘

第3章 仕上げの構法

2. 鋼構造建築物

鋼構造の建築物の外壁においても，住宅など小規模な建築物では，木構造の建築物と同じような仕上げ材料が使われる．

建築物の規模が大きくなると，施工性や外観の意匠の面から，図3・80に示すような金属製パネルや，躯体に作用する荷重を受け持たず，比較的にデザインが自由になる図3・81に示すようなカーテンウォール形式の仕上げが多く用いられる．

また，図3・82に示したように，外壁として要求される特性をもち，光を透過するガラスブロックも外壁の仕上げ材料として用いられる．

なお，図3・83に示したように，他の建築物と隣接する側には施工性の良さからALC板が用いられることが多い．

なお図3・84に，カーテンウォールの層間変形の考え方について示した．

図3・85には，軽量形鋼の胴縁を利用して，外壁の下地を作るための構法を示す．

図3・86には，カーテンウォールの取付け例を示す．

なお図3・87には，カーテンウォールを躯体に取り付けるための方立（マリオン）および取付け金物（ファスナー）の例を示した．

図3・88には，ガラスブロックの取付け例を示した．

図3・89には，ALC板の取付け例を示した．

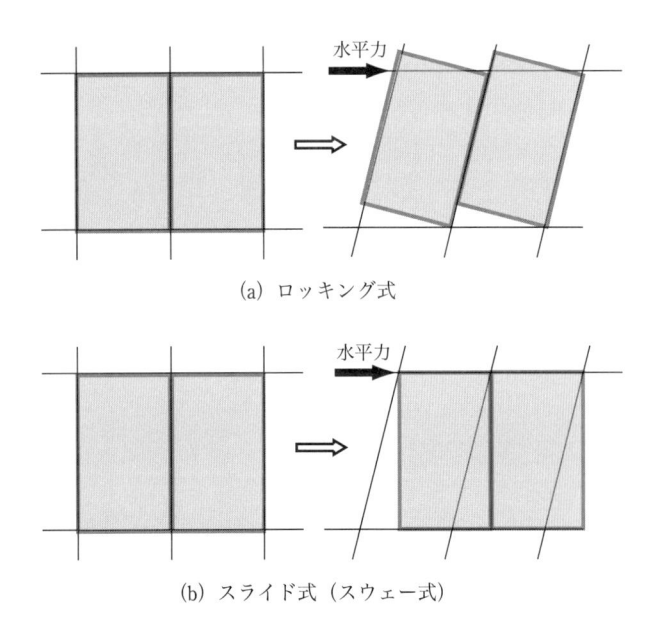

図3・80　金属製パネル仕上げの例

図3・81　カーテンウォール仕上げの例

図3・82　ガラスブロック仕上げの例

図3・83　ALC板仕上げの例

(a) ロッキング式

(b) スライド式（スウェー式）

図3・84　カーテンウォールの層間変形

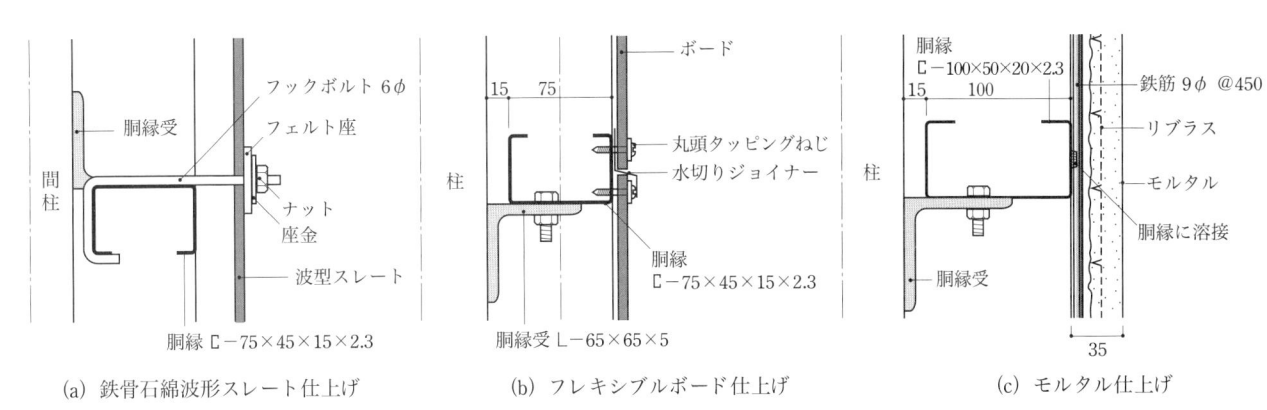

(a) 鉄骨石綿波形スレート仕上げ　　(b) フレキシブルボード仕上げ　　(c) モルタル仕上げ

図3・85　鋼構造建築物の外壁下地の例（胴縁を用いる場合）

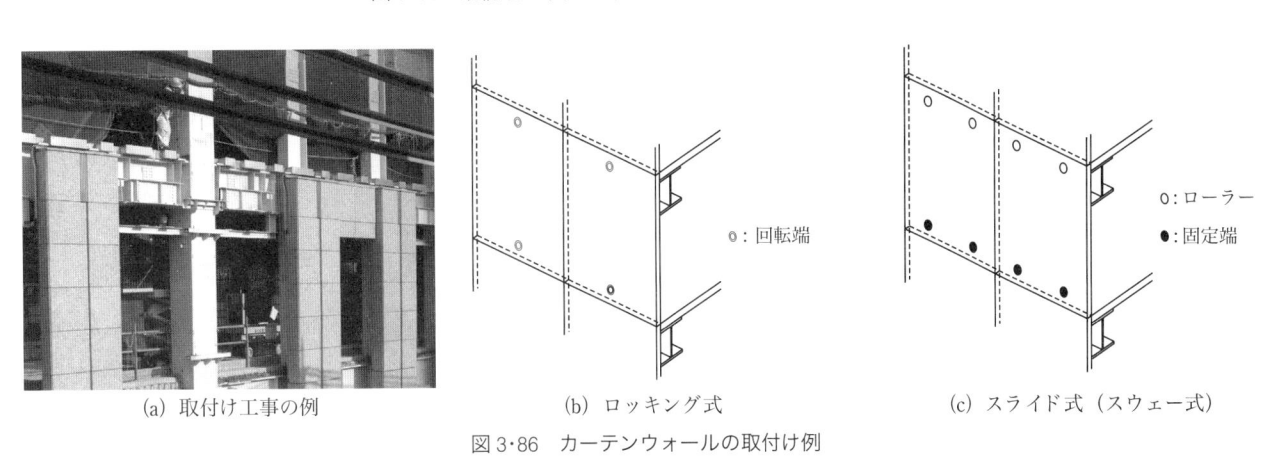

(a) 取付け工事の例　　(b) ロッキング式　　(c) スライド式（スウェー式）

図3・86　カーテンウォールの取付け例

(a) 方立の場合 　　(b) 金属製パネルの場合 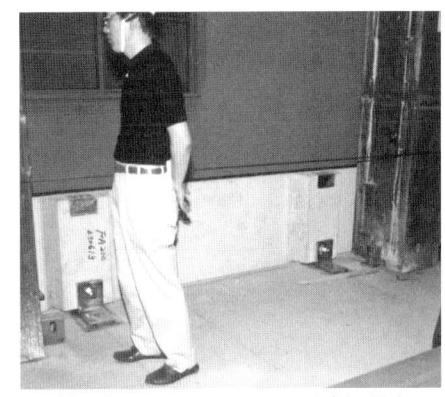　　(c) プレキャストコンクリート板の場合

図3・87　カーテンウォールファスナーの例

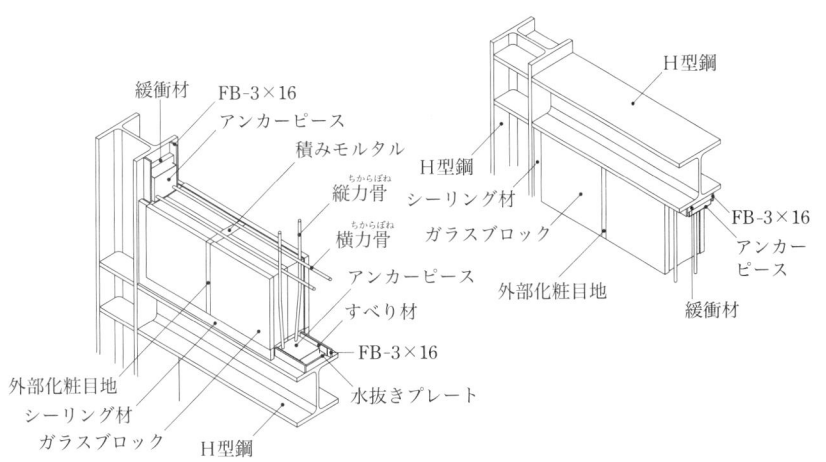

図3・88　ガラスブロックの取付け例 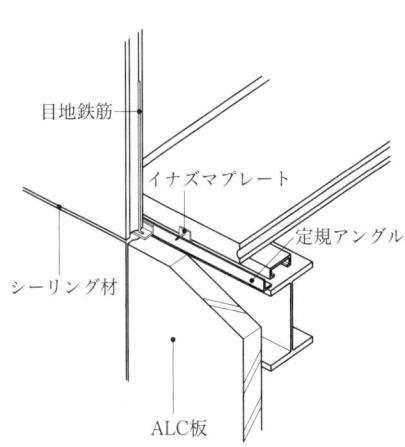　　図3・89　ALC板の取付け例

第3章　仕上げの構法

3. RC造建築物

RC造の建築物の外壁の仕上げには，図3・90に示したように仕上げを施さない打放し仕上げや図3・91に示すような吹付け仕上げがある．

また，図3・92に示すように石張りとしたり，タイルを張って仕上げられることも多い．その他にも，図3・93に示すようにラーメン構法の建築物では，外壁をカーテンウォールとして，施工性や意匠性を高めることもある．

なお，図3・94には石張りとしたときのコーナー部分の納め方の例を，図3・95には石張りに用いられる下地鉄筋の取付け法について示した．また，図3・96には石張りの下地の構法の例を示した．

タイル張りや石張り仕上げの欠陥として，図3・97に示すような白華（エフロレッセンス）や濡れ色が出ることがある．これらは，下地のセメントに水が浸入したり，石の小口に水が浸入することが原因となる．その他にも，石にしみ込んだ水が凍って体積を増し，石の表面を割ってしまう凍害が起こることがある．

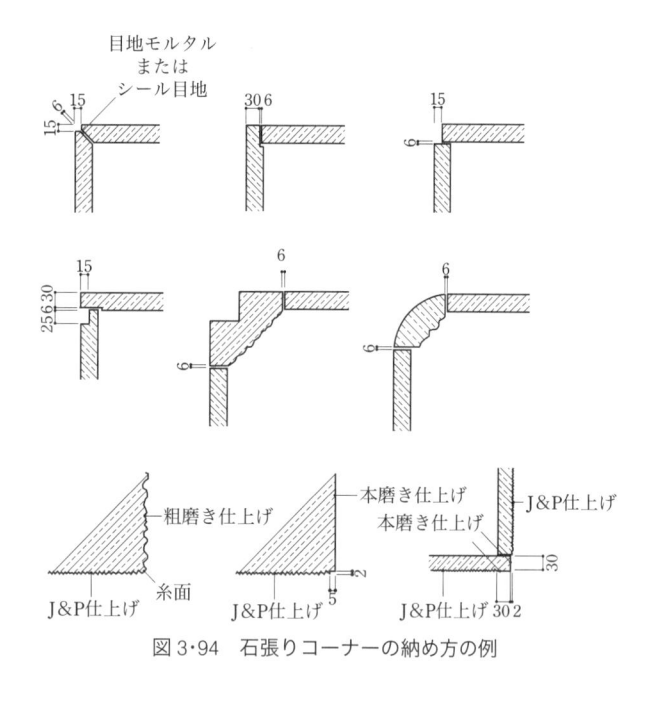

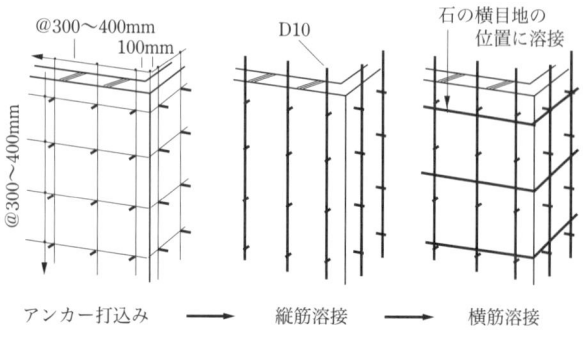

図3・94 石張りコーナーの納め方の例

図3・95 石張り下地鉄筋の取付け法
（出典：青山良穂・武田雄二『建築学テキスト 建築施工』）

図3・90 打放し仕上げの例

図3・91 吹付け仕上げの例

図3・92 石張りの例

図3・93 カーテンウォール仕上げの例

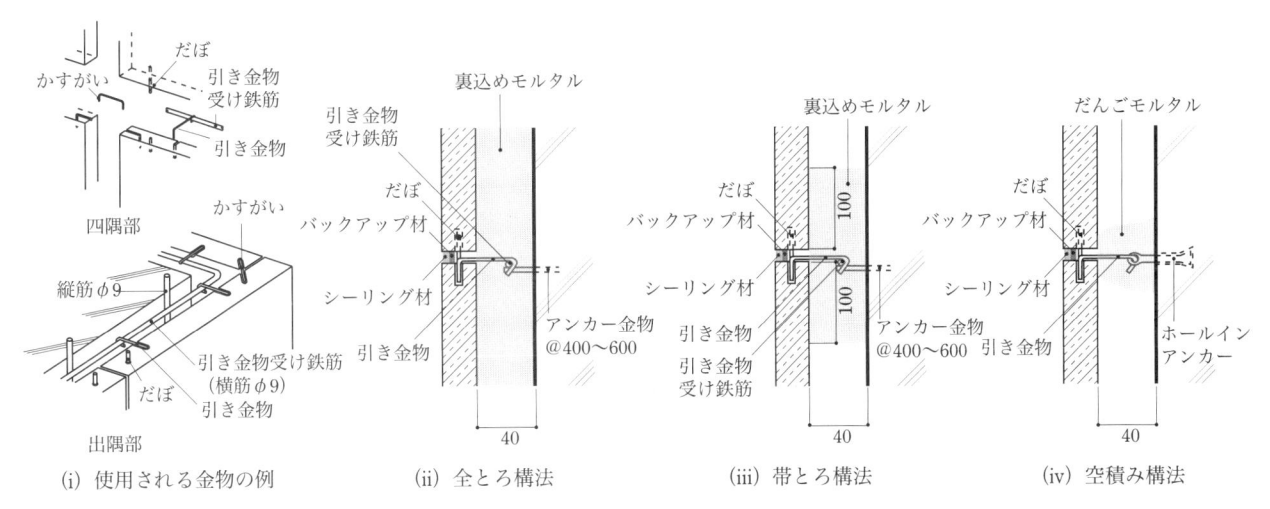

(i) 使用される金物の例　　(ii) 全とろ構法　　(iii) 帯とろ構法　　(iv) 空積み構法

(a) 湿式構法

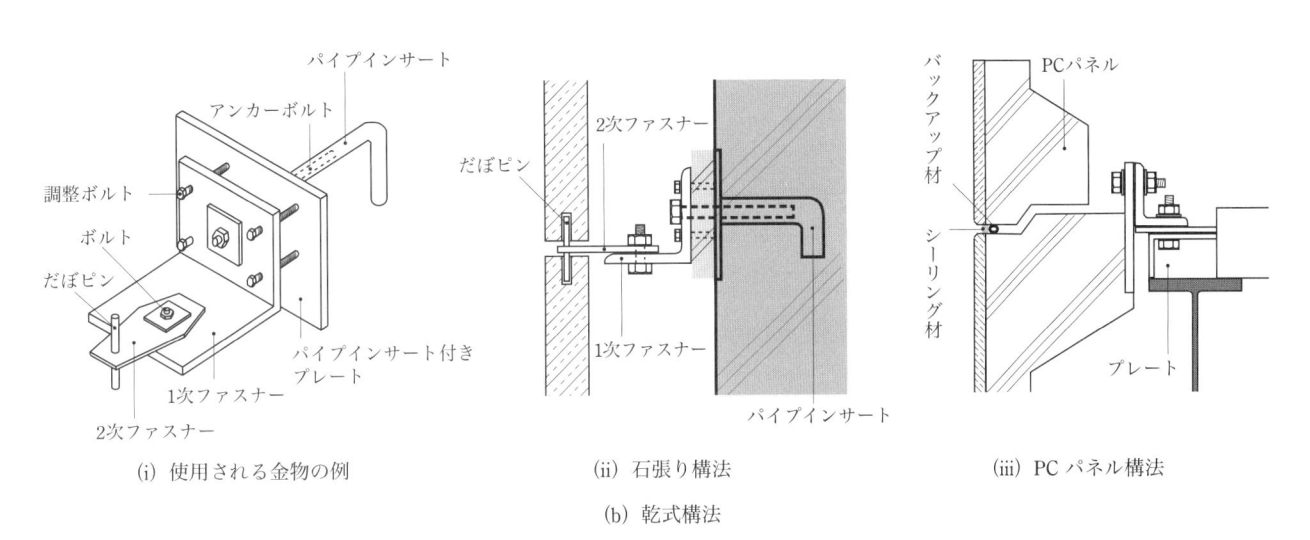

(i) 使用される金物の例　　(ii) 石張り構法　　(iii) PCパネル構法

(b) 乾式構法

図 3・96　石張りの下地の例

(a) 白華　　(b) 濡れ色　　(c) 凍害

図 3・97　石張りの欠陥の例

第 3 章　仕上げの構法　107

5　開口部の下地

1. 木構造建築物

　木構造の建築物では，躯体が木であるために釘やネジの使用が可能で，サッシ枠の取付けが容易に行える．従来は開口部に用いられる建具も図3・98に示すような木製であったが，現在では図3・99に示すような水密性や気密性の高いアルミサッシが多く用いられる．

　また，図3・100に示すようなジャロジーも雨水の浸入を防ぐとともに換気が可能であることから，台所・洗面所・風呂などの開口部に用いられることが多くなった．

　特殊ではあるが，伝統的な茶室では図3・101に示すようなにじり口が設けられる．

　なお，開口部にはさまざまな種類があり，図3・102に開口部の例を示した．

　また，図3・103には木製の建具を使う場合の窓の構法の例を示した．

　図3・104には，木製の建具を使う場合の戸の構法の例を示した．

図3・98　木製建具の例

図3・99　アルミサッシの例

図3・100　ジャロジーの例

図3・101　茶室にじり口の例

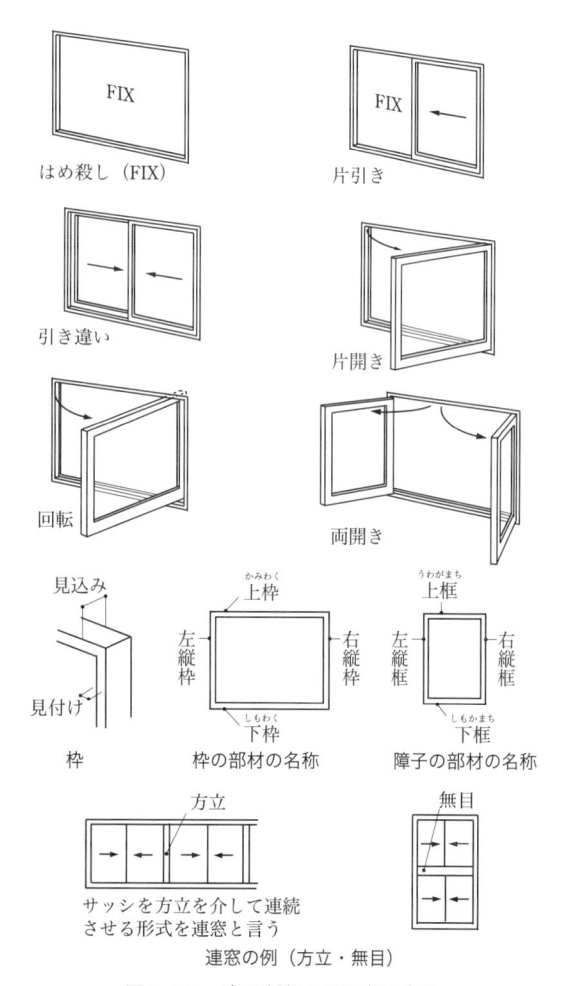

図3・102　窓の種類と開口部の名称
(出典：青山良穂・武田雄二『建築学テキスト 建築施工』)

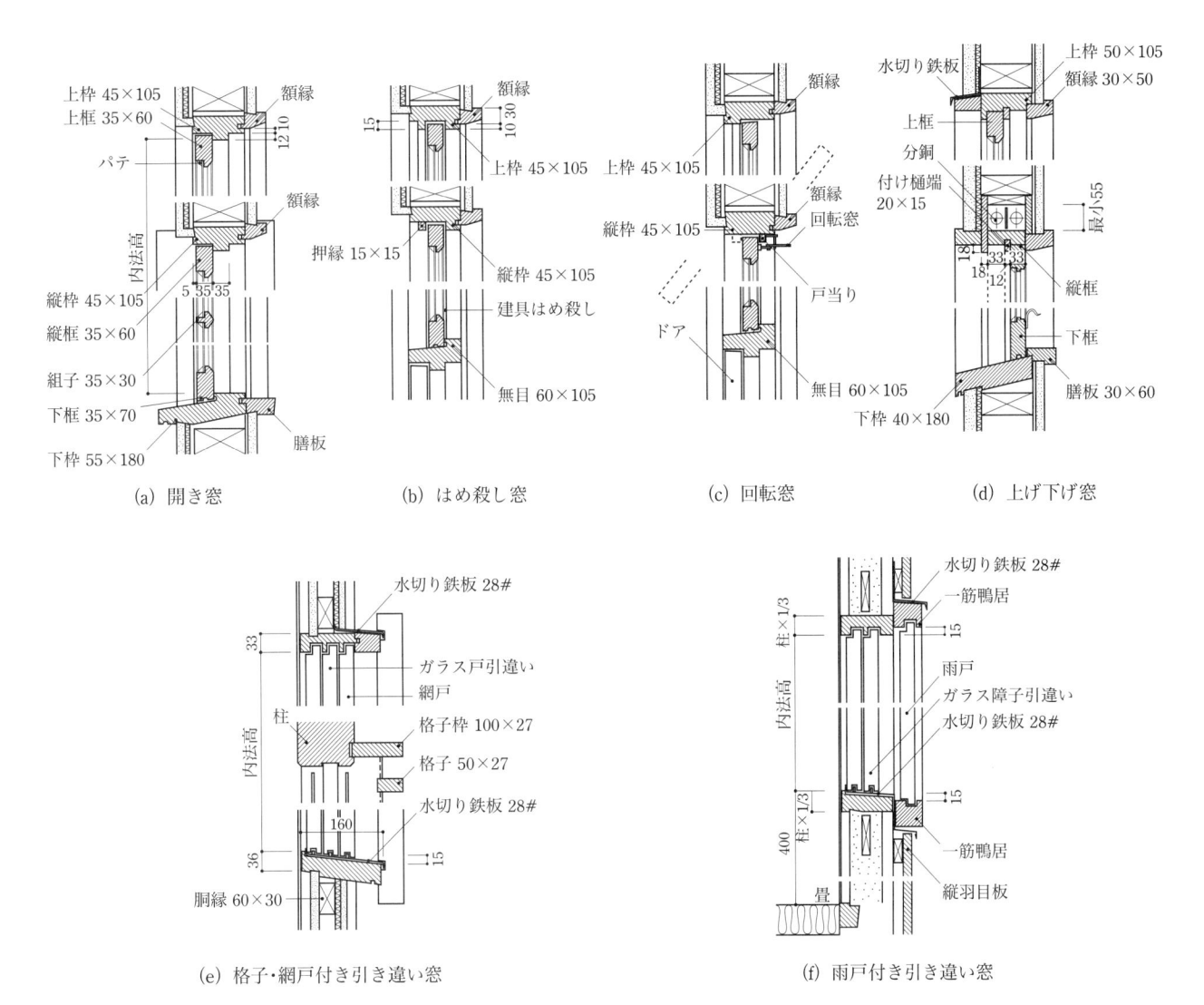

(a) 開き窓　　(b) はめ殺し窓　　(c) 回転窓　　(d) 上げ下げ窓

(e) 格子・網戸付き引き違い窓　　(f) 雨戸付き引き違い窓

図 3・103　木構造建築物の窓の詳細例　(出典：彰国社編『ディテール入門』)

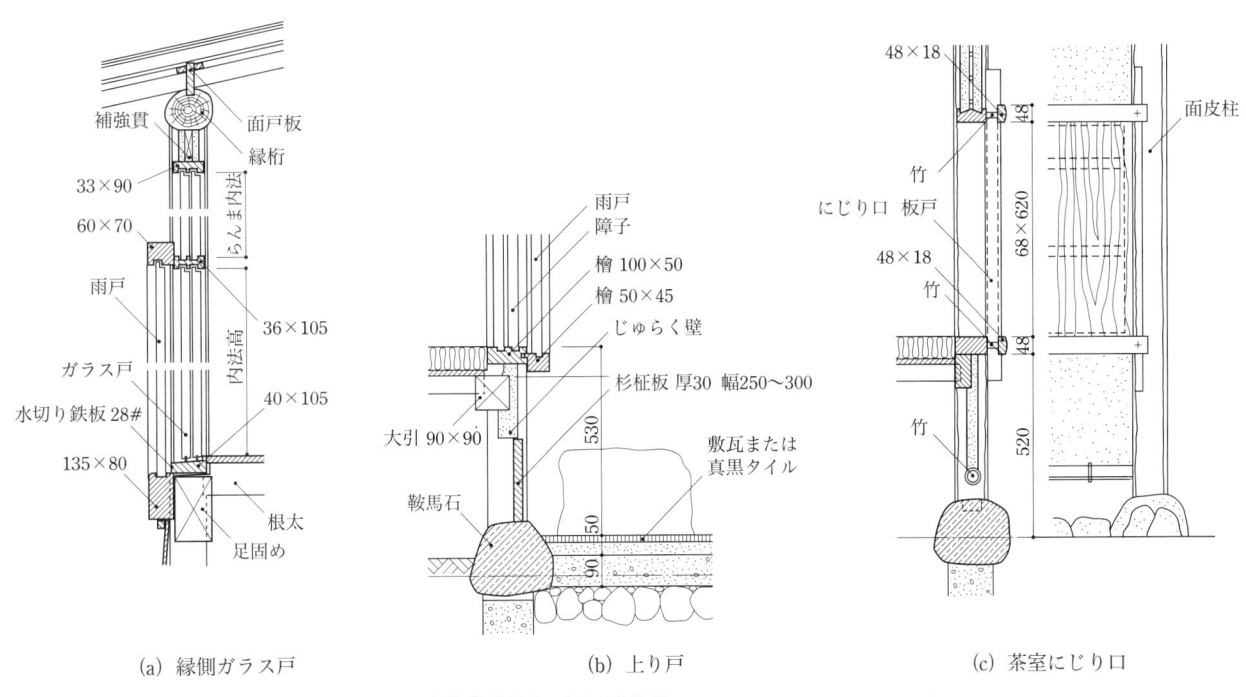

(a) 縁側ガラス戸　　(b) 上り戸　　(c) 茶室にじり口

図 3・104　木構造建築物の戸の詳細例　(出典：彰国社編『ディテール入門』)

第 3 章　仕上げの構法

2. 鋼構造建築物

鋼構造の建築物の開口部には，図3・105に示すようにアルミサッシが多く用いられる．また，躯体と縁を切った形で外壁と一体となる，図3・106に示すようなカーテンウォールもよく用いられる．

建築物の玄関を明るくし，中の様子を見せることによって入りやすさを演出するために，図3・107や図3・108に示すようなガラス扉が用いられる．

なお，外部の風景を大きく取り入れたり，透明感のある建築物の外観を得るために，スクリーン形状の大型のガラスが使われることがある．そのためには，ガラスの支持のための工夫が必要となり，図3・109に示すような方法が用いられる．

図3・110(a)には，アルミサッシを用いる場合の下地の例を，図3・110(b)には，スチールサッシを用いる場合の下地の例を示した．

図3・111には，外観にマリオンを露出させたくない場合に用いられるバックマリオン構法（SSG構法とも呼ぶ）の例を示した．

また，図3・112には強化ガラスを用いて，四隅をボルトで留めるドットポイント構法（DPG構法）の例を示した．

図3・113には，屋根から光を採り入れるトップライトの構法の例を示した．

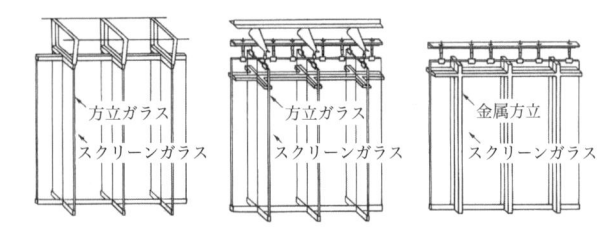

図3・105 アルミサッシの例

図3・106 カーテンウォールの例

図3・107 出入り口（開き戸）の例

図3・108 出入り口（回転扉）の例

(i) ガラス方立付き自立構法　(ii) ガラス方立付き吊下げ構法　(iii) 吊下げ構法

(a) ガラススクリーンの支持法

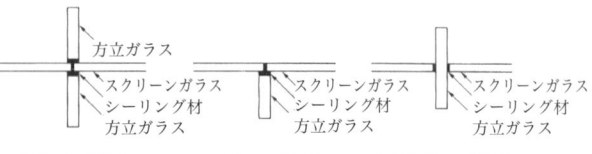

(i) 両リブ構法　(ii) 片リブ構法　(iii) 貫通リブ構法

(b) リブの取付け法

図3・109 ガラススクリーン構法の種類
(出典：日本建築学会『ガラスの建築学』)

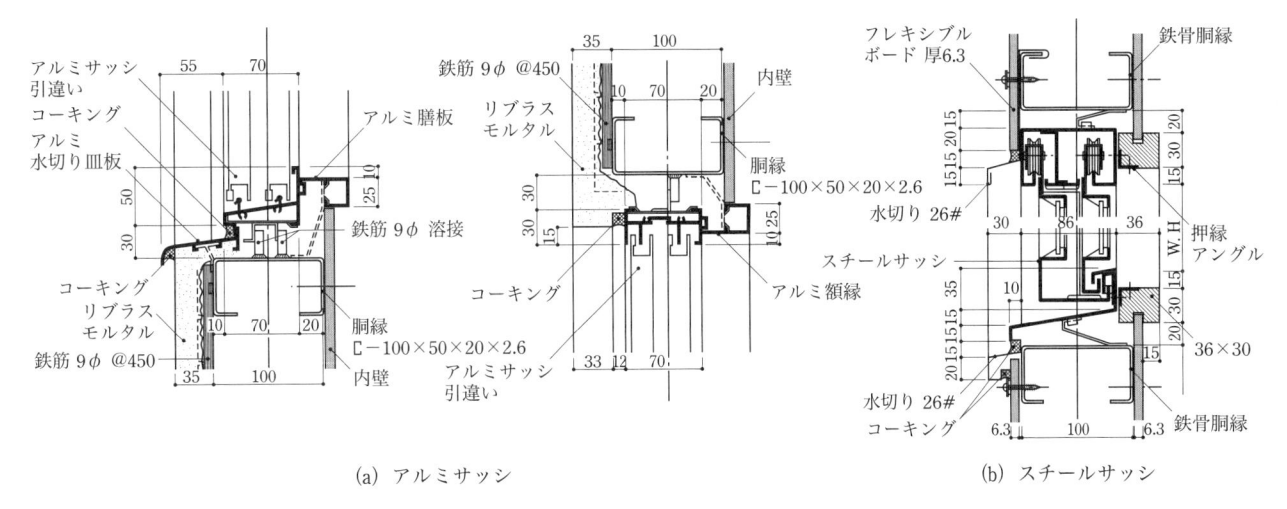

図 3·110 鋼構造建築物の窓の詳細例（出典：彰国社編『ディテール入門』）

(a) アルミサッシ　　(b) スチールサッシ

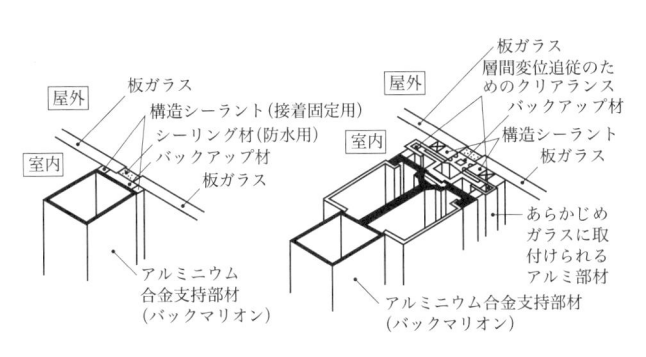

(a) 層間変位に追従しないタイプ　(b) 層間変位に追従するタイプ

図 3·111 バックマリオン構法の例
（出典：日本建築学会『ガラスの建築学』）

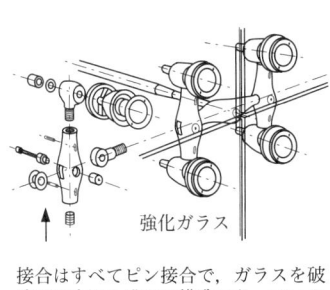

(a) DPG システムの実例　(b) DPG システム（出典：青山良穂・武田雄二『建築学テキスト 建築施工』）

図 3·112 DPG 構法の例

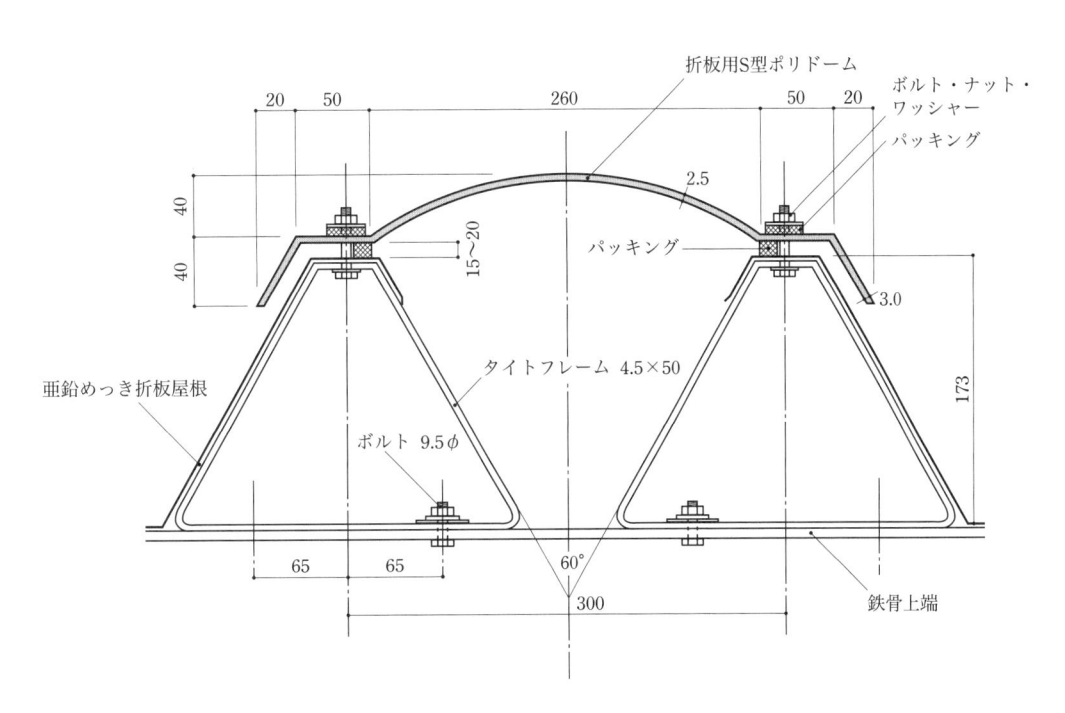

図 3·113 トップライトの例（亜鉛めっき折板屋根ポリドーム）（出典：彰国社編『ディテール入門』）

第 3 章　仕上げの構法　111

3. RC造建築物

RC造の建築物の開口部においても，図3・114に示すようにアルミサッシが多く用いられている．また，意匠的に重厚さを活かすために図3・115に示すようなスチールサッシが用いられることもある．

また，RC造の建築物の開口部にも，図3・116に示すような外壁と一体となったカーテンウォールが用いられることがある．

図3・117に示すように，天空の光を建築物の内部に導くトップライトも用いられる．

図3・118には，RC造建築物の躯体に金属製のサッシを取り付ける際の，施工の様子を示した．

RC造の建築物には限らないが，外部は雨水の浸入を防ぐことができるアルミサッシとし，室内側に木製の障子を用いることが多い．図3・119(a)に，その場合の構法の例を示した．

図3・119(b)には，外壁をコンクリート打放し仕上げとするときのサッシ部分の詳細を示した．

図3・119(c)には，RC造の躯体に木製の建具を取り付けるときの詳細を示した．

図3・119(d)には，RC造の建築物におけるトップライトの構法の例を示した．

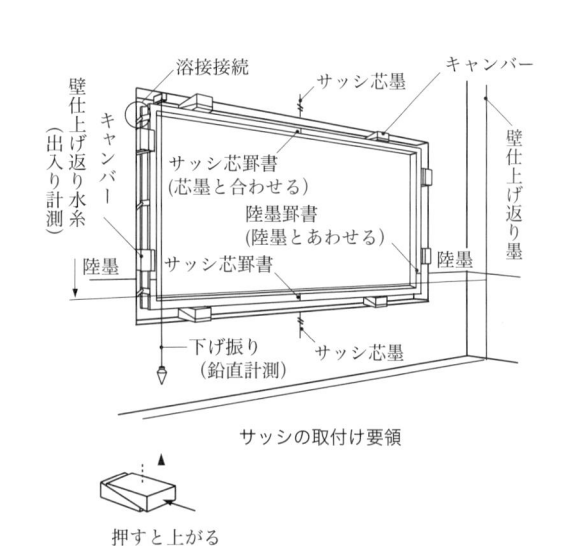

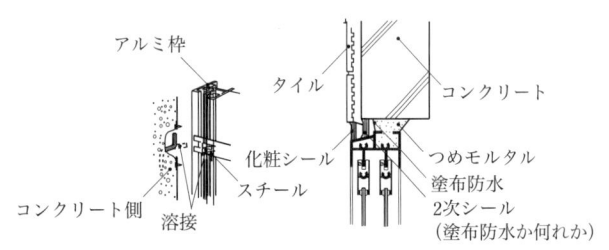

図3・114 アルミサッシの例

図3・115 スチールサッシの例

図3・116 カーテンウォールの例

図3・117 トップライトの例

図3・118 金属製サッシの取付け法
(出典：青山良穂・武田雄二『建築学テキスト 建築施工』)

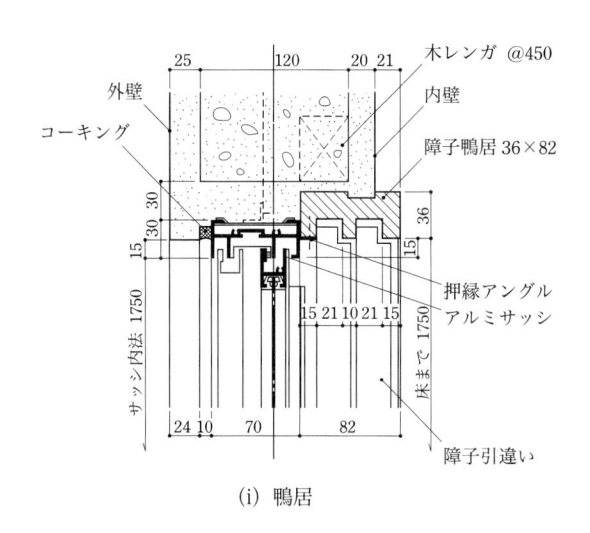

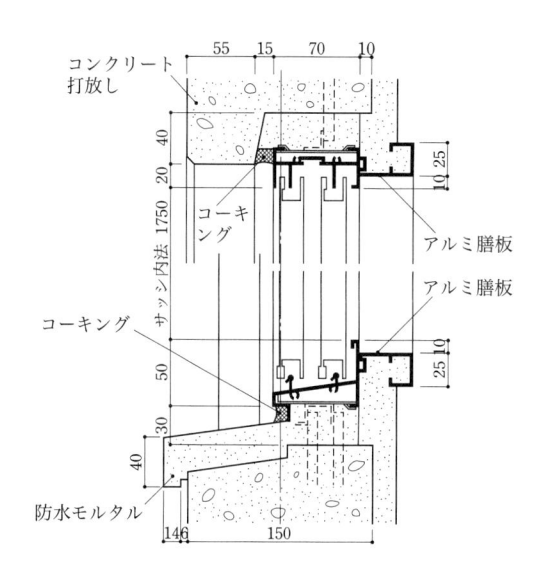

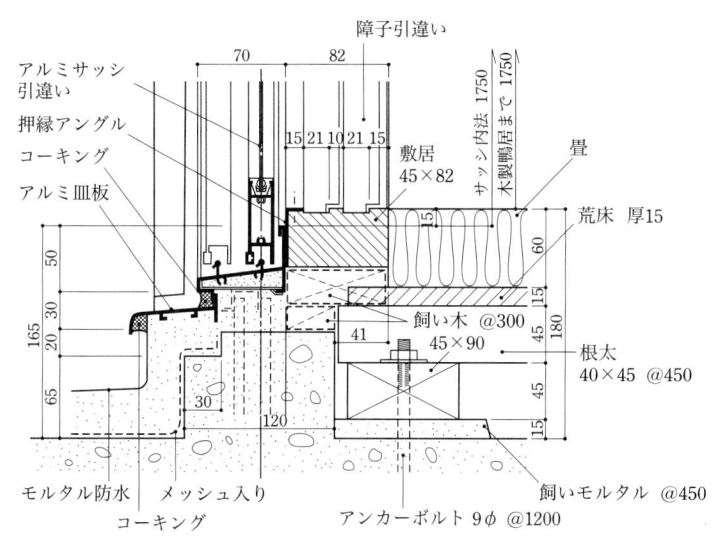

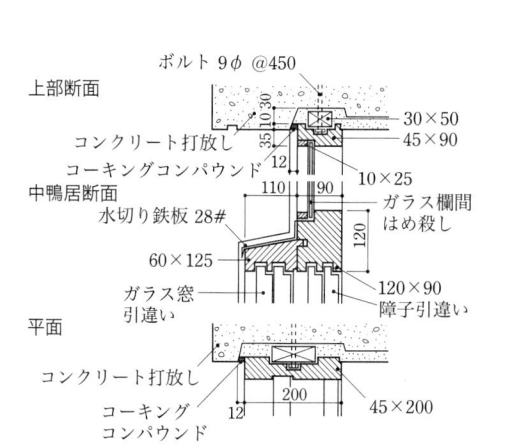

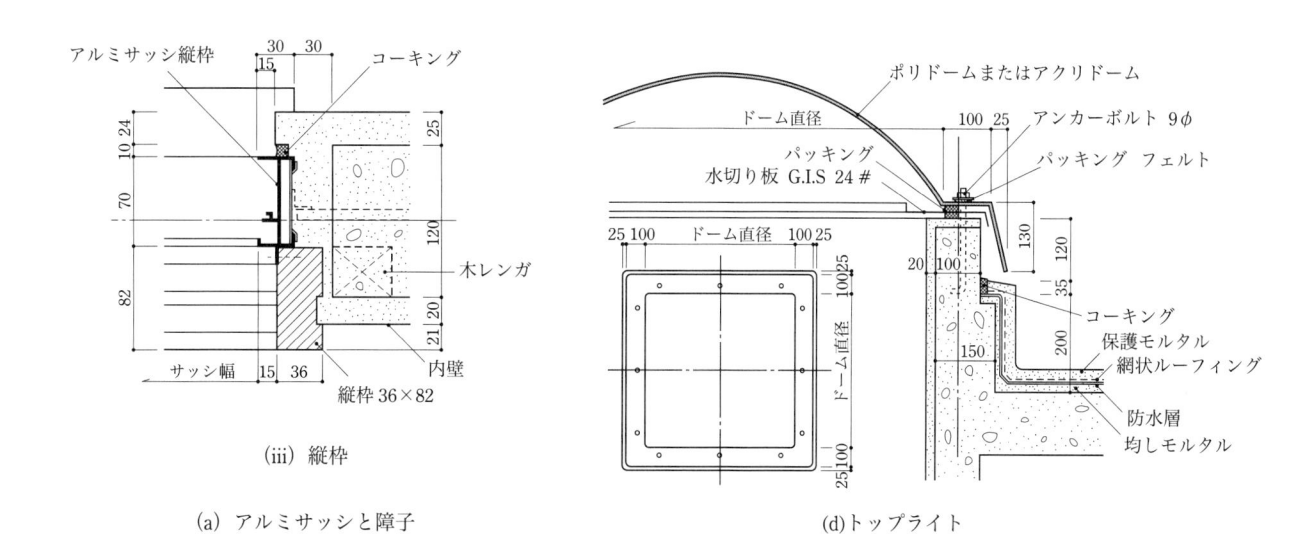

図 3・119 　RC造建築物の開口部の詳細例　(出典:彰国社編『ディテール入門』)

6 屋根の仕上げ

1. 木構造建築物

木構造の建築物の屋根は，従来は図3·120に示すような桟瓦葺きや，図3·121に示すような本瓦葺きとされるのが主流であった．しかし，近年は図3·122に示すような屋根スレート葺きや，図3·123に示したような金属屋根となる瓦棒葺きとされることが多くなった．

なお，図3·124に屋根の各部の名称と屋根の種類について示した．

このうち，桟瓦葺きの例と本瓦葺きの例を図3·125に示し，瓦の種類については図3·126に示す．

図3·127には瓦棒葺きの下地の構法の例を示す．

図3·120　桟瓦葺きの例

図3·121　本瓦葺きの例

図3·122　屋根スレート葺きの例

図3·123　瓦棒葺きの例

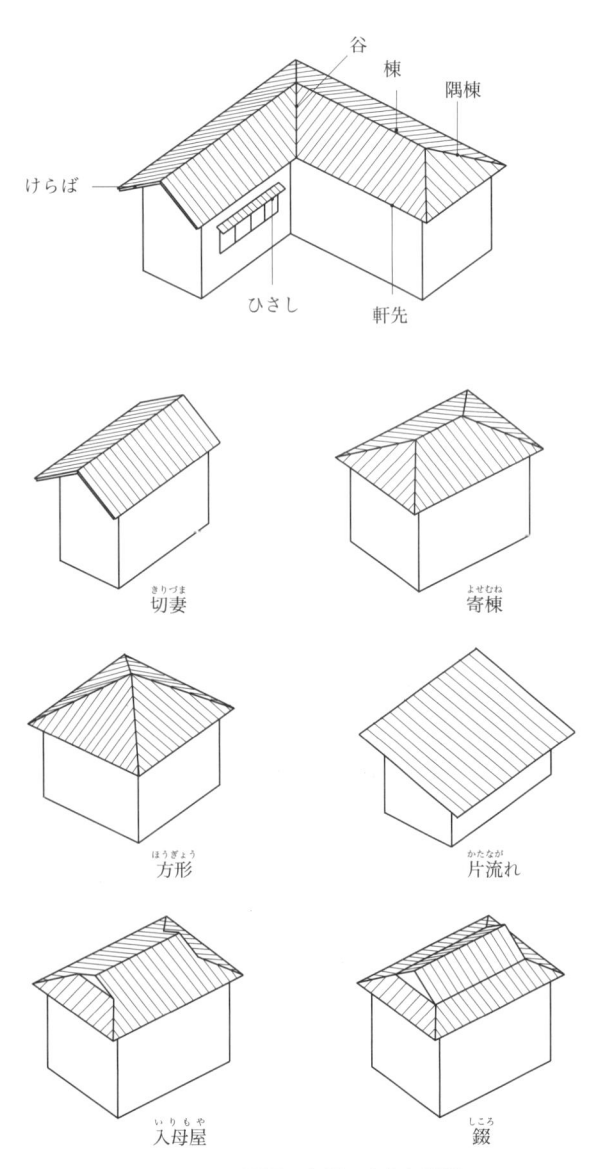

図3·124　屋根の各部の名称と種類

(a) 桟瓦葺き　　(b) 本瓦葺き

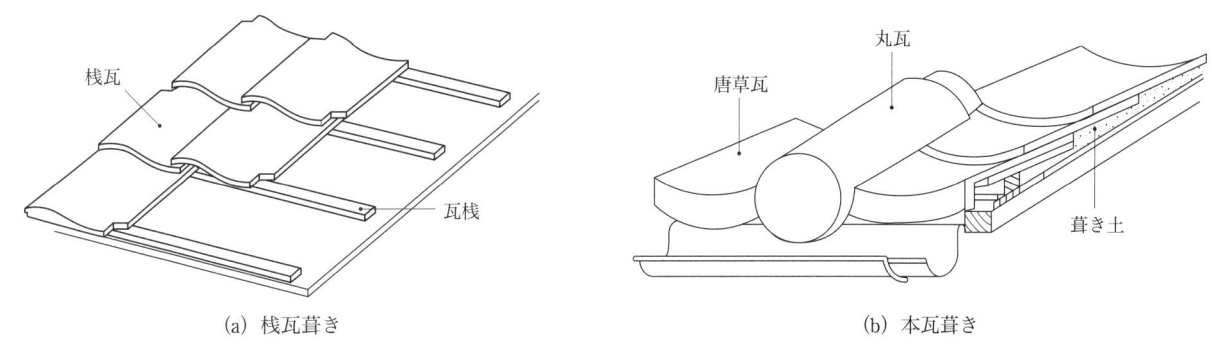

図 3・125　瓦葺きの種類

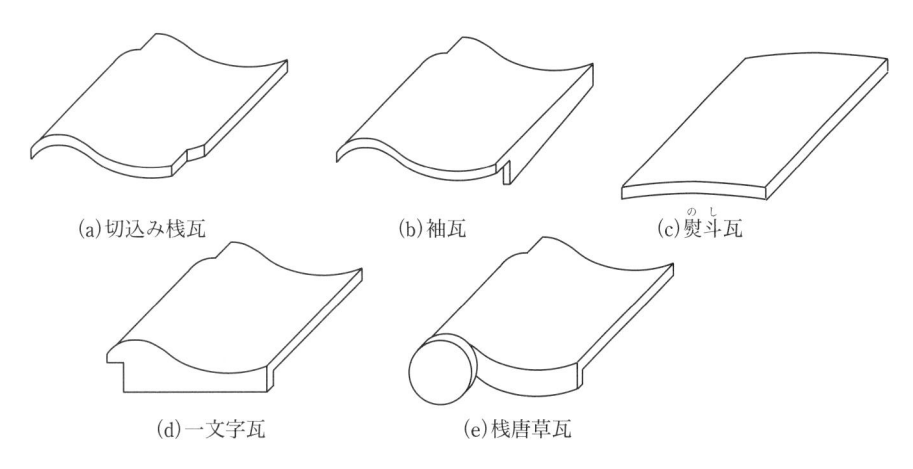

(a) 切込み桟瓦　(b) 袖瓦　(c) 熨斗瓦
(d) 一文字瓦　(e) 桟唐草瓦

図 3・126　和瓦の例

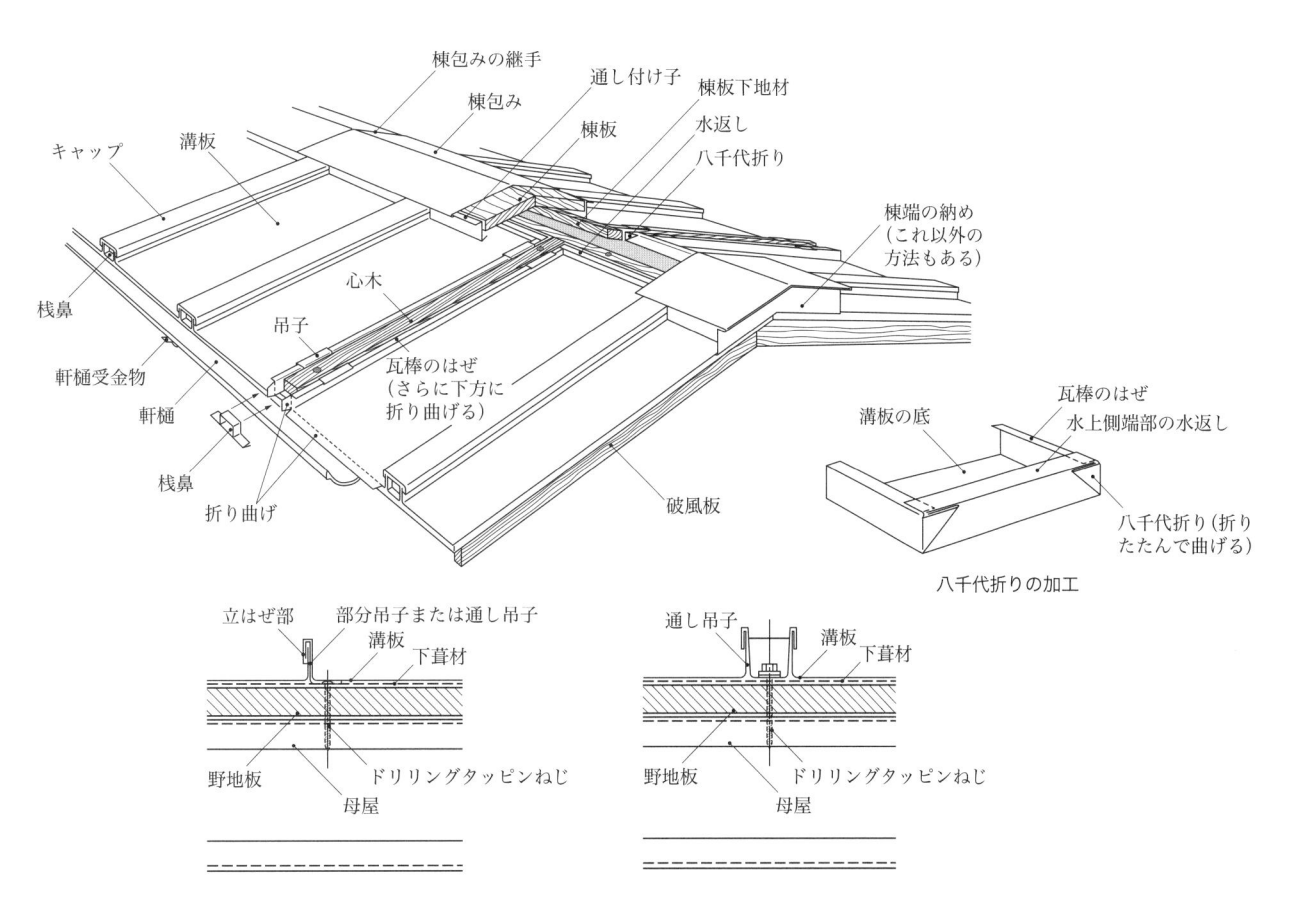

図 3・127　金属屋根（瓦棒葺き）の例　(出典:『建築知識』1990年9月号)

第 3 章　仕上げの構法

2. 鋼構造建築物

鋼構造の建築物の屋根は，木構造の建築物のように瓦葺きや屋根スレート葺きとする場合もあるが，図3・128に示すような折板葺きとすることが多い．

また，工場や倉庫の屋根などでは，図3・129に示すような波板スレート葺きとすることが多い．

鋼構造の建築物で屋上を設ける場合は，防水を施した上で陸屋根とし，表面をコンクリートで仕上げたり，図3・130に示すように塗装で仕上げる．

また，陸屋根であっても屋上としない場合は図3・131に示すように露出防水とすることがある．

図3・132には，屋根勾配の表示法を示した．また，屋根葺き材と適用可能な勾配について，表3・5に示した．

図3・133には，金属屋根（折板葺き）の下地の構法を示した．

図3・134には，スレート屋根の構法の例を示した．

図3・135には露出防水の下地の構法の例を示した．

図3・128　折板葺きの例

図3・129　波板スレート葺きの例

図3・130　陸屋根（歩行用）の例

図3・131　陸屋根（非歩行用）の例

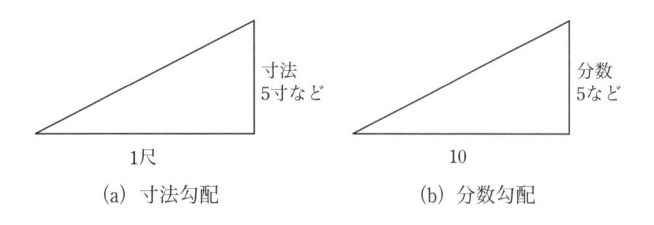

図3・132　屋根勾配の表示法
(a) 寸法勾配
(b) 分数勾配

表3・5　屋根葺き材と適当勾配

屋根葺き材	寸法勾配	分数勾配
陸屋根（アスファルト防水など）	1分～2分	1/100～1/50
長尺折板	1寸～2寸	1/10～2/10
瓦棒葺き長尺板	1寸～2寸	1/10～2/10
平板葺き金属板	3寸～	3/10～
住宅用屋根スレート	3寸～	3/10～
波形スレート	3寸～	3/10～
波形亜鉛鉄板	3寸5分～	3.5/10～
厚形スレート	3寸～5寸	3/10～4/10
焼成粘土瓦	4寸～5寸	4/10～5/10
草	6寸～かね(10寸)	6/10～10/10

図 3・133　金属屋根（折板葺き）の例　(出典:『建築知識』1990 年 9 月号)

(a) 嵌合式折板
(b) 重ね式折板
(c) はぜ式折板

図 3・134　スレート屋根の例　(出典:クボタ松下電工外装㈱「屋根材総合カタログ」)

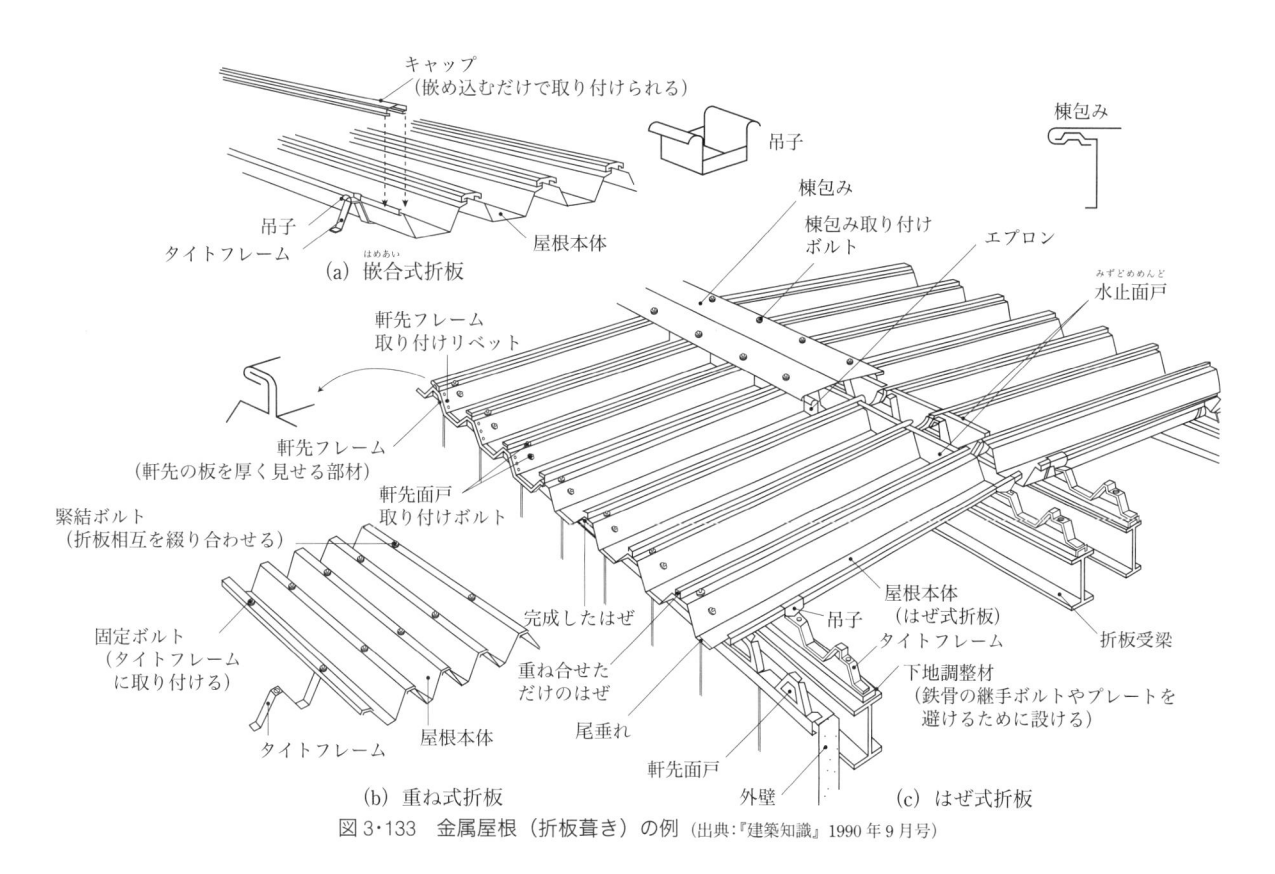

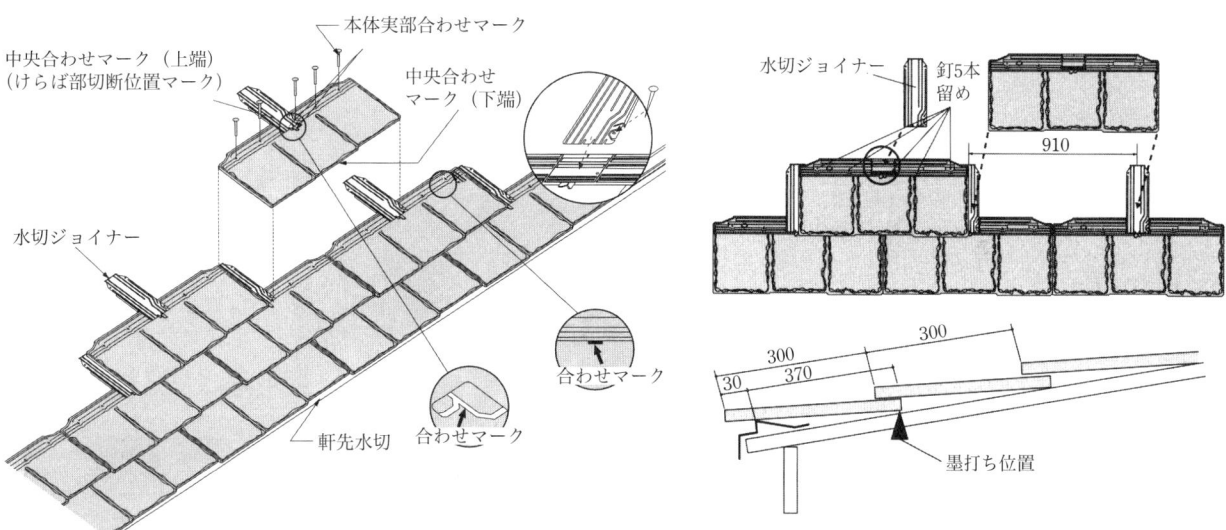

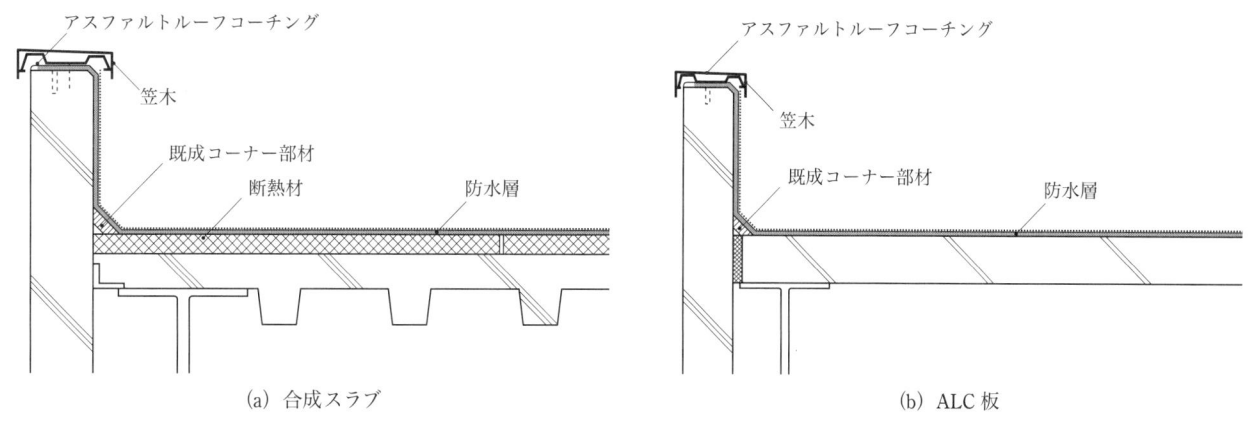

(a) 合成スラブ
(b) ALC 板

図 3・135　露出防水の下地例

第 3 章　仕上げの構法　117

3. RC造建築物

RC造の建築物の屋根は，躯体の屋根スラブの上に防水を施し，陸屋根とすることが多い．防水にあたっては，アスファルト防水が信頼性も高く，最も多く用いられる．

歩行用の場合は，図3・136に示すように上部を保護コンクリートで仕上げるが，非歩行の場合は図3・137に示すように保護コンクリートを打設しない場合がある．

また，図3・138に示すようにステンレスなどの金属板を用いて，仕上げを兼ねた防水が行われることもある．

RC造の建築物であっても，木構造や鋼構造の下地を組んで瓦を葺いたり，図3・139に示すように傾斜させた屋根スラブの上に瓦を取り付けて，瓦葺きとすることもある．

表3・6には，防水構法の分類を示した．

図3・140には，アスファルト防水を施した屋根の下地の構法の例を示す．

図3・141(a)には，パラペット上部の防水のための笠木の例を示す．図3・141(b)には，防水層の端部が壁に取り付く場合の例を示した．

図3・142には，瓦葺きとする場合の下地の構法の例を示した．

図3・143には，金属屋根となるステンレスシート防水の下地の構法の例について示した．

図3・136　アスファルト防水（保護コンクリートあり）の例

図3・137　アスファルト防水（保護コンクリートなし）の例

図3・138　ステンレスシート防水の例 (提供：住友金属建材㈱)

図3・139　瓦葺きの例 (提供：白鷹禄水苑)

表3・6　防水構法の分類

分　類		適用箇所
メンブレン防水	アスファルト防水	屋根 ひさし 開放廊下 ベランダ 外壁 地下外壁 室内 水槽類 水泳プール 人工池 庭園 　など
	改質アスファルト防水	
	シート防水	
	塗膜防水	
ステンレスシート防水		屋根 ひさし など
チタンシート防水		
ケイ酸系塗布防水		現場打ちRC造建築物の地下構造物の外壁・床面・水槽・ピットなど

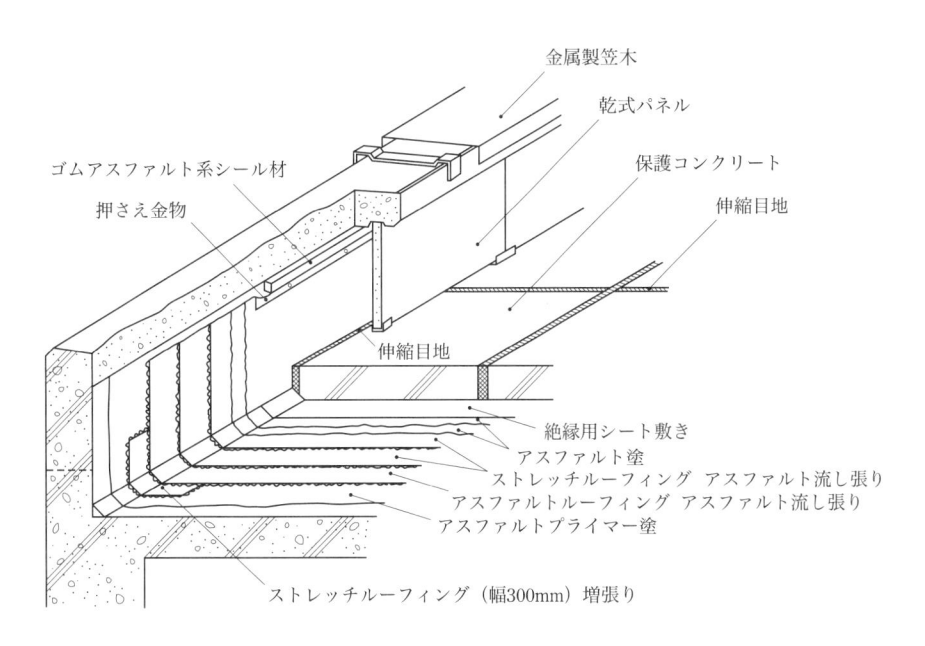

図 3・140　アスファルト防水の例

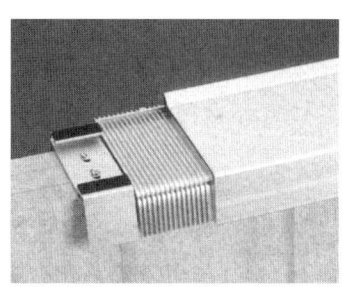

図 3・141　笠木の例（出典：カネソウ㈱「カネソウ総合カタログ '99」）
(a) パラペット上部
(b) 壁側面

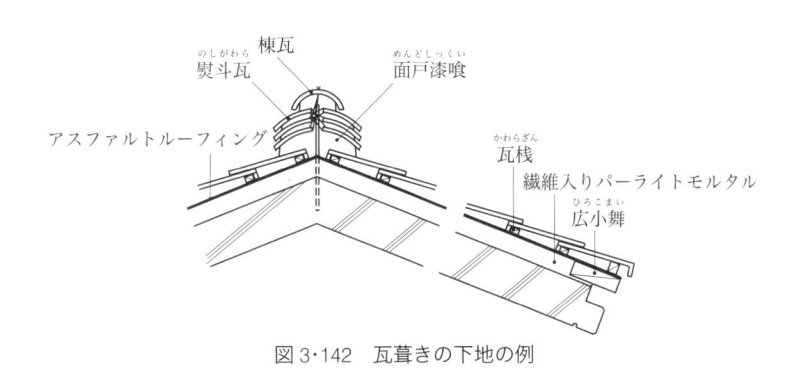

図 3・142　瓦葺きの下地の例

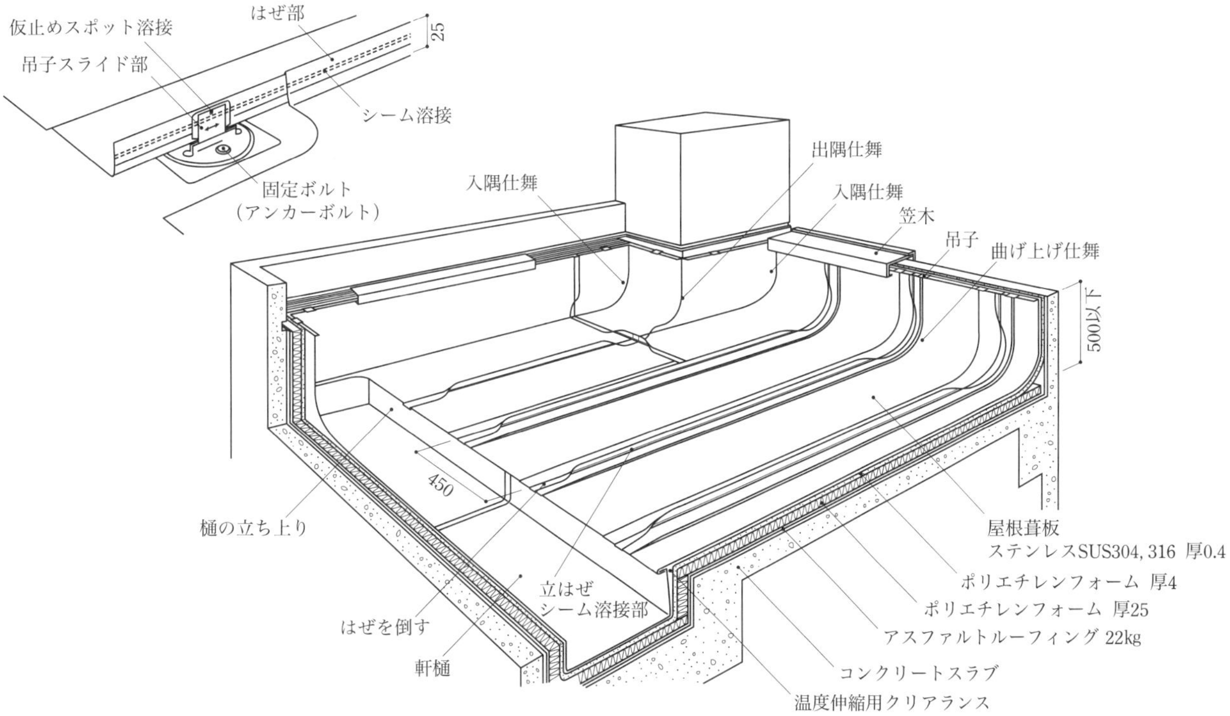

図 3・143　ステンレスシート防水の例（出典：『建築知識』1990 年 9 月号）

第 3 章　仕上げの構法　119

【参考文献】

1) 高木恒雄:『図説 建築の内装工事 改訂版』, 理工学社, 2004.1
2) エクスナレッジムック:『設計の基本と納まり―和風デザイン図鑑』, エクスナレッジ, 2001.1
3) 彰国社編:『ディテール入門―構造別仕上げのディテール』, 彰国社, 1976.11
4) 日本建築学会:『構造用教材』, 丸善, 1995.2
5) 日本建築学会:『ガラスの建築学―光と熱と快適環境の知識』, 学芸出版社, 2004.1
6) 建設大臣官房庁営繕部監修:『建築工事標準詳細図 平成元年版』, ㈳営繕協会, 1989.3
7) 日本建築学会:『建築工事標準仕様書・同解説 JASS 8 防水工事』, 丸善, 1993.1
8) 青山良穂・武田雄二:『建築学テキスト 建築施工』, 学芸出版社, 2004.10
9) 「屋根のデザイン&ディテール大全」『建築知識』1995 年 11 月号, エクスナレッジ, 1995.11
10) カネソウ株式会社:「カネソウ総合カタログ '99」
11) 片倉健雄・大西正宜・建築法制研究会:『建築学テキスト 建築行政』, 学芸出版社, 2003.3
12) クボタ松下電工外装株式会社:「屋根材総合カタログ」2002 年 09 月現在
13) 「デザイナーのための金属屋根設計術」『建築知識』1990 年 9 月号, エクスナレッジ, 1990.9
14) 日本電気硝子株式会社:カタログ 「NEG ガラスブロック」
15) ALC 協会:『ALC 取付け構法標準・同解説 平成 16 年版』
16) 『新建築臨時増刊 表現とディテール―竹中工務店』, ㈱新建築社, 1997.12
17) 佐藤嘉一郎・佐藤ひろゆき『土壁・左官の仕事と技術』, 学芸出版社, 2001.2
18) 株式会社サンゲツ:カタログ 「SELECT 1000 '97-'99」
19) 「石材まるごと百科」『建築知識』1990 年 3 月号, エクスナレッジ, 1990.3
20) 日本アスファルト防水工業協同組合:「アスファルト防水の仕様 '99 年版」
21) 耐火被覆工法研究会編著:『鉄骨造の耐火被覆工事―工法と施工』, 彰国社, 1995.1

第4章
構法が産み出すもの

　建築物は，それを取り囲むさまざまな事象からの影響を受けて産み出される．また，その反面，建築物はその周囲に影響を与え，新たな環境を産み出す．

　本章では，建築物が産み出す環境について，その構法との関わりから見る．その際，〈構法が産み出すもの〉として，それらをとらえ，建築物の内部環境および外部環境への影響について考える．

1　構法と居住性

建築物は人間が使うものであり、一般に人間は建築物が作り出す内部空間の中に居る。そのため、建築物の居住性が建築物の良し悪しに大きく影響する。また、図4・1に示したように、幅はあるものの洋の東西を問わず、人間の生存が危うくなる環境や、人間が快適と感じる環境に大きな差はないと考えられる。そして、建築物の内部空間が作り出す環境が居住性を決定する。

図4・2に示したように、〈構法〉は建築物がおかれた自然の中で、それを利用する人間が求める居住性を確保するためのものと考えられる。ただ、居住性については、人間の考え方が大きく影響する。すなわち、《我慢できる範囲であれば、季節や時刻の変化に伴う環境の変化を容認する考え方》がある。また一方では、《「至適範囲」と呼ばれる快適な環境の範囲を定め、1年中その状態を保とうとする考え方》がある。

これら2つの異なる考え方が生まれる時代的な背景を考えると、石油や石炭などの化石燃料がもつエネルギーの使用が困難であった時代においては、前者の考え方を採らざるを得なかった。また、化石燃料がもつエネルギーの使用が容易になった現代の先進国では、後者の考え方が強いように感じる。

しかし、《エネルギーの大量消費を前提とし、快適と思われる一定の環境を保とうとする考え方》には、大気汚染や地球温暖化を惹き起こす原因として、批判が出てきている。このような流れの中で、図4・3や図4・4に示したように、風や太陽熱など自然のもつエネルギーを活用・制御する伝統的な建築物の居住性を、あらためて見直そうとする動きが見られる。

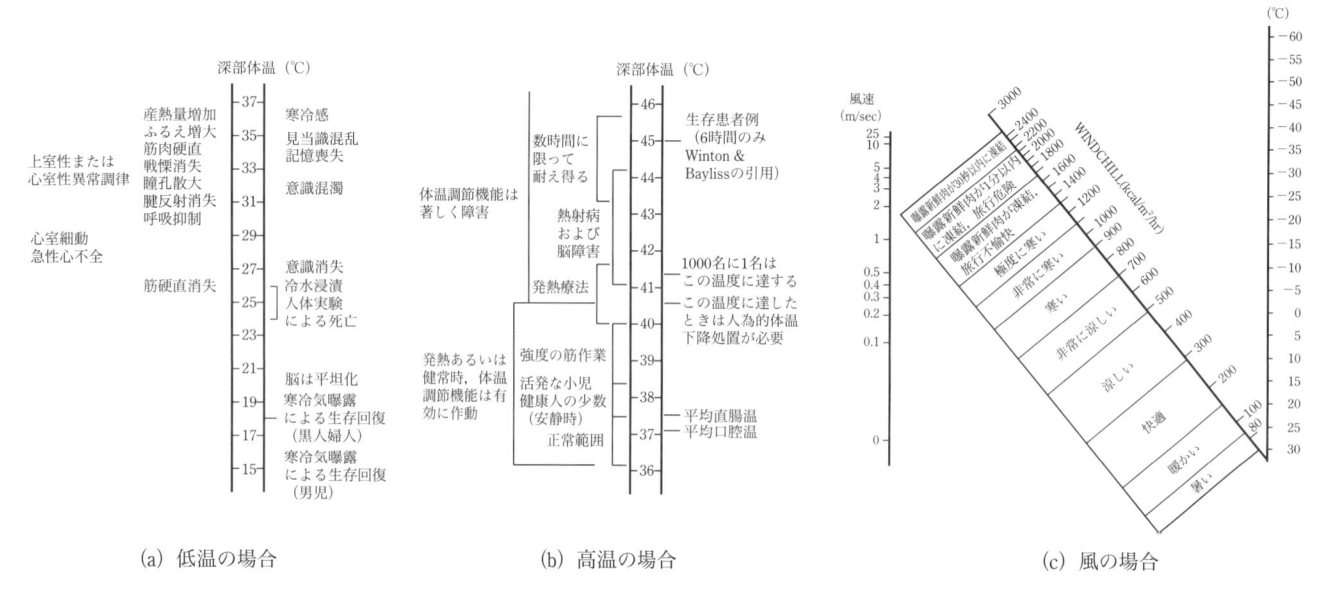

(a) 低温の場合　　(b) 高温の場合　　(c) 風の場合

図4・1　人間の限界例（出典：関邦博他編『人間の許容限界ハンドブック』）

(a) 高温・高湿への対応（栗林公園掬月亭）　　(b) 低温への対応

図4・2　気候への対応

(a) 外観

(b) 間取り

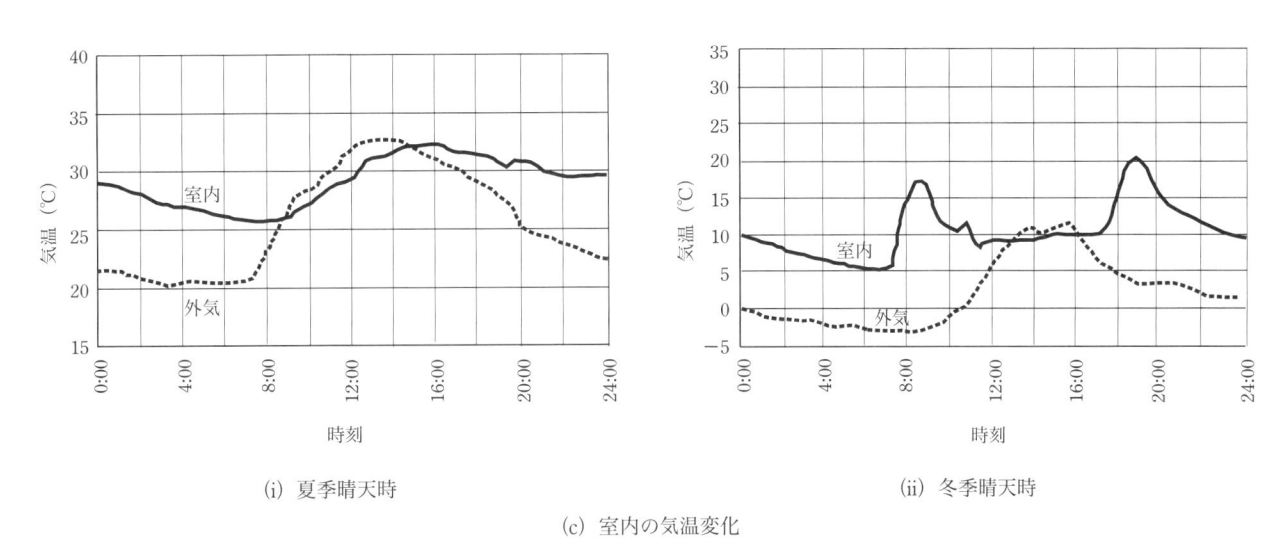

(i) 夏季晴天時

(ii) 冬季晴天時

(c) 室内の気温変化

図 4・3　伝統的民家の居住性の測定例（出典：宇野勇治「伝統民家における環境調整手法と現代への応用の可能性」『日本生気象学会誌』40(2)）

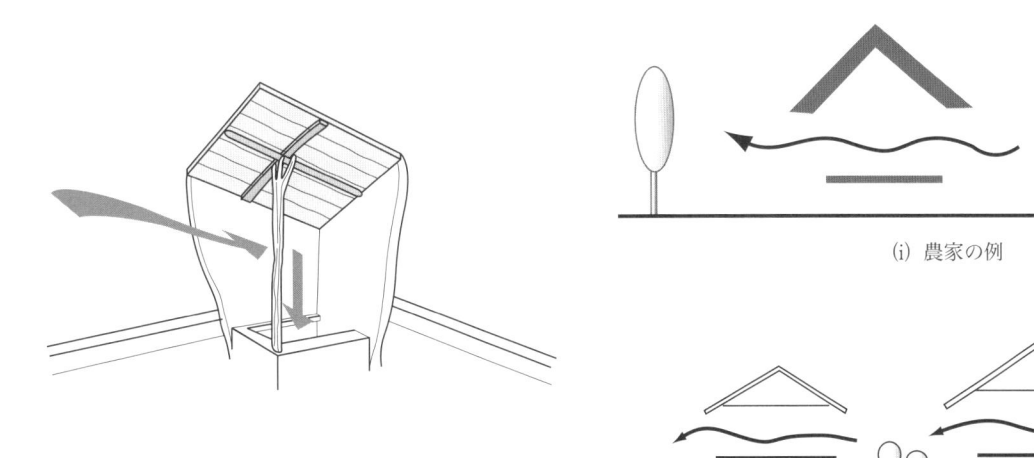

ハワ・ダンと呼ばれる風の取入れ装置．パキスタンの南部にあるマチアリの街では，インダス川から吹く涼しい風を取り込むために住宅の屋上に設けられている．

(a) 風の取入れ

(i) 農家の例

(ii) 町屋の例

(b) 風の流れの利用

図 4・4　居住性の制御の例

第 4 章　構法が産み出すもの　123

2　構法と意匠

〈構法〉は建築物の形を決定づけ，当然のこととして〈意匠〉に大きな影響を及ぼす．逆に，〈意匠〉を実現させるために〈構法〉が考え出されることもある．

このうち，図4・5は我が国の伝統的な木割書である『匠明』の殿屋集古法を示したものである．ここでは，柱の分割寸法であるeを最小寸法として，全体の寸法が決定される．その際，すべての部位・部材の寸法が体系化されているだけではなく，部分と全体の均整にも気が配られている．

このように，我が国の伝統的な建築物において，〈構法〉と〈意匠〉は強い関係を持っていた．また，我が国の伝統的な軸組構法では，外部との仕切が明確でなく，季節によっては建具が隠れ，外部と内部が一体となる，開放的な空間が得られる．

それに対して，組積造が主流であり，壁が構造体となる建築物においては，内と外が明確に現れ，その表面が〈意匠〉を決定する．その結果として，建築物の外側の表面である〈ファサード〉と内側の表面である〈インテリア〉という概念が明確に意識される．このことは，先に述べた我が国の伝統的な建築物と特徴を大きく異なるものにする．

図4・6(a)はファサードが未完成の建築物の例を示している．図4・6(b)・(c)はファサードの例を示している．また，図4・6(d)は西洋の建築物である教会の〈ファサード〉の施工の過程を示したものである．

次に，〈意匠〉を実現するために考え出された〈構法〉として，図4・7(a)に示した〈SSG（Structural Sealant Glazing）構法〉の例を見る．これは，ガラスを支えるマリオンをガラスの後部に配置することで，建築物の表面全体を平滑なガラス面とするために，ガラスを支える枠の存在を隠す，あるいは目立たなくしている．そのため，この〈構法〉は〈バックマリオン構法〉とも呼ばれる．

さらに，大きなガラス面のもつ透明性を失わないように，控え壁として透明なガラスを用いた〈構法〉の例を図4・7(b)に示す．これも意図した〈意匠〉を実現するために，考え出された〈構法〉である．

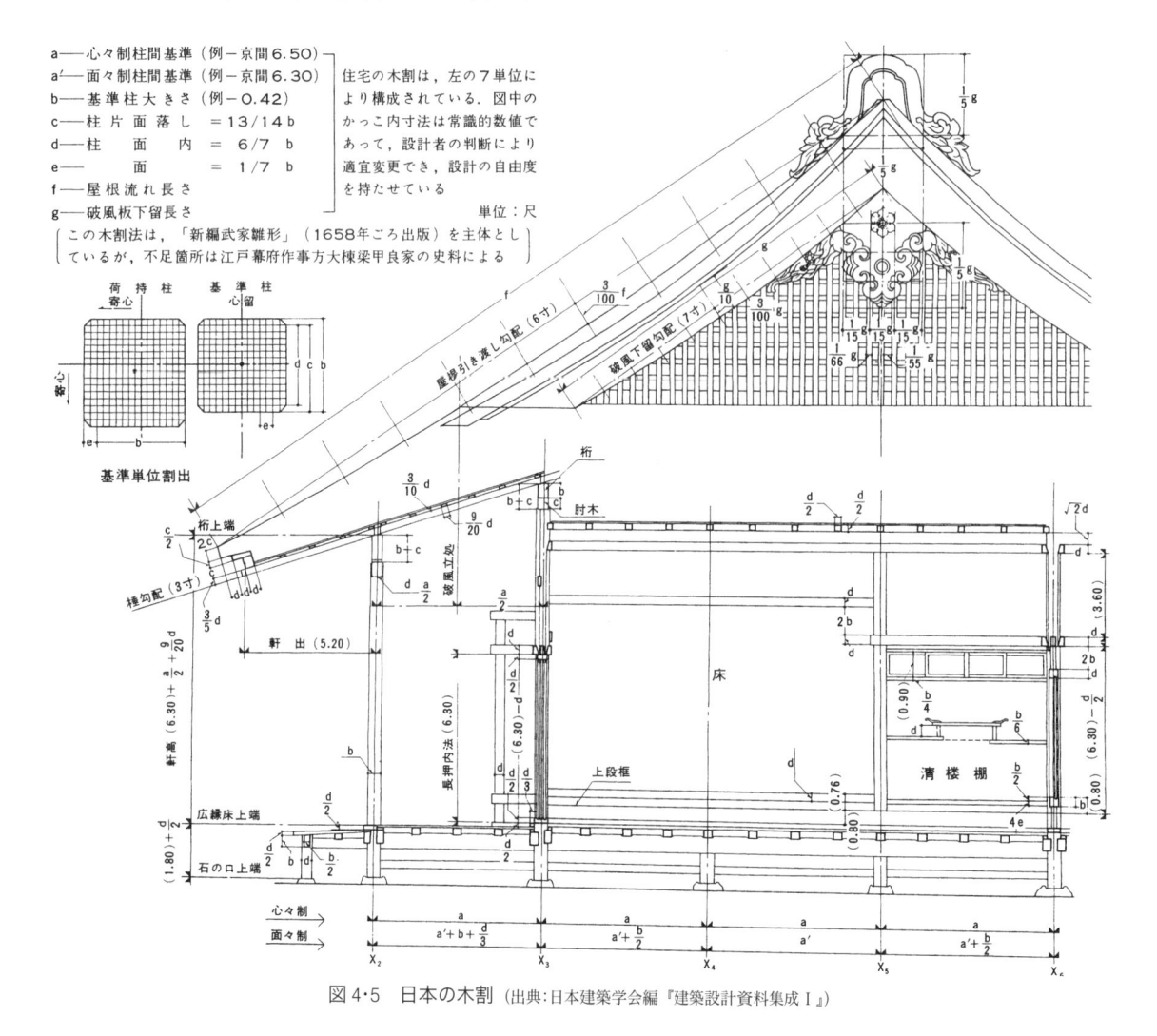

図4・5　日本の木割（出典：日本建築学会編『建築設計資料集成Ⅰ』）

(a) ファサード未完成の建築物 　　(b) ファサードの例1 　　(c) ファサードの例2

(d) ファサードの施工イメージ　(出典:島田慎太郎「サンタ・マリア・ノヴェッラ聖堂のファサードの設計経緯に関する研究」)

図4・6　ファサード

(i) 外観 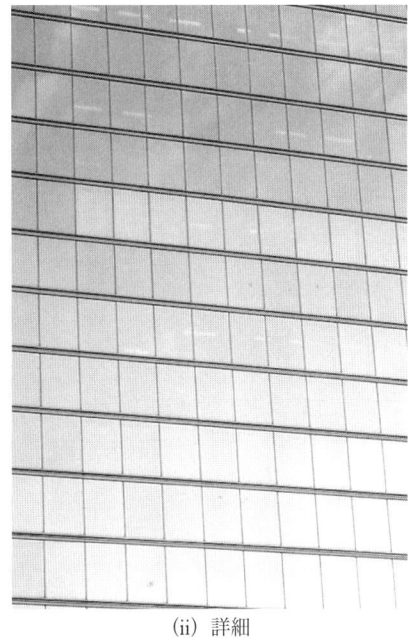　　(ii) 詳細
(a) SSG構法の例　　　　　　　　　　　　(b) ガラスの控え壁

図4・7　意匠が求める構法

第4章　構法が産み出すもの　125

3　構法と街並み

〈街並み〉は，建ち並んだ建築物によって形作られる．すなわち，「街並みは家並み」と言える．そのため，当然のこととして，〈街並み〉は〈構法〉の影響を受けて出来上がる．図4・8(a)に示すように，〈構法〉が限られ，和を重視した社会にあっては，洋の東西を問わず，〈街並み〉も統一感をもっていた．

翻って，さまざまな〈構法〉が存在し，その選択が個人に任されるとともに，土地や建築物に対し，個人の財産としての所有意識が強い現代社会にあっては，〈街並み〉は図4・8(b)に示したように，統一感を欠いたものになりやすい．

また，図4・9に示すように，現代の都市の様相はその土地の個性を失った画一的なものになりやすい．このような現代において，〈街並み〉の統一感を得るためには，意識的な働きかけが必要となる．これについては，いくつかの試みがすでに行われている．そのための規制や誘導の重要性は認める．しかし，〈街並み〉の統一には，根本として，そこに住む人たちの統一を求める意識が必要になる．

そのためには，意匠面だけではなく，街全体の居住性や，そこに住む大人たちの心の在りよう，そこで育つ子供たちの心への影響について考えることが重要である．また，それによって得られるコンセンサスの形成を図ることが求められている．

地上で〈街並み〉として見える建築物の集合は，都市の環境に影響を及ぼすが，規模が大きい場合は〈都市気象〉や〈微気象〉と呼ばれる局地的な気象をも変容させる．

コンクリートなど，熱容量の大きい素材でできた建築物が密集する都会では，昼間に蓄えられた熱が夜間になって放出され，夜間でも気温が下がらず，そこに住む人たちにとって不快な状態を産み出す．このような現象は，図4・10にその例を示したように〈ヒートアイランド現象〉と呼ばれている．その対策としては，図4・11に示したような〈屋上緑化〉や〈壁面緑化〉が図られており，その実現のために求められる〈構法〉がある．

(a) 伝統的な街並み

(b) 現代の街並み

図4・8　街並みの変遷

(a) アメリカ　　(b) 日本　　(c) 中国

図 4・9　現代の都市

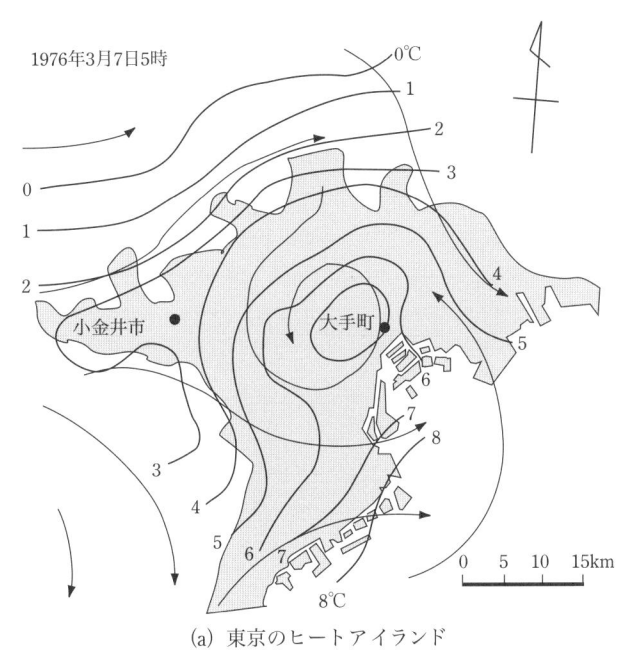

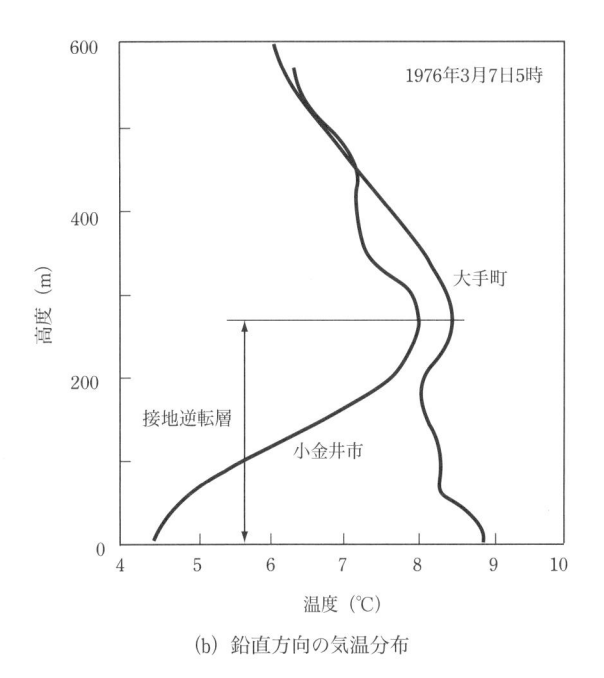

(a) 東京のヒートアイランド

(b) 鉛直方向の気温分布

図 4・10　ヒートアイランド現象　(出典:川村武『別冊サイエンス』No. 18)

(a) 屋上緑化の例　　(b) 壁面緑化の例

図 4・11　都市気象への配慮　(提供:東邦レオ株式会社)

第 4 章　構法が産み出すもの　127

4　構法とエネルギー消費

伝統的な日本建築物や西洋建築物は，化石燃料がもつエネルギーの使用が困難なこともあり，それが置かれた自然に適応した建築物とならざるを得なかった．夏を旨とする我が国にあっては，伝統的な軸組構法は通風性が良く，冬の寒さの厳しい西洋にあっては，厚い壁は断熱性を高め，暖房の効率を良くした．

このような建築物においては，図4・12に示したように，人間が自然の中で暮らすための設備の働きを，建築物そのものがしていると考えることができる．ただ，そこにおいて人間は，ある程度の暑さや寒さに耐える必要があった．

古来の建築物のあり方に対して，化石燃料がもつエネルギーの大量消費が可能となった現代では，居住性の確保のために，設備機器を用いた空気調和（機械空調）によって，建築物内部の空気の状態を人間が快適と感じる温湿度の範囲に保とうとする．

このような考え方が支配的になる中で，機械空調を行うことが前提となった建築物が多く見られ，図4・13に示すように，エネルギーの消費や排出されるCO_2の増大を招くとともに，図4・14に示したように，建築物の様相をも変化させている．

そのため，現代においては建築物の高気密性と高断熱性が省エネルギーの観点から重要視される．そこで，表4・1に示したように，設備機器のエネルギー消費効率や，建築物の断熱性能について，CEC[注1]やPAL[注2]などの指標が定められ，規制が行われている．

ただ，現代の建築物は省エネルギー化が図られていても，化石燃料がもつエネルギーの消費は必須のものとなる．冷房について言えば，要らない内部の熱を外へ放り出す．その際も，建築物内部の熱が外部に移動するだけではなく，冷房機の運転は新たな熱を生み出し，それは大気に放出される．

注1) Coefficient of Energy Consumption の略．エネルギー消費係数と訳され，空調（AC）・換気（V）・照明（L）・給湯（HW）・エレベーター（EV）の5種類について指標が示されている．その値が小さいほど，エネルギーの消費量は少ない．

V・L・EV の場合　　$CEC = \dfrac{実態消費エネルギー量}{仮想消費エネルギー量}$

AC の場合　　$CEC = \dfrac{実態消費エネルギー量}{仮想負荷}$

HW の場合 1.5～1.9 の範囲で $\dfrac{配管長}{給湯量}$ に応じて定める．

注2) Perimeter Annual Load の略．年間熱負荷係数と訳され，建築物の外周部（ペリメーターゾーン）の断熱性能を表す指標である．その値が小さいほど，断熱性能は高い．

$$PAL = \dfrac{ペリメーターゾーンの年間熱負荷}{ペリメーターゾーンの床面積}$$

(a) 軸組式構法の例（豪農の館（伊藤家住宅），新潟）

(b) 組積式構法の例

図4・12　軸組式構法と組積式構法

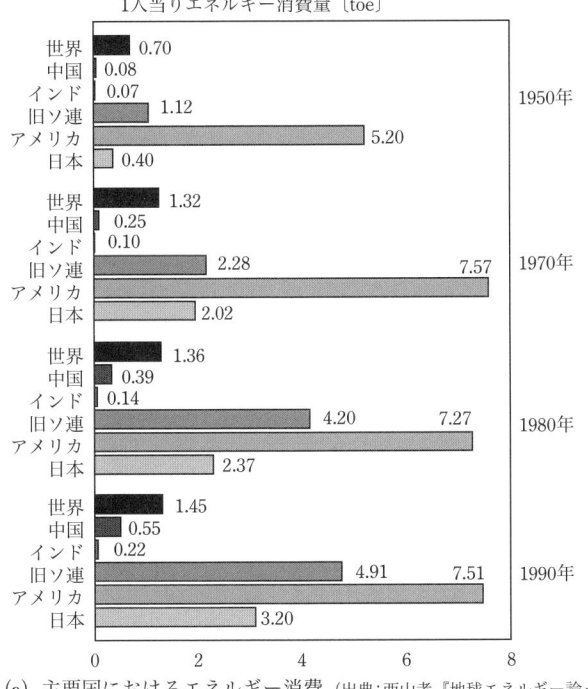

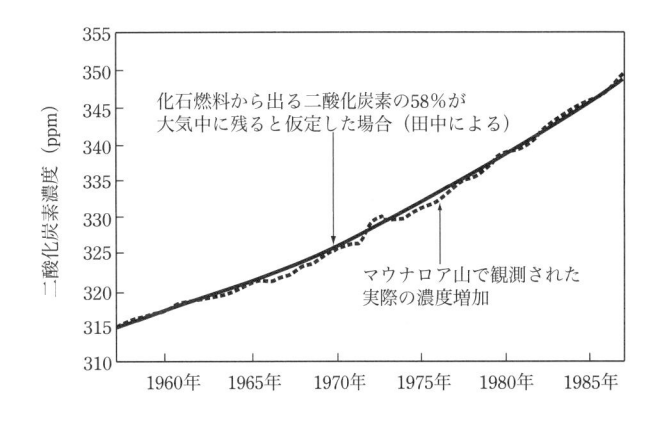

(a) 主要国におけるエネルギー消費 (出典:西山孝『地球エネルギー論』)　(b) 化石燃料消費とCO_2排出量 (出典:齋藤武雄『地球と都市の温暖化』)

図 4・13　エネルギー消費の変遷

(a) 空調室外機　　　　　　　　　　　　　　(b) 給水タンクと空調室外機

図 4・14　屋上に並ぶ設備機器

表 4・1　省エネルギーの指標（CEC・PAL）

	ホテル等	病院等	物品販売店舗等	事務所等	学校等	飲食店等	集会所等	工場等
CEC／AC	2.5	2.5	1.7	1.5	1.5	2.2	2.2	―
CEC／V	1.0	1.0	0.9	1.0	0.8	2.2	2.2	―
CEC／L	1.0							
CEC／HW	1.5〜1.9 の間で，配管長／給湯量に応じて定める数値							
CEC／EV	1.0	―	―	1.0	―	―	―	―
PAL（MJ/m²・年）	420	340	380	300	320	550	550	―

第 4 章　構法が産み出すもの

5　構法と建設廃棄物

〈構法〉の違いは，建築物が廃棄される場合の廃棄物にも大きく影響する．なお，表4・2(a)に示したように，建設廃棄物の種類は多様である．また，表4・2(b)に示すように，廃棄物全体に占める建設廃棄物の割合は大きい．

表4・2(c)は，建築物を木造・非木造として分類し，そこから排出される，予想も含めた建設廃棄物の量の推移を表したものである．このうち，木材の廃棄が将来において頭打ちになって減少に転じるのは，新たに建設される木造建築物が少なくなることを反映している．非木材として括られている建築物に由来する廃棄物には，その処理が困難なものも多く含まれていると考えられる．

このように考えると，今の時点で将来の建設廃棄物を考慮に入れ，〈構法〉のあり方を考えることが重要になる．これらの対策として，図4・15(a)に示すように古材の利用や，図4・15(b)に示したような，〈リフォーム〉と呼ばれる古い建築物の再生などが行われている．また，図4・15(c)に示したように，〈コンバージョン (conversion：用途変更)〉と呼ばれる手法を適用した例として，古い工場の博物館としての利用がある．また，図4・15(d)に示す〈曳家(ひきや)〉と呼ばれる，建築物全体を移動して再利用する方法も昔から行われている．

これらの工夫を参考にしつつ，建設廃材の減少や古材・古建築物の再利用が可能な〈構法〉について，真剣に考えなければならない時機が来ている．

なお，〈構法〉は〈工法〉とも密接な関係をもつ．そして，〈工法〉と最も関連する建築物の施工においても，図4・16に示すように，施工時の廃棄物を無くそうとする〈ゼロエミッション〉が図られ，さまざまな工夫が見られる．

この〈ゼロエミッション〉の達成のためには，〈構法〉が大きく影響し，〈ゼロエミッション〉を視野に入れた〈構法〉の開発もこれからの重要な課題と考えられる．

表4・2　建設廃棄物

(a) 建設廃棄物の種類

大分類	中分類	小分類	内容
建設廃棄物	一般廃棄物	事務所ごみ	現場事務所での作業・作業員の飲食に伴う廃棄物（図面・雑誌・飲料空缶・弁当がら・生ごみ）
		燃え殻	現場内焼却残渣物（事務所ごみ）
	産業廃棄物	安定型産業廃棄物　がれき類	工作物の新築・改築・除去に伴って生じたコンクリート破片・その他これに類する不要物　①コンクリート破片　②アスファルト・コンクリート破片　③レンガ破片
		ガラスくず陶磁器くず	ガラスくず・タイル衛生陶磁器くず・耐火レンガくず
		廃プラスチック類	廃発泡スチロール・廃ビニール・合成ゴムくず・廃タイヤ・廃シート類
		金属くず	鉄骨鉄筋くず・金属加工くず・足場パイプや保安くず・廃缶
		ゴムくず	天然ゴムくず
		管理型産業廃棄物　汚泥	含水率が高く粒子の微細な泥状の掘削物　掘削物を標準仕様ダンプトラックに山積みができず，また，その上を人が歩けない状態（コーン指数がおおむね200kN/m²以下または一軸圧縮強度がおおむね50kN/m²以下）．具体的には，場所打杭工法・泥水シールド工法等で生じる廃泥水等
		ガラスくず陶磁器くず	廃ブラウン管（側面部）　有機性のものが付着・混入した廃容器
		廃プラスチック類	有機性のものが付着・混入した廃容器・包装
		金属くず	有機性のものが付着・混入した廃容器・包装・鉛管・鉛板・廃プリント配線板・鉛蓄電池の電極
		木くず	解体木くず（木造家屋解体材・内装撤去材）・新築木くず（型枠・足場材等・内装建具工事の残材）・伐採材・抜根材
		紙くず	包装材・ダンボール・壁紙くず・障子
		繊維くず	廃ウェス・縄・ロープ類・畳・じゅうたん
		廃油	アスファルト乳剤等の仕様残渣（タールピッチ類）・防水アスファルト・重油
		燃え殻	現場内焼却残渣物（ウェス・ダンボール等）
	特別管理産業廃棄物	廃石綿等	飛散性アスベスト廃棄物（除去された吹付石綿・石綿含有保温材・石綿含有耐火被覆材・石綿が付着したシートや作業衣等
		廃PCB等	PCBを含有したトランス・コンデンサ・蛍光灯安定器
		廃酸（pH2.0以下）	硫酸等（排水中和剤）
		廃アルカリ（pH12.5以上）	六価クロム含有臭化リチウム（冷凍機冷媒）
		引火性廃油	揮発油類・灯油類・軽油類

(出典：清水裕一他『建設ゼロエミッションQ&A〈改訂版〉』)

(b) 建設廃棄物の推移

年度	全産業	建築業	割合	年度	全産業	建築業	割合
昭和50年度	236442t	33871t	14.3%	平成6年度	405455t	76391t	19.0%
昭和55年度	292311t	30416t	10.4%	平成7年度	393182t	75201t	19.1%
昭和60年度	312271t	57481t	18.4%	平成8年度	404602t	77138t	19.1%
平成2年度	394736t	71139t	18.0%	平成9年度	414854t	77142t	18.6%
平成3年度	397949t	77105t	19.4%	平成10年度	408490t	79071t	19.4%
平成4年度	403480t	85715t	21.2%	平成11年度	399799t	76236t	19.1%
平成5年度	396869t	82605t	20.6%	平成12年度	406037t	79011t	19.5%

(c) 建設廃棄物の将来推計（単位：万t）

年度	平成7年	平成12年	平成17年	平成22年	平成27年	平成32年	平成37年
木造	546	830	972	949	892	908	872
非木造	560	1381	2514	3237	3407	3966	4751

(出典：『環境統計集』平成15年版)

(a) 古材の利用 (提供:白鷹禄水苑)

(b) 古民家の再生 (提供:磯野英生)

(c) 工場の再利用

(d) 曳家の例 (提供:株式会社大林組)

図 4・15　建築物の再利用

(a) 工場製作ユニットの利用

(b) 梱包の簡略化

(c) 実寸法による部材の発注

図 4・16　ゼロエミッションの工夫 (提供:株式会社竹中工務店)

第 4 章　構法が産み出すもの　131

【参考文献】
1) 関邦博他編:『人間の許容限界ハンドブック』, 朝倉書店, 1990.6
2) 花岡利昌:『伝統民家の生態学』, 海青社, 1991.6
3) 日本建築学会:『建築資料集成Ⅰ』, 丸善, 1973.3
4) 須藤功:『すまう』, 弘文堂, 1994.2
5) 齋藤武雄:『地球と都市の温暖化—人類は地球の危機を救えるか?』, 森北出版, 1992.6
6) 日経BP社:日経BPムック『実例に学ぶ 屋上緑化』, 日経BP出版センター, 2003
7) 西山孝:『地球エネルギー論』, オーム社, 2001.3
8) ㈱竹中工務店地球環境室編著:『環境負荷ゼロ建築を目指して—竹中工務店の挑戦』, 大成出版社, 2002.1
9) 清水裕一他:『建設ゼロエミッションQ&A〈改訂版〉』, 日刊建設通信新聞社, 2001.9
10) 環境省総合環境政策局編:『平成15年版 環境統計集』, ぎょうせい, 2003.5
11) 建築思潮研究社編:『住宅建築』別冊No.55「民家は甦る—岡山「古民家再生工房」の軌跡」, 建築資料研究社出版部, 2003.3
12) 宇野勇治:「伝統民家における環境調整手法と現代への応用の可能性」,『日本生気象学会誌』40 (2), 2003
13) 島田慎太郎:「サンタ・マリア・ノヴェッラ聖堂のファサードの設計経緯に関する研究」, 愛知産業大学平成14年度卒業論文, 2002
14) 川村武:「自然現象に挑む」『別冊サイエンス』No.18, 日経サイエンス社, 1977.11

索　引

〈英数字〉

2ヒンジトラス……………………… 48
3ヒンジトラス……………………… 48
ALC板……………………………… 46
CEC………………………………… 128
CF…………………………………… 84
CFRC（Carbon Fiber Reinforced Concrete）…………………………… 52
DPG構法…………………………… 110
EPシェル…………………………… 74
GL工法……………………………… 94
GRC（Glass Fiber Reinforced Concrete）
　……………………………………… 52
HPシェル…………………………… 74
H形鋼…………………………… 38, 42
I形鋼………………………………… 42
NC（Numerical Control）技術…… 12
OA（Office Automation）化……… 86
PAL………………………………… 128
PCa…………………………… 72, 78
SRC造……………………………… 70
SSG（Structural Sealant Glazing）構法
　……………………………………… 124

〈あ〉

アーク溶接………………………… 42
相欠き……………………………… 23
アジテータトラック……………… 52
アスファルトプライマー………… 61
アスファルト防水………………… 118
アスファルトルーフコーチング… 61
頭付きスタッド…………………… 44
頭つなぎ…………………………… 32
圧密………………………………… 54
アノニマス………………………… 8
雨仕舞……………………………… 28
蟻…………………………………… 23
蟻掛け……………………………… 23
合せ梁……………………………… 28
アンカーボルト…………………… 40
石張り……………………………… 94
一文字瓦…………………………… 115
入母屋……………………………… 114
インテリア………………………… 124
ウエブ（web）…………………… 42
内ダイアフラム…………………… 43
裏込めモルタル…………………… 107
上枠………………………………… 32

エキスパンドメタル……………… 54
エコ材料…………………………… 10
エフロレッセンス………………… 106
円錐シェル………………………… 74
円筒シェル………………………… 74
大入れ……………………………… 23
大壁………………………………… 90
大引…………………………… 18, 22, 26
屋上緑化……………………… 60, 126
追掛け大栓継ぎ…………………… 23
帯とろ構法………………………… 107
折置組……………………………… 28
折曲げ金物………………………… 25

〈か〉

カーテンウォール………………… 104
抱え仕込み………………………… 23
ガスシールド溶接………………… 43
ガセットプレート………………… 48
傾ぎ大入れ柄差し………………… 23
片流れ……………………………… 114
型枠コンクリートブロック構造… 80
合掌………………………………… 28
かど金物…………………………… 24
金ごて……………………………… 20
金輪継ぎ…………………………… 23
かね折り金物……………………… 25
かぶり厚さ………………………… 56
壁式構法…………………………… 18
壁パネル…………………………… 32
壁梁………………………………… 64
鎌…………………………………… 23
ガラススクリーン………………… 50
ガラスブロック…………………… 104
空積み構法………………………… 107
瓦棒葺き…………………………… 114
乾式構法…………………………… 60
岩綿吸音板…………………… 96, 98
木ごて……………………………… 54
擬石………………………………… 10
基礎梁……………………………… 54
球形シェル………………………… 74
京呂組……………………………… 28
切妻………………………………… 114
キングポストトラス……………… 48
金属製パネル……………………… 104
クイーンポストトラス…………… 48
杭打ち基礎………………………… 54

杭地業工事………………………… 54
くさび……………………………… 24
躯体………………………………… 17
管柱………………………………… 18
クッションフロア………………… 84
鞍形HPシェル…………………… 74
くら金物…………………………… 25
グラスファイバー………………… 52
クロス張り…………………… 90, 94
蹴上げ……………………………… 58
軽天………………………………… 98
軽みぞ形鋼………………………… 42
けらば……………………………… 114
建設廃棄物………………………… 130
建築工法…………………………… 6
建築構法…………………………… 6
鋼管………………………………… 38
鋼構造……………………………… 38
構工法…………………………… 6, 12
剛性………………………………… 38
構造用合板………………………… 32
高張力ボルト（high-tension bolt）接合
　……………………………………… 42
格天井……………………………… 96
合板…………………………… 10, 32
高力ボルト………………………… 42
固化材……………………………… 54
小口………………………………… 106
腰掛け……………………………… 23
腰掛け蟻継ぎ……………………… 23
腰掛け鎌継ぎ……………………… 23
コノイドシェル…………………… 74
小舞………………………………… 22
木舞………………………………… 22
小舞竹……………………………… 24
込栓………………………………… 23
小屋組部分………………………… 28
小屋筋違…………………………… 28
小屋束………………………… 18, 28
小屋梁………………………… 18, 28
転び止………………………… 34, 37
コンバージョン…………………… 130

〈さ〉

サイディング張り………………… 102
在来軸組構法……………………… 18
竿車知継ぎ………………………… 23
竿縁天井…………………………… 96

サブマージ溶接	43	
桟唐草瓦	115	
桟瓦葺き	114	
シート防水	46	
シーリング材	107	
シェル構法	74	
敷桁	28	
敷梁	28	
地業工事	54	
軸組式構法	18	
軸組部分	22	
仕口	22	
しころ	114	
支持地盤	54	
湿式構法	90	
自動化施工	12	
地肌地業工事	54	
地盤改良	54	
下枠	32	
砂利地業工事	54	
ジャロジー	108	
祝儀敷き	84	
自由曲面シェル	74	
集成材	10	
絨毯	84	
充腹型	70	
衝撃音	58	
尻挟み継ぎ	23	
真壁	90	
心木	115	
心材	42	
真束	28	
水平フィンガージョイント	69	
スカーフジョイント	69	
筋違	22	
筋違プレート	25	
スタッドコネクタ	44	
捨てコンクリート	54	
ステンレスシート防水	118	
砂地業工事	54	
砂付きルーフィング	60	
隅留め	23	
隅肉溶接	45	
スライド式（スウェー式）	104	
スラブ	44	
施工ロボット	12	
接合金物	22	
石こうボード	92	
折板	46, 72	
セルラダクト	44	
ゼロエミッション	130	
全充填型補強コンクリートブロック造	80	
せん断補強筋比	64	
全とろ構法	107	
線膨張係数	52	
層間変形	104	
殺ぎ	23	
組積式構法	18	
袖瓦	115	
外ダイアフラム	43	

〈た〉

耐圧版	54	
耐火被覆	86	
大気汚染	122	
太鼓落し	29	
台持ち継ぎ	23	
耐力壁	62, 64	
タイルカーペット	86	
タイル張り	94	
台輪留め	23	
畳敷き様	84	
建起こし	32	
建方	38	
縦枠	32	
谷	114	
だぼ	107	
垂木	18, 28	
短冊金物	25	
段通	84	
単板	32	
地球温暖化	122	
柱脚金物	25	
長尺塩ビシート	86	
ツーバイフォー構法	18	
束石	26	
突付け	23	
継手	22	
土壁	90	
妻梁	28	
吊子	115	
吊束	28	
定着	52	
ディメンションランバー	32	
テープ合せ	38	
デッキプレート	44	
鉄筋 (steel bar)	52	
鉄筋コンクリート構造	52	
鉄骨造	38	
鉄骨鉄筋コンクリート構造	70	
テラゾーブロック	10	
伝統軸組構法	18	
天端均し	20	
凍害	107	
胴差	18, 22	
等辺山形鋼	42	
通しダイアフラム	43	
通し貫	24	
通し柱	18	
ドーマ窓	36	
土台	18, 20, 22	
ドットポイント構法	110	
トップライト	110	
留め	23	
トラス	38, 48	
トラス構法	38	

〈な〉

内装制限	98	
投掛け梁	28	
二階床梁	22	
にじり口	108	
貫	22	
布基礎	18, 26, 30	
塗り仕上げ	94	
濡れ色	106, 107	
根太	18, 26	
根巻き	40	
練付け板	92	
軒桁	18, 22	
野地板	28	
熨斗瓦	115	

〈は〉

パーティション	92	
配筋要領	56	
排水ドレイン	60	
ハイテンボルト	42	
ハウトラス	48	
羽子板ボルト	25	
端根太	32, 34	
白華	106, 107	
バックアップ材	107	
バックマリオン構法	124	
鼻隠し	37	
バナキュラー	8	
鼻栓	23	
鼻母屋	28	
羽目板	102	
バルーン構法	18	
ヒートアイランド現象	126	
火打金物	25	

火打材 … 26	〈ま〉	枠組壁工法 … 18
火打土台 … 18, 22	窓台 … 22	枠組壁構法 … 14, 18
火打梁 … 18, 22	窓楣 … 22	枠組材 … 32
引き金物 … 107	マニピュレーター … 12	和小屋組 … 28
曳家 … 130	間柱 … 18, 22, 24	渡りあご … 23
非充腹型 … 70	マリオン … 104	ワッフルスラブ … 58
ひねり金物 … 25	丸形鋼管 … 50	割栗地業工事 … 54
非歩行スラブ … 60	みぞ形鋼 … 42	割り楔 … 23
ひら金物 … 25	無収縮モルタル … 40	
ファサード … 124	無柱空間 … 50	
ファスナー … 104	棟木 … 28	
フィンクストラス … 48	棟包み … 115	
フーチング … 20	無梁スラブ … 58	
風土 … 8	目違い … 23	
付着 … 52	目違い大鎌継ぎ … 23	
踏み面 … 58	木レンガ … 94	
フラックス … 42	母屋 … 18, 28	
プラットトラス … 48	〈や〉	
プラットフォーム構法 … 18	焼抜き栓溶接 … 45	
フランジ（flange） … 42	八千代折り … 115	
フリーアクセスフロア … 86	屋根筋違 … 46	
ブレース … 38	屋根スレート葺き … 114	
プレカット … 12	山形鋼 … 48	
プレキャストコンクリート … 72, 78	山形プレート … 24	
プレストレストコンクリート … 72, 76	有効幅 … 64	
フレッシュコンクリート … 52	床組部分 … 26	
プレテンション法 … 76	床下換気口 … 20	
フロアダクト … 44	床束 … 22, 26	
フローリング … 84	床パネル … 32	
フローリング張り … 88	床梁 … 26	
ベースプレート … 40	洋小屋組 … 28	
壁面緑化 … 126	溶接接合 … 42	
べた基礎 … 30	寄せ蟻 … 23	
ペリメーターゾーン … 128	寄棟 … 114	
ボイド … 58	〈ら〉	
ボイドスラブ … 58	ラーメン構法 … 38	
方形 … 114	ラミナ … 10	
棒鋼 … 54	立体トラス … 38	
防湿フィルム … 20	立体トラス構法 … 38	
防水層 … 46	リップみぞ形鋼 … 42	
方立 … 104	リフォーム … 130	
方杖 … 28	略鎌 … 23	
ホールダウン金物 … 25	レディーミクストコンクリート … 52	
歩行スラブ … 60	レミコン … 52	
保護コンクリート … 118	陸梁 … 28	
母材 … 42	陸屋根 … 46, 116	
ポストテンション法 … 76	露出防水 … 116	
柄 … 23	ロッキング式 … 104	
本瓦葺き … 114	〈わ〉	
	ワーレントラス … 48	

◆〈建築学テキスト〉編集委員会

青山　良穂（元清水建設）
井戸田秀樹（名古屋工業大学）
片倉　健雄（元近畿大学）
坂田　弘安（東京工業大学）
武田　雄二（愛知産業大学）
堀越　哲美（愛知産業大学）
本多　友常（和歌山大学）
吉村　英祐（大阪工業大学）

◆『建築構法』執筆者（＊は執筆代表）

＊武田雄二（たけだ　ゆうじ）
1978年名古屋工業大学大学院建築学専攻修了．愛知産業大学造形学部建築学科教授．工学博士．
著書に，『建築施工』（実教出版，共著），『建築人間工学事典』（彰国社，共著），『〈建築学テキスト〉建築製図』（学芸出版社，共著），『〈建築学テキスト〉建築施工』（学芸出版社，共著）他．

西脇　進（にしわき　すすむ）
1976年名古屋工業大学工学部建築学科卒業．株式会社小原建設取締役．

鷲見勇平（すみ　ゆうへい）
1978年名古屋工業大学工学部建築学科卒業．鷲見建築事務所主宰．

〈建築学テキスト〉建築構法
　　　　　　　　建築物のしくみを学ぶ

2005年11月30日　第1版第1刷発行
2015年 2 月20日　第1版第3刷発行

著　者　武田雄二・西脇　進・鷲見勇平
発行者　前田裕資
発行所　株式会社　学芸出版社
　　　　京都市下京区木津屋橋通西洞院東入　〒600-8216
　　　　tel 075-343-0811　　fax 075-343-0810
　　　　http://www.gakugei-pub.jp
　　　　印刷　イチダ写真製版
　　　　製本　新生製本
　　　　カバーデザイン　上野かおる

©武田雄二・西脇　進・鷲見勇平　2005　Printed in Japan　ISBN 978-4-7615-3134-8

JCOPY 〈(社)出版者著作権管理機構委託出版物〉
本書の無断複写（電子化を含む）は著作権法上での例外を除き禁じられています．複写される場合は，そのつど事前に，(社)出版者著作権管理機構（電話 03-3513-6969、FAX 03-3513-6979、e-mail: info@jcopy.or.jp）の許諾を得てください．
また本書を代行業者等の第三者に依頼してスキャンやデジタル化することは，たとえ個人や家庭内での利用でも著作権法違反です．